지도로
보는
세계

ATLAS DU MONDE GLOBAL

혼란한 국제정세를 이해하는 100개의 지도

지도로 보는 세계

지은이 파스칼 보니파스, 위베르 베드린
옮긴이 강현주

청아출판사

지도로 보는 세계

초판 1쇄 발행·2017. 5. 10.
초판 2쇄 발행·2023. 8. 4.

지은이·파스칼 보니파스, 위베르 베드린
옮긴이·강현주
발행인·이상용
발행처·청아출판사
출판등록·1979. 11. 13. 제9-84호
주소·경기도 파주시 회동길 363-15
대표전화·031-955-6031   팩시밀리·031-955-6036
E - mail·chungabook@naver.com

ISBN 978-89-368-1103-7   03900

이 도서의 국립중앙도서관 출판예정도서목록(CIP)은 서지정보유통지원시스템 홈페이지(http://seoji.nl.go.kr)와 국가자료공동목록시스템
(http://www.nl.go.kr/kolisnet)에서 이용하실 수 있습니다. (CIP제어번호: CIP2017009105)

냉전은 끝났지만 우리는 끊임없이 위기와 기회를 겪으며 살고 있다. 오늘날 이 복잡하고 경쟁적인 세계를 해독할 수 있도록 핵심 내용을 독자들에게 알려 주는 것이 우리의 야심 찬 목표이다.

우리가 100개의 지도와 함께 본문을 정리하면서 끊임없이 신경을 쓴 부분은 복잡한 내용으로 중언부언하지 않고 명확하게 정보를 제공하거나 설명하고, 불안감을 조성하지 않으면서 경각심을 일깨워 주는 것이다.

지난 반세기 동안 지속되었던 냉전 시대의 현실에 대해서는 더 이상 논란의 여지가 없다. 하지만 양극화 세계가 종식된 지 25년이 지난 오늘날의 세계 정세에 대해서는 해석이 분분하다. 모두가 동일한 보편적인 가치관을 공유하는 '국제 사회'가 이미 구성된 것일까? 또는 서로 다르거나 대립하는 가치관이나 신념 체계로 여전히 양분화되어 있을까? 힘의 충돌은 이미 시대에 뒤쳐진 것일까, 혹은 지정학적, 에너지학적, 생태학적, 문화적, 종교적, 또는 그 밖의 다른 이유로 확대될까?

우리는 독자들이 각자 의견을 형성할 수 있도록 다양한 주장을 제시하고자 한다. 그러려면 우리는 세계의 다양성을 직시하거나 의식하는 것을 종종 방해하는 서구 중심주의, 혹은 유럽 중심주의 시각에서 벗어나야만 한다. 현실적으로 전 세계가 상호의존하고 있는 것이 사실이다. 그럼에도 각 나라, 각 민족은 역사를 통해 자연스럽게 각각 중심에 두게 된 고유의 세계관, 위기나 위협, 기회, 성스러운 것, 허락된 것 등에 대한 특별한 인식, 야망, 두려움을 가지고 있다. 우리는 분명히 하나로 통일할 수 없는 이러한 것들에 대해 접근하면서 다양한 예를 제시하고자 한다!

이렇게 구상된 우리의 지도책은 크게 네 부분으로 구성되어 있다. 아홉 개의 지도와 다섯 개의 본문으로 구성된 〈과거에 대한 큰 기준〉은 이 지도책에 역사적인 깊이를 더해 주고 종합적인 설명을 해 주는 부분이다. 그다음으로 하나의 통일된 해석이 없기 때문에 〈세계에 대한 다양한 해석〉을 제안하며, 〈세계에 대한 포괄적인 자료〉를 통해 인구, 경제, 에너지, 전략 등 세계 정세에 대해 설명한다. 마지막으로 프랑스인, 유럽인의 관점을 뛰어넘은 〈각국 관점에서 본 세상〉을 통해 다양한 관점에서 본 세상을 보여 주려고 시도했다.

이 책에서 사용한 모든 자료와 서로 다른 관점은 서로 일치하거나 일관되어 보이기도 하지만, 또한 놀라울 정도의 모순, 불안, 반목이 잠재되어 있거나 드러나 있기도 하다. 앞으로 수십 년 동안 변화할 세상은 분명한 방식으로 혹은 투명한 무늬처럼 그 안에 새겨져 있다. 그런 세상을 준비하려면 우리는 세상을 해석하는 법을 알아야만 한다. 우리는 독자들이 세상을 이해하는 데 이 책이 도움이 되기를 바란다.

파스칼 보니파스, 위베르 베드린

목차

5   서문

과거에 대한 큰 기준

10   최초의 인간이 지구에 거주하다

14   유럽의 전성기

16   제국 붕괴의 간접적 영향

20   냉전

24   제3세계의 분열

세계에 대한 다양한 해석

28   국제 공동체 이론

32   문명의 충돌 이론

34   단극 세계 이론

36   다극 세계 이론

40   혼돈의 세계 이론

세계에 대한 포괄적인 자료

44   인구

46   세계 속의 언어

48   종교

50   국제 이주

52   무역의 흐름

54   관광

56   북과 남 사이의 불평등

58   범죄

60   핵보유국

62   합의되지 않은 석유, 가스, 탄화수소

64   생태계 문제

70   물

72   공중 보건

74   신흥 국가

76   테러리즘

각국 관점에서 본 세상

80 미국

84 캐나다

86 유럽

90 프랑스

94 독일

98 영국

102 스페인

104 벨기에

106 폴란드

108 스위스

110 터키

112 러시아

116 인도

118 중국

122 일본

124 대한민국

126 인도네시아

128 오스트레일리아

130 멕시코

132 브라질

134 이스라엘

136 지중해 국가들

138 아랍 세계

140 마그레브

142 이란

144 이슬람주의사

146 아프리카

150 세네갈

152 남아프리카 공화국

154 지도 설명

157 용어 설명

159 국제기구 약어

Les grands repères du passé

과거에 대한 큰 기준

우리가 살고 있는 이 세계는 어디에서 비롯되었을까? 오늘날의 전략적 현실을 만들어 낸 역사적 유산은 무엇일까? 과거는 현재를 조명하고 지금의 문제를 보다 잘 인식할 수 있게 해 준다. 또한 현 세계는 과거와의 연관성을 파악하지 못한다면 그 의미를 이해하기 힘들다. 이 장에서 우리는 다섯 가지 중요한 '역사적인' 순간 혹은 단계를 강조할 것이다.

~12만 년~오늘날
태평양
대서양
태평양
대북서양
남대서양
인도양
호모 에렉투스
~130만 년
호모 에렉투스
~100만 년
호모 네안데르탈엔시스
~30만 년~3만 년
자바
수마트라
비옥한
초승달 지역
인더스
오스트랄로피테쿠스
~600만~170만 년
하다르, 오모 계곡, 투르카나 호수
바르 엘 가잘
호모 에르가스터
~170만 년
100만 년
호모 하빌리스
~250만 년
~160만 년
인류의 요람,
스테르크폰테인 말라파 유적지
확장 지역
출현 - 멸종
유적지
이주
약 2만 2천 년 전에 마지막 최대 빙하기에 도달
(빙모와 빙원)
호모 에렉투스가 추운 지방으로 확장할 수 있었던
조건인 불의 발견(~40만 년)
호모속의 최초 주거지
문자 탄생지(~6천 년)
오스트랄로피테쿠스
호모 하빌리스
호모 에르가스터
호모 에렉투스*
호모 네안데르탈엔시스
호모 사피엔스
호모 사피엔스 사피엔스
*호모 에렉투스와 호모 에르가스터는 동일한 호모속에서 비롯된 것으로 보인다. 호모 에르가스터는 호모 에렉투스의 아프리카 조상일지도 모른다.

최초의 인간이 지구에 거주하다

인류는 지구 역사상 가장 최근에 등장한 종족이다. 지구에 최초의 생명체가 나타난 지 약 38억 년이 되었다. 하지만 현대 인류인 호모 사피엔스Homo sapiens가 지구에 등장한 지는 단지 12만 년 내지 15만 년이 되었으며, 현생 인류인 호모 사피엔스 사피엔스Homo sapiens sapiens는 약 3만 5천 년 전에 나타났다.

계통 분류에 있어 호미노이드hominoid, 영장류과가 고등 원숭이침팬지, 보노보 등와 호미니드hominid, 사람과로 뚜렷이 구별되어 분화되기 시작하는 적어도 800~900만 년 전으로 거슬러 올라가 볼 필요가 있다.

호미니드 중 오스트랄로피테쿠스는 약 600만 년 전에 남아프리카에서 처음으로 나타났다. 이족 보행을 하던 이들은 170만 년 전에 사라졌다.

250만 년 전에는 동아프리카에서 최초의 호모속Homo屬이 나타났다. 이 인류는 호모 하빌리스Homo habilis로, 도구를 사용하는 '손재주가 있는 인간'이었다. 호모 하빌리스는 키가 120cm에서 150cm 사이, 몸무게가 40kg 정도이며, 두개골 용적이 약 600cc였다.

두 번째 인류는 호모 에르가스터Homo ergaster이다. 170만 년 전에 나타난 '일하는 사람'은 그의 조상인 호모 하빌리스보다 더 크고 150cm에서 170cm 사이 몸무게가 더 나갔으며60kg 두개골 용적이 900cc로 더 똑똑했다. 호모 에르가스터는 아프리카 대륙을 벗어나서 북동쪽 방향으로 이주했던 최초의 호모속이다. 호모 에르가스터의 흔적은 갈릴리 호수뿐만 아니라 더 북쪽에 있는 조지아에서도 발견되었다. 40만 년이 지난 후에 이 수렵인은 동아시아와 동남아시아에 도달했다. 그로부터 30만 년이 더 지난 후인 기원전 100만 년 전, 호모 에르가스터는 유럽 남부에도 존재했다. 또다시 30만 년이 지난 후인 기원전 70만 년에는 유럽의 온대 기후 지역으로 퍼져 나갔다. 이 모든 육상 이동은 당시가 빙하기여서 바닷물의 수위가 낮았기 때문에 가능했다.

유럽, 아시아일본, 아메리카와 같이 더 추운 지역으로 이동할 수 있었던 것은 불의 사용기원전 40만 년 덕분이었다. 호모 에렉투스Homo erectus, 서 있는 사람는 주로 아시아 후손으로 그 특징이 이어졌다.

호모 네안데르탈엔시스Homo neanderthalensis, 즉 네안데르탈인은 30만 년 전에 등장했다. 몇몇 전문가들은 이들을 호모 에르가스터나 유럽에 살았던 호모 에렉투스의 후손으로 추정한다. 네안데르탈인은 대략 기원전 10만 년에 이미 시신을 땅에 묻어 장례를 치렀다. 이들은 호모 사피엔스Homo sapiens와 공존하다가 기원전 3만 년경에 사라졌다. 이 두 인류는 근동 지역에서 함께 존재했다. ▶▶▶

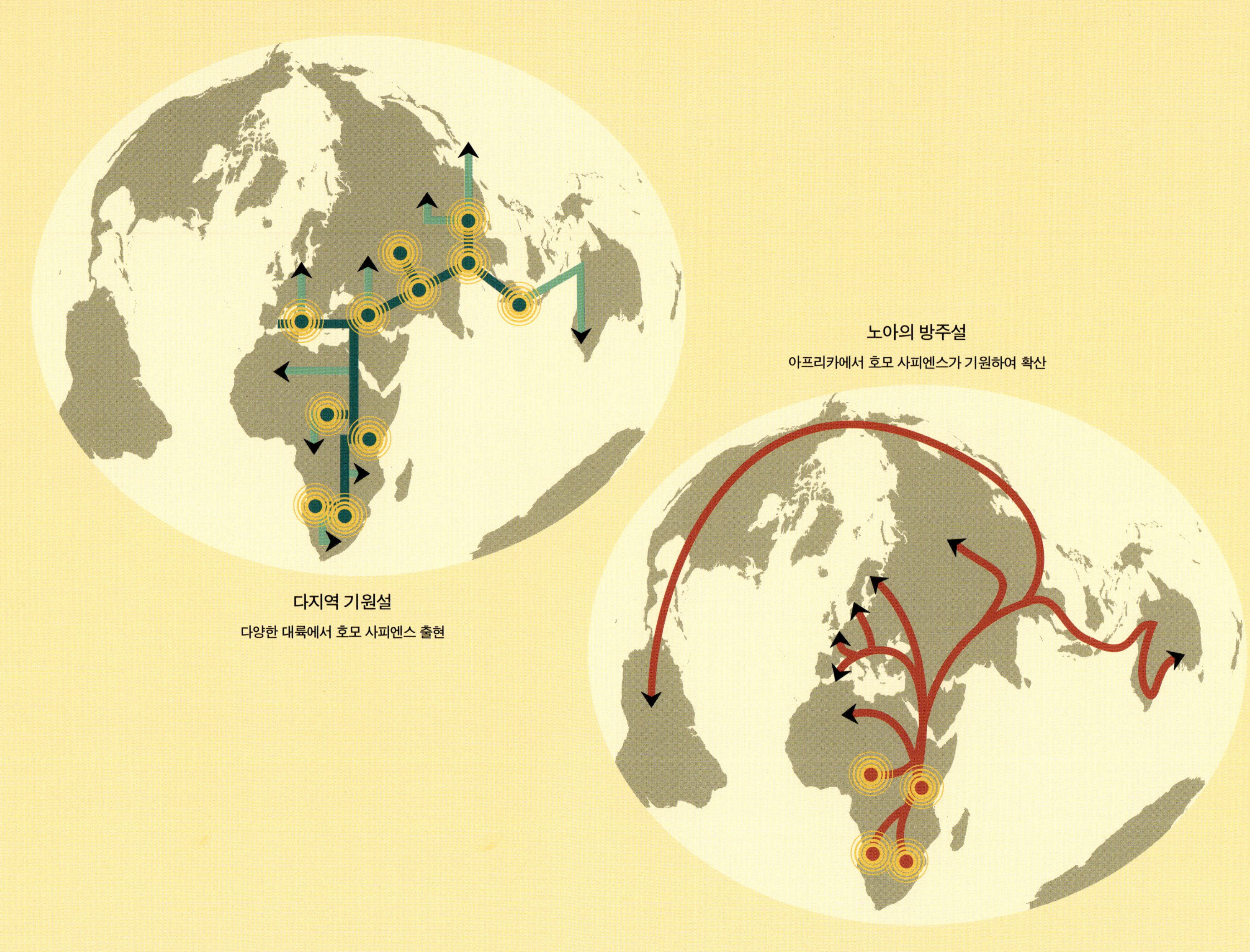
노아의 방주설
아프리카에서 호모 사피엔스가 기원하여 확산
다지역 기원설
다양한 대륙에서 호모 사피엔스 출현

시기는 정확하지 않지만 대략 기원전 12만 년경, 아프리카 호모 에르가스터와 에렉투스의 후손으로 두개골 용적이 1,450cc에 달하는 호모 사피엔스Homo sapiens, 슬기로운 사람가 아프리카에 나타났다.

그 후 기원전 3만 5천 년경에 현생 인류인 호모 사피엔스 사피엔스Homo sapiens sapiens가 등장했다. 이에 대해 다양한 과학 이론이 서로 엇갈리고 있다. 다지역 기원설에 의하면, 현생 인류는 유럽의 호모 에르가스터와 아시아의 호모 에렉투스가 다양하게 이동하고 진화한 데서 비롯되었다고 한다. 더 널리 지지를 받는 '노아의 방주설'은 이와 반대로 오직 아프리카에서 기원하여 지구 전역으로 퍼져 나갔다고 한다. 이 이론에 따르면, 호모 사피엔스는 적어도 10만 년 전에 단지 수천 명의 인간으로 출발해서 근동 지역기원전 12만 년, 중동 지역, 아프리카기원전 8만 년, 유럽아마도 네안데르탈인과 충돌했을 것이다, 호모 에렉투스의 후손과 공존했던 아시아기원전 6만 년, 북아메리카기원전 4만 년를 차지해 나갔다.

신석기 혁명은 그보다 훨씬 더 뒤인 기원전 7천 년경에 시작되어서 점진적으로 확산되었다. 그리고 우리가 역사라고 부르는 것은 단지 기원전 6천 년 혹은 5천 년경에 메소포타미아, 나일 계곡, 유프라테스, 인더스의 '비옥한 초승달 지역'에서 생겨난 도시국가들이 문자를 사용하면서 시작되었다.

불을 사용한 지 40만 년이 지났고, 최초의 장례 의식이 나타난 지 10만 년이 지났다. 이미 3만 년 전부터 인간은 도구를 사용하고 의복과 무기를 갖추었으며 프레스코 벽화를 그렸고 뗏목을 만들었다. 비록 우리가 의식하지 못하지만, 우리의 유산은 수메르와 파라오 시대 훨씬 이전으로 거슬러 올라간다!

그리하여 고인류학자와 선사학자 사이에서 수많은 논쟁이 이루어지고 있다.

새로운 거주지의 발견과 유전학의 발전은 다양한 종과 그들의 기원이나 이동, 혈통에 대해 그리고 전체적이거나 세부적인 연대기에 대해 놀라울 정도로 정확하고 자세하게 밝혀냈다. 하지만 한 가지 의문이 제기된다. 오늘날까지 살아남았으며 사피엔스지혜라는 이름을 붙일 수 있다고 믿었던 호모 혈통의 유일한 후손인 우리는 과연 2050년이 되면 95억 명에 달할 것으로 추정되는 인류의 발달과 약탈식 개발에서 비롯되는 비극적인 문제들을 해결할 수 있을 정도로 충분히 지혜로울까?

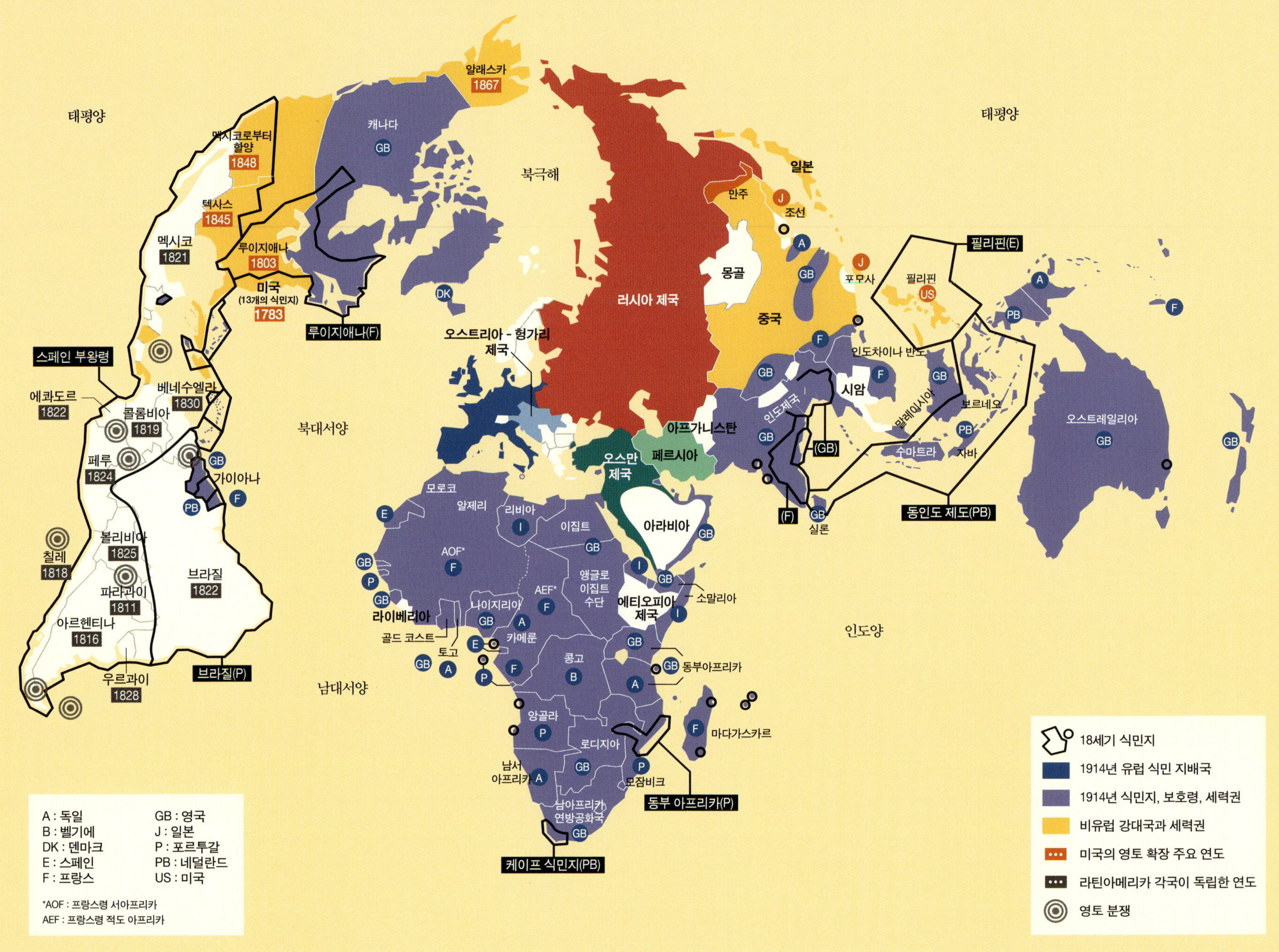
태평양
태평양
알래스카
1867
캐나다
GB
북극해
일본
멕시코로부터
할양
1848
만주
J
조선
텍사스
1845
A
몽골
J
포모사
필리핀(E)
루이지애나
1803
러시아 제국
중국
필리핀
US
멕시코
1821
DK
A
미국
(13개의 식민지)
1783
F
PB
루이지애나(F)
인도차이나 반도
F
스페인 부왕령
오스트리아 - 헝가리
제국
GB
시암
F
보르네오
에콰도르
1822
베네수엘라
1830
GB
인도제국
말레이시아
PB
오스트레일리아
GB
콜롬비아
1819
북대서양
아프가니스탄
(GB)
GB
수마트라
자바
PB
페루
1824
GB
오스만
제국
페르시아
F
가이아나
모로코
알제리
(F)
GB
실론
동인도 제도(PB)
PB
칠레
1818
볼리비아
1825
F
리비아
I
이집트
GB
아라비아
E
인도양
파라과이
1811
브라질
1822
AOF*
F
I
아르헨티나
1816
GB
앵글로
이집트
수단
에티오피아
제국
I
소말리아
P
AEF*
F
I
우르과이
1828
브라질(P)
남대서양
GB
나이지리아
GB
A
라이베리아
동부아프리카
GB
골드 코스트
E
카메룬
콩고
B
A
GB
토고
P
A
앙골라
P
마다가스카르
F
남서
아프리카
A
로디지아
모잠비크
P
동부 아프리카(P)
남아프리카
연방공화국
GB
케이프 식민지(PB)
A : 독일   GB : 영국
B : 벨기에   J : 일본
DK : 덴마크   P : 포르투갈
E : 스페인   PB : 네덜란드
F : 프랑스   US : 미국

*AOF : 프랑스령 서아프리카
AEF : 프랑스령 적도 아프리카
18세기 식민지
1914년 유럽 식민 지배국
1914년 식민지, 보호령, 세력권
비유럽 강대국과 세력권
미국의 영토 확장 주요 연도
라틴아메리카 각국이 독립한 연도
영토 분쟁

유럽의 전성기

5세기에서 10세기에 동쪽 혹은 북쪽에서 출발한 수많은 민족들의 목적지이거나 이동 경로대부분 켈트족으로 이루어져 있던 유럽으로의 민족 대이동였던 유럽은 1095년에서 1291년 사이에 동방으로 십자군 원정을 시작하면서 처음으로 세력을 확장하기 시작했다.

하지만 무엇보다 유럽이 전 세계로 영향력을 넓히기 시작했던 것은 15세기에 바스코 다 가마, 크리스토퍼 콜럼버스, 마젤란과 같은 대탐험가와 대여행가들을 통해서였다. 서로 경쟁 관계에 있었던 이 위대한 탐험가들은 유럽이 식민 제국으로 가는 길을 최초로 열었다. 처음에는 포르투갈과 스페인, 그다음에는 영국과 프랑스, 네덜란드가 식민 정벌에 가담했다. 그렇게 해서 아프리카는 영국, 프랑스, 벨기에, 포르투갈, 스페인, 독일의 식민지로 분할되었다.

19세기에 이르러 프랑스와 영국이 각각 대제국의 선두가 되었다.

한편 중국과 일본은 유럽의 위협과 조건 앞에서 문호를 개방할 수밖에 없었다.

1914년에 전쟁이 일어나기 전까지 유럽은 그들이 분할한 세계를 지배했다. 유럽 강국들은 서로 경쟁했지만, 이 모두가 '문명화의 의무'라고 확신했다. 미국은 18세기에 독립을 이루었고, 라틴아메리카 국가들은 19세기에 독립했으며, 러시아는 태평양까지 세력을 확대했다. 하지만 영국이 추진한 문호 개방, 금 본위제 아래서 이루어진 초기 세계화는 단지 '세계의 유럽화'에 그쳤다.

유럽 강대국들의 경제 및 식민지 경쟁의 악화는 1914년부터 1918년까지 이어진 전쟁의 원인 중 하나가 되었다. 이 전쟁은 진정한 '세계대전'이라기보다는 '유럽 내전'이었다고 할 수 있다.

그 후 또다시 전쟁이 일어났다. 1914년부터 1918년까지 일어난 전쟁, 1939년부터 1945년까지 일어난 제2차 세계대전에서 아무런 문제도 해결되지 않은 채, 전쟁 전인 동시에 전쟁 후인 전간기戰間期가 이어졌다. 30년 동안 유럽은 황폐해진 채로 서로 자리싸움을 했다. 동시에 미국의 지배나 보호를 받았으며, 유럽 절반은 한동안 소련에 복종했다. 유럽은 세계의 중심이라는 지위에서 소련과 미국이 전반석으로 대립하는 쟁점의 대상으로 전락했다.

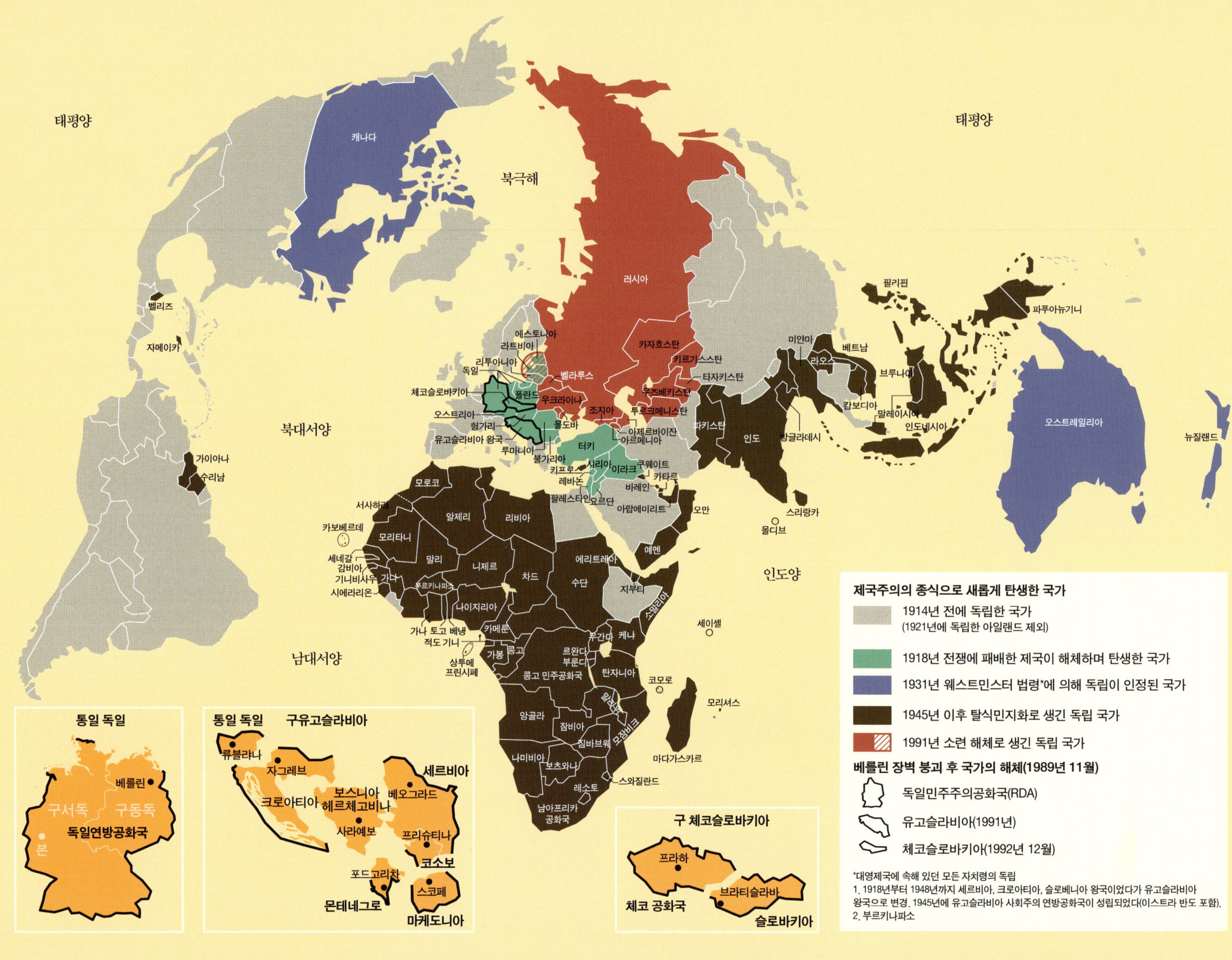

제국주의의 종식으로 새롭게 탄생한 국가

베를린 장벽 붕괴 후 국가의 해체(1989년 11월)

통일 독일

구유고슬라비아

구 체코슬로바키아

*대영제국에 속해 있던 모든 자치령의 독립
1. 1918년부터 1948년까지 세르비아, 크로아티아, 슬로베니아 왕국이었다가 유고슬라비아 왕국으로 변경. 1945년에 유고슬라비아 사회주의 연방공화국이 성립되었다(이스트라 반도 포함).
2. 부르키나파소

제국 붕괴의 간접적 영향

식민 제국은 오랫동안 민족 간 긴장감을 이용하여서 피지배 민족의 국가적 열망을 억제하는 데 성공했다. 하지만 제국이 붕괴되면서는 그동안 억제되어 있던 수많은 갈등이 드러났고, 그중 몇 가지는 여전히 지속되고 있다.

미국의 경우, 건국 그 자체와 영국 왕실로부터의 독립 조건을 살펴보면 미국이 1917년까지 그리고 1941년까지 긴 고립주의 전통을 지켜 온 이유를 이해할 수 있다.

라틴아메리카 국가 사이의 분쟁은 스페인 식민지 상태에서 각국이 독립 전쟁을 치르던 19세기 초반에 나타나기 시작했다. 당시의 긴장감은 오늘날에도 여전히 국민감정으로 남아 있다.

제1차 세계대전은 유럽에서 독일 제국, 오스트리아-헝가리 제국, 오스만 제국을 붕괴하게 만들었다.

베르사유 조약1919년 6월 29일으로 독일 제국의 패배와 붕괴가 공식화되자, 독일은 이때의 굴욕감을 바탕으로 복수심을 불태웠으며, 이를 호전적인 민족주의의 원동력으로 삼았다. 나치의 패배, 독일 두 번째 분할, 소련의 붕괴1991로 인한 독일 통일은 72년1919~1991 동안 독일의 정체성이 붕괴하고 회복하는 주기를 형성했다.

1914년, 오스트리아-헝가리와 독일의 연합은 세계에서 두 번째로 강력한 세력을 형성하였다. 하지만 오스트리아의 경우 생제르맹 조약1919. 9. 10으로, 헝가리의 경우에는 트리아농 조약1920. 6. 4으로 해체되고 만다. 서로 양립할 수 없는 약소국들로 이루어진 새로운 국가인 체코슬로바키아와 유고슬라비아의 성립은 어쩔 수 없이 갈등의 씨앗을 품게 된다. 이러한 국가들의 불안정한 상태는 1930년대에 히틀러의 위협을 촉진하였다. 전쟁 후에 민족적인 문제들은 냉전 때문에, 특히 유고슬라비아의 경우 티토Tito의 '철의 손'에 의해 얼어붙게 되었다는 사실에는 의심할 여지가 없다. 이 문제들은 1989년에서 1990년 사이에 공산주의 제제가 종식되면서 다시 수면 위로 떠올랐다. 예를 들면 헝가리 소수민족 문제가 그렇다.

대다수 경우에 상황은 안정되었고, 독일이 오데르-나이세 라인을 따라 폴란드와의 옛 국경을 인정하였다. 유럽연합 가입을 통해 화해하고, 중앙 유럽이 〈안정성 협정〉을 체결한 덕분이었다. 평화의 원동력은 이렇게 해서 열두 국가를 유럽 연합으로 이끌었다.

반대로 유고슬로비아는 1980년 티토 대통령의 사망으로 해체되기 시작했다. 유고슬라비아도, 유럽도, 유엔 안전보장이사회도 통제할 수가 없었다. 크로아티아-보스니아 전쟁1991~1992, 코소보 전쟁1999을 거쳐 해체되었고, 16년이 지난 지금까지 보스니아, 마케도니아, 코소보 어디에서도 안정을 보장할 수 없다. ▶▶▶

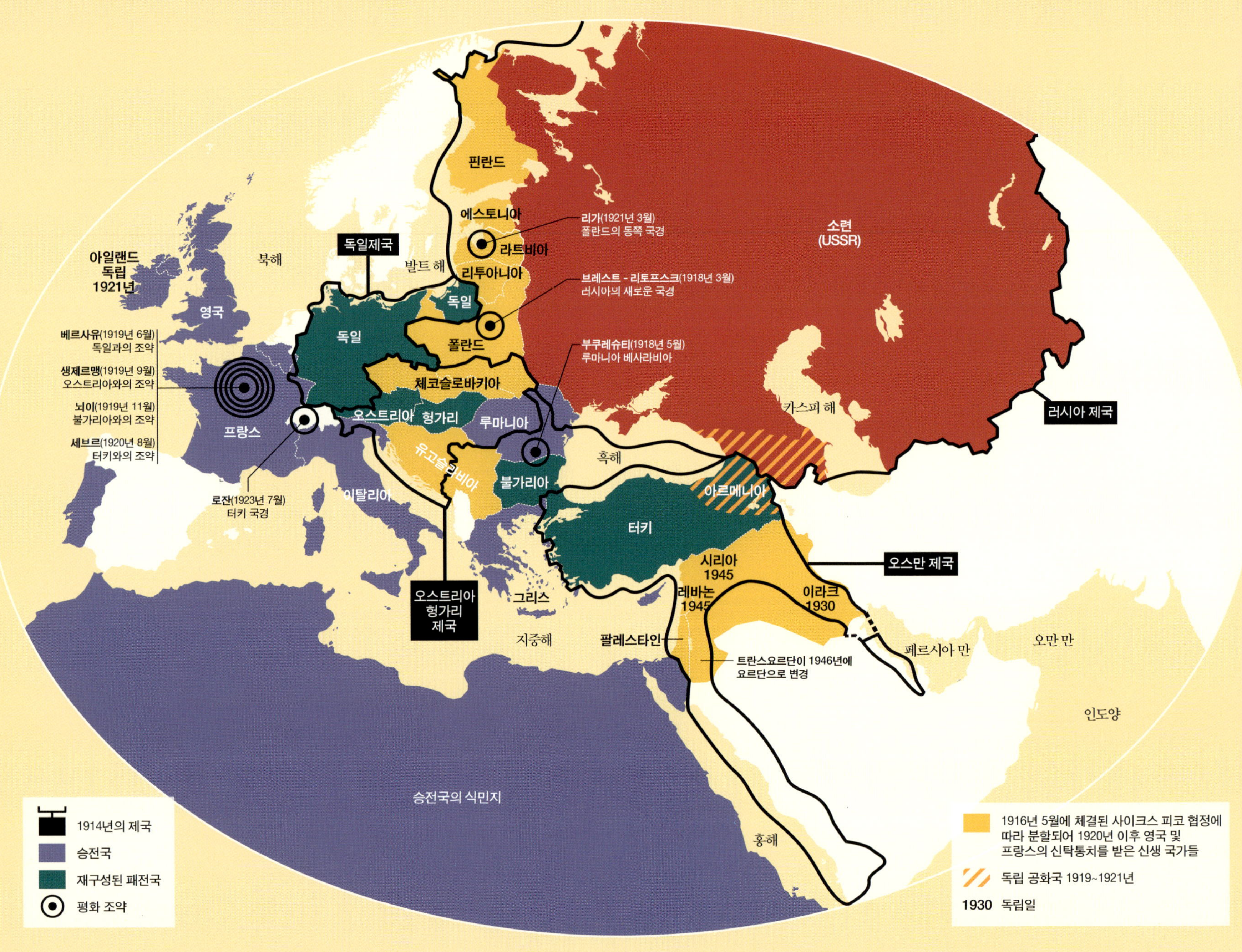

핀란드
소련
(USSR)
에스토니아
라트비아
리투아니아
독일제국
북해
발트 해
독일
독일
폴란드
아일랜드
독립
1921년
영국
리가(1921년 3월)
폴란드의 동쪽 국경
브레스트 - 리토프스크(1918년 3월)
러시아의 새로운 국경
베르사유(1919년 6월)
독일과의 조약
생제르맹(1919년 9월)
오스트리아와의 조약
뇌이(1919년 11월)
불가리아와의 조약
세브르(1920년 8월)
터키와의 조약
로잔(1923년 7월)
터키 국경
프랑스
체코슬로바키아
오스트리아
헝가리
루마니아
부쿠레슈티(1918년 5월)
루마니아 베사라비아
카스피 해
러시아 제국
유고슬라비아
불가리아
흑해
아르메니아
이탈리아
오스트리아
헝가리
제국
터키
시리아
1945
레바논
1945
이라크
1930
오스만 제국
그리스
지중해
팔레스타인
페르시아 만
오만 만
인도양
트랜스요르단이 1946년에
요르단으로 변경
승전국의 식민지
홍해
1914년의 제국
승전국
재구성된 패전국
평화 조약
1916년 5월에 체결된 사이크스 피코 협정에
따라 분할되어 1920년 이후 영국 및
프랑스의 신탁통치를 받은 신생 국가들
독립 공화국 1919~1921년
1930 독립일

'발칸 반도의 화약고' 유고슬라비아는 오스만 제국이 잠시 냉각시켰던 민족적, 종교적 긴장감을 고스란히 안고 있었다.

근동 지역에 위치한 쿠르드 자치 정부는 운명이 어느 정도 정해져 있긴 했지만, 한번도 빛을 보지 못했다. 영국의 신탁통치하에 오스만의 세 지역을 임의로 연합하여 탄생한 이라크는 파란 많고 비극적인 역사를 경험했다. 시리아, 레바논, 트란스요르단오늘날 요르단, 이스라엘은 1948년부터 지금까지 평화나 안정을 경험하지 못했다. 지나간 세기의 역사는 여전히 사람들에게 두려움과 원한을 심어 놓았다.

1950년대와 1960년대에 아프리카와 아시아가 식민지 해방을 맞이하면서 수십 개의 신생 국가가 탄생했다. 하지만 신탁통치 국가포르투갈, 스페인, 벨기에, 네덜란드, 프랑스, 영국의 철수는 시한폭탄을 남겨 두었다. 인도 대륙 분할, 파키스탄 분열, 이스라엘-아랍 갈등, 티모르 문제, 홍콩의 지위 등 아직 가야 할 길이 멀었다!

'젊은 아프리카'는 국경 문제를 피하고자 식민지 분할에 순응하는 지혜를 가지고 있었다. 비록 그것이 억지스러운 것이라고 해도 말이다. 영국이 수에즈 동쪽 지역에서 철수하면서 이라크가 1991년 걸프 전쟁에서 요구하게 되는 쿠웨이트를 포함해 페르시아 만에 위치한 십여 개의 토후국이 독립했다.

이러한 신생 독립 국가 사이의 관계 및 그 외 다른 국가들과의 관계는 식민지 시대, 과거에 지배했던 식민 강대국, 그 언어의 잔재로부터 오늘날까지 이중적인 방식으로 영향을 받고 있다. 심지어 세계화를 통해 각 나라에 새로운 가능성과 더 많은 행동의 여지가 생겼음에도 말이다.

신탁통치를 받던 태평양의 수많은 극소국가들은 1980년대에서 1990년대 사이에 독립했다.

마지막으로 사라진 '제국'은 1991년 말에 붕괴된 소련이다. 소련의 붕괴와 더불어 발칸 3국, 우크라이나, 아르메니아, 조지아, 아제르바이잔과 중앙아시아 국가들이 독립하게 되었다. 하지만 이와 더불어 특히 캅카스 지역 소수민족의 경우처럼 심각한 문제들이 다시 나타나기도 했다.

오늘날 세계 곳곳에 식민 시대의 잔재가 여전히 남아 있다. 가장 심각한 문제는 아프리카, 중동, 아시아 소수민족들의 경우이다. 몇몇 분석가들은 수세기에 걸친 유럽과 서방 국가들의 팽창 정책 이후 식민지 철수라는 거대한 움직임은 완전히 끝난 것이 아니며, 중국과 러시아는 미래에 다시 한 번 충돌할 것이고, 그것이 온갖 반응을 불러올 수 있다고 생각한다.

정복자들은 오스만 제국을 분할1920년 세브르 조약, 1923년 로잔 조약함으로써 소수 기독교인들을 위해 터키에서 아나톨리아를 되찾았다고 생각한다. 하지만 20세기에 일어난 여러 문제들, 이를테면 불안정성이나 유대 민족 등이 21세기까지 무겁게 짓누르고 있으며, 그로써 시리아와 이라크는 붕괴 위협을 받고 있다.

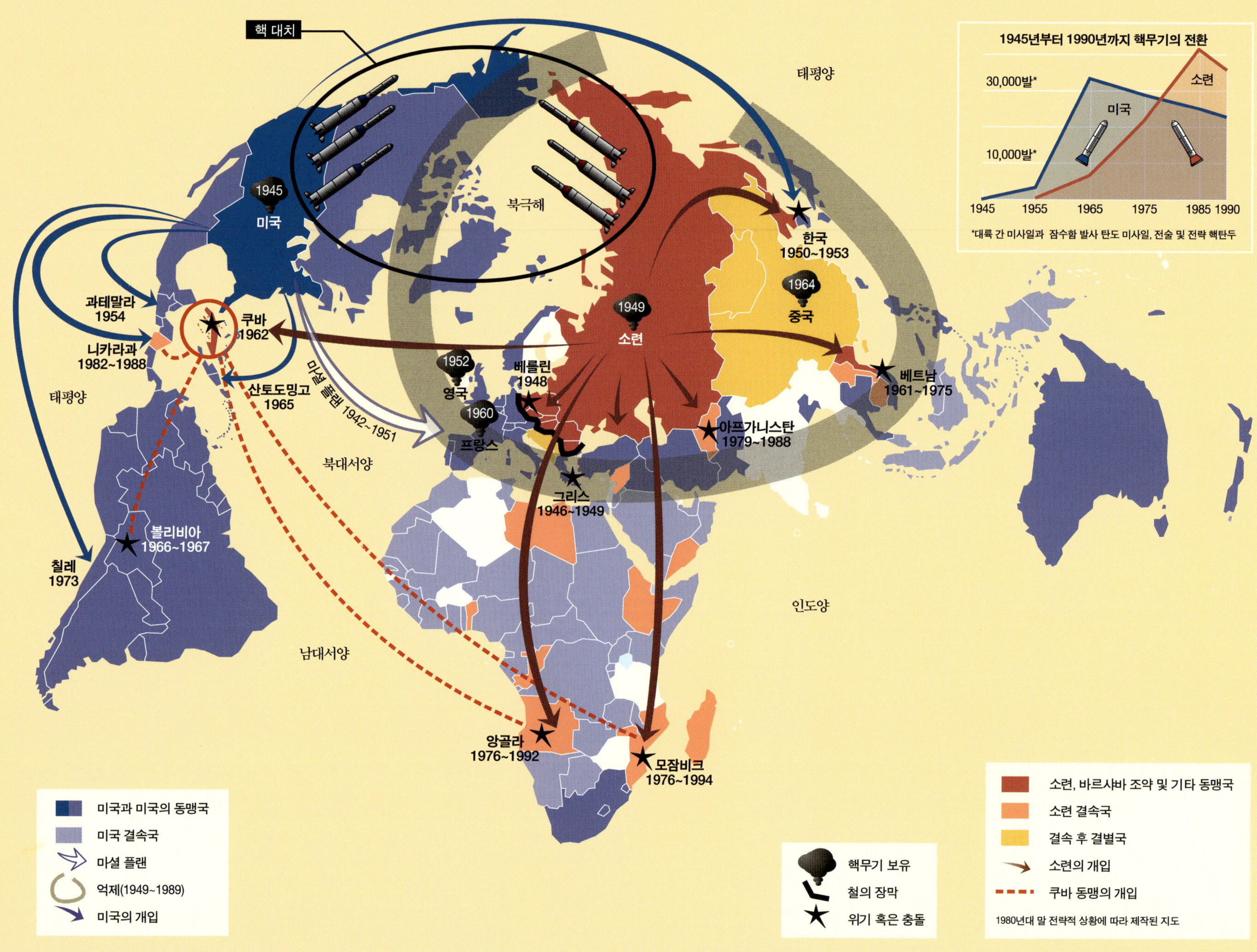

핵 대치
태평양
북극해
1945
미국
1949
소련
1964
중국
한국
1950~1953
과테말라
1954
쿠바
1962
니카라과
1982~1988
산토도밍고
1965
마셜 플랜 1942~1951
1952
영국
베를린
1948
1960
프랑스
베트남
1961~1975
아프가니스탄
1979~1988
태평양
북대서양
그리스
1946~1949
볼리비아
1966~1967
칠레
1973
남대서양
인도양
앙골라
1976~1992
모잠비크
1976~1994

1945년부터 1990년까지 핵무기의 전환
30,000발*
소련
미국
10,000발*
1945   1955   1965   1975   1985 1990
*대륙 간 미사일과 잠수함 발사 탄도 미사일, 전술 및 전략 핵탄두

미국과 미국의 동맹국
미국 결속국
마셜 플랜
억제(1949~1989)
미국의 개입

핵무기 보유
철의 장막
위기 혹은 충돌

소련, 바르샤바 조약 및 기타 동맹국
소련 결속국
결속 후 결별국
소련의 개입
쿠바 동맹의 개입
1980년대 말 전략적 상황에 따라 제작된 지도

냉전

연합군이 나치즘에 대해 승리를 거둔 1945년이라는 중요한 해부터 1991년까지 동서, 소련과 미국의 대립이 국제관계의 틀을 형성하였다. 테헤란 회담, 얄타 회담, 포츠담 협정을 통해 미국, 영국, 소련 연합이 결정한 조치는 1990년에서 1991년 사이에 소련이 붕괴되고 독일이 통일된 후인 오늘날에는 이미 유럽과 독일에 관해 효력을 잃었다. 반대로 한편에서 이의가 제기되기도 했지만, 유엔의 조치는 지속되고 있다.

1945년의 승전국은 나치즘과 일본 제국주의로부터 승리를 거두자마자 분열되었다. 얄타전해지는 바와 달리 세계 분할에 대한 논의는 없었다에서 루스벨트와 처칠에게 약속했던 것과 달리, 스탈린은 붉은 군대에 의해 해방된 유럽 영토에서 자유선거를 조직하지 않았다. 오히려 친소련 공산주의 정부를 강요했다. 1946년에 처칠은 발트 해의 수데텐란트에서 아드리아 해 트리에스테까지 동에서 서로 '철의 장막'이 드리워져 있다는 연설을 했다. 특히 한국전쟁1950 이후 서유럽 국가들에 대해 소련의 군사적인 위협1949년부터 핵무기를 포함하여이 강해지자, 미국은 소련을 저지하려고 역사상 처음으로 캐나다 및 유럽과 동맹을 맺었다. 이것이 바로 미국이 전적으로 주도한 대서양 동맹이다. 한국전쟁은 마치 전쟁이 그다음 날 터질 것을 알기라도 했다는 듯이 NATO북대서양조약기구가 탄생하자마자 발발했다.

미국은 또한 마셜 플랜Marshall Plan을 통해 유럽을 재건하고 소련의 세력 확장을 포기시키려고 했다. 그때부터 양 진영 사이에서 군비 경쟁, 특히 핵무기 경쟁이 시작되었다. 처음에는 대륙 간 혹은 평균 사정거리의 단일 탄두를 장착한 폭격기와 미사일을 사용하다가 점점 더 정확하고 강력한 다탄두 핵무기로 이어졌다. 1948년, 서방 국가들은 소련의 베를린 봉쇄 시도를 실패하게 했다. 소련은 1953년에 동베를린에서 일어난 반란을 진압하고, 1955년에 바르샤바 협약을 체결했으며, 1956년에는 부다페스트 폭동을 1968년 프라하 때와 마찬가지로 진압했다. 서방에서 드골 장군은 대서양 동맹이 개혁되기를 기다리다 지쳐서 1966년에 NATO 회원국 지위는 유지하면서 통합군 조직에서는 탈퇴했다. ▶▶▶

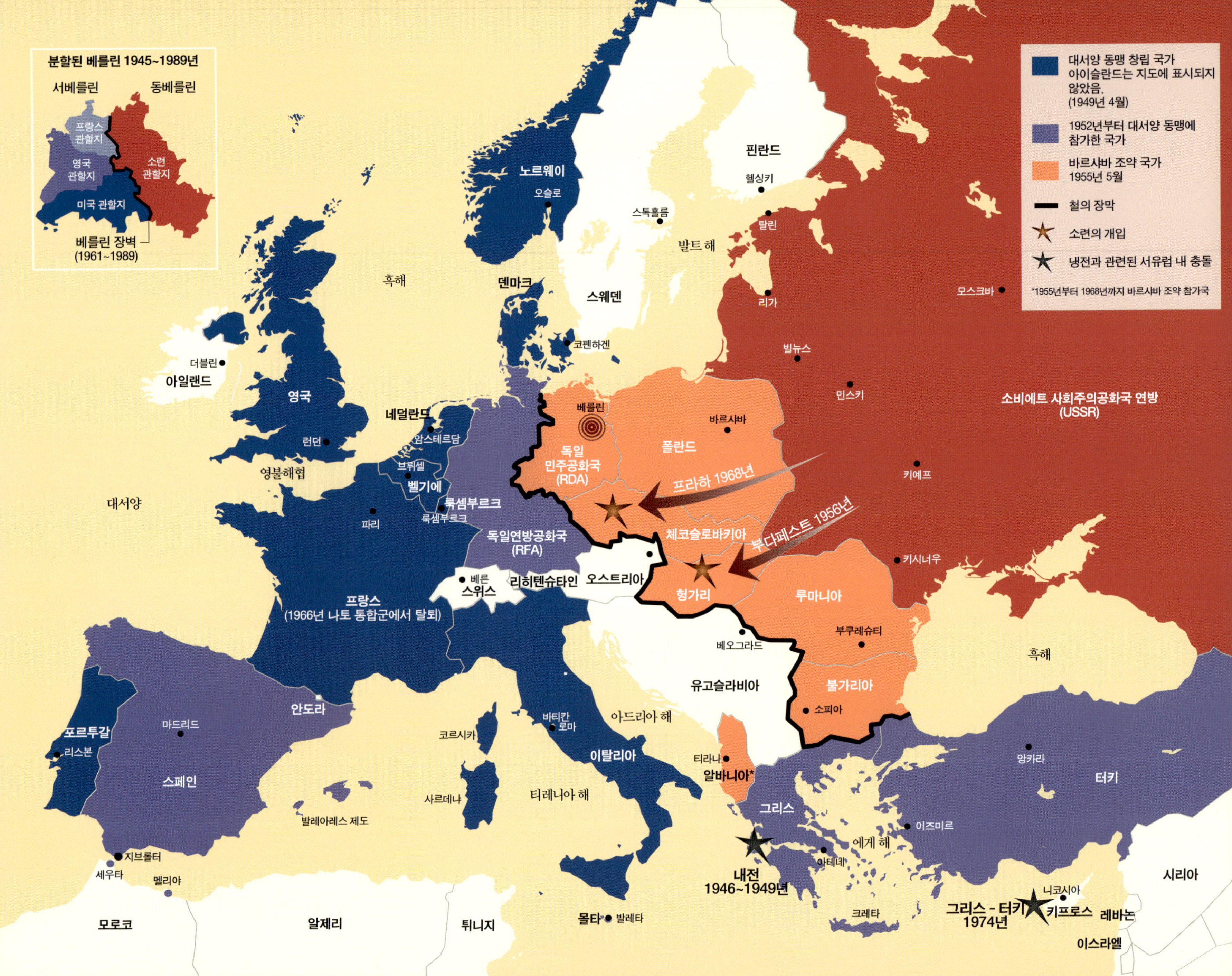
분할된 베를린 1945~1989년
서베를린
동베를린
프랑스
관할지
영국
관할지
소련
관할지
미국 관할지
베를린 장벽
(1961~1989)

대서양 동맹 창립 국가
아이슬란드는 지도에 표시되지
않았음.
(1949년 4월)
1952년부터 대서양 동맹에
참가한 국가
바르샤바 조약 국가
1955년 5월
철의 장막
소련의 개입
냉전과 관련된 서유럽 내 충돌
*1955년부터 1968년까지 바르샤바 조약 참가국

노르웨이
오슬로
핀란드
헬싱키
탈린
발트 해
스톡홀름
흑해
덴마크
스웨덴
리가
모스크바
코펜하겐
빌뉴스
더블린
아일랜드
민스키
소비에트 사회주의공화국 연방
(USSR)
영국
베를린
네덜란드
바르샤바
런던
암스테르담
독일
민주공화국
(RDA)
폴란드
키예프
영불해협
브뤼셀
벨기에
프라하 1968년
대서양
룩셈부르크
룩셈부르크
독일연방공화국
(RFA)
체코슬로바키아
부다페스트 1956년
파리
키시너우
베른
스위스
리히텐슈타인
오스트리아
프랑스
(1966년 나토 통합군에서 탈퇴)
헝가리
루마니아
부쿠레슈티
흑해
베오그라드
안도라
마드리드
유고슬라비아
불가리아
포르투갈
리스본
코르시카
바티칸
로마
아드리아 해
소피아
스페인
이탈리아
티라나
알바니아*
앙카라
터키
지브롤터
세우타
멜리야
사르데냐
티레니아 해
그리스
이즈미르
에게 해
발레아레스 제도
내전
1946~1949년
아테네
니코시아
모로코
알제리
튀니지
몰타
발레타
크레타
그리스 - 터키
1974년
키프로스
레바논
시리아
이스라엘

냉전, 공포의 균형은 두 초강대국이 다른 곳, 즉 제3세계에서 동맹국이나 위성국을 통해 충돌하는 것을 막지는 못했다. 레몽 아롱Raymond Aron이 "평화는 불가능하다."라고 말했던 것처럼, 두 개의 가치 체제와 전략적 목적은 양립할 수 없다. 하지만 그는 핵 억제가 진행되고 있는 한 "전쟁이 일어날 것 같지는 않다."라고 덧붙이기도 했다. 심지어 전쟁은 불가능하다.

케네디와 고르바초프가 고안한 '평화적 공존'은 사실 양 진영의 긴장이 최고조에 달했던 1962년 쿠바의 미사일 위기 이후로 더욱 강요되고 있었다. 이 사건을 계기로 미국과 소련은 최고위층 간에 직접적인 연락을 가능하게 하는 핫라인을 개설하는 데 동의했다. 1972년에는 전략무기제한협정Strategic Arms Limitation Talks을 체결하여 핵미사일과 탄도요격미사일에 대한 상한선을 정하고자 했으며, 1980년대 초에는 핵 개발 억제를 유지하면서 무기 경쟁을 제한하기 위한 감축 협정이 체결되었다Strategic Arms Reduction Talks, START, 전략무기감축협정.

1980년대 초, 미국 레이건 대통령은 아프가니스탄 침공으로 이미 어려움에 처해 있던 소련을 완전히 파탄시키려고 국력을 매우 소진시키는 '별들의 전쟁'을 시작했다.

소련은 1979년에 아프가니스탄의 친공산주의 정권을 보호하고자 아프가니스탄을 침공한 상태였다. 1985년부터 소련의 완전한 패배를 의식하고 있던 고르바초프는 글라스노스트Glasnost, 개방, 페레스트로이카Perestoika, 재건 정책을 통해 공산주의를 개혁함으로써 공산주의를 구하고자 했다. 하지만 너무 늦게 새로운 군비 축소에 합의하고 아프가니스탄에서 붉은 군대를 철수시켰다. 뿐만 아니라 특히 중앙 유럽과 동부 유럽에서 인민 민주주의 권력을 유지하고자 절대로 무력을 사용하지 않기로 결정했다. 시대에 뒤떨어진 억압적인 사회 안에서 아무런 기반도 없는 공산주의는 이때 이미 불치의 선고를 받은 것과 다름없었다. 공산주의는 결국 1989년과 1990년에 완전히 무너졌다이 사건은 독일 통일 역시 가능하게 했다.

1990년 11월, 고르바초프는 쿠웨이트를 침공한 이라크 연합군에 대해 무력 사용을 승인했다. 하지만 과거에는 거의 기대하지 못했던 전략적 혜택을 얻게 되었음에도 미국은 1991년 7월에 있었던 G7 정상회담에서 소련에 대한 경제적 원조를 거절했다. 1991년 말에 소련은 스스로 폭발해 버렸다. 이로써 약 45년 동안 한 번도 열전으로 변질된 적이 없었던 냉전이 종식되었다. '글로벌' 세계의 시대가 시작된 것이다.

2013년과 2014년 사이에 있었던 우크라이나 크림 반도의 위기, 푸틴 러시아와 서방 국가 사이의 긴장감 고조 등은 심각한 사건들이다. 그렇지만 이 사건들을 새로운 글로벌 냉전과 동일시할 수는 없다.

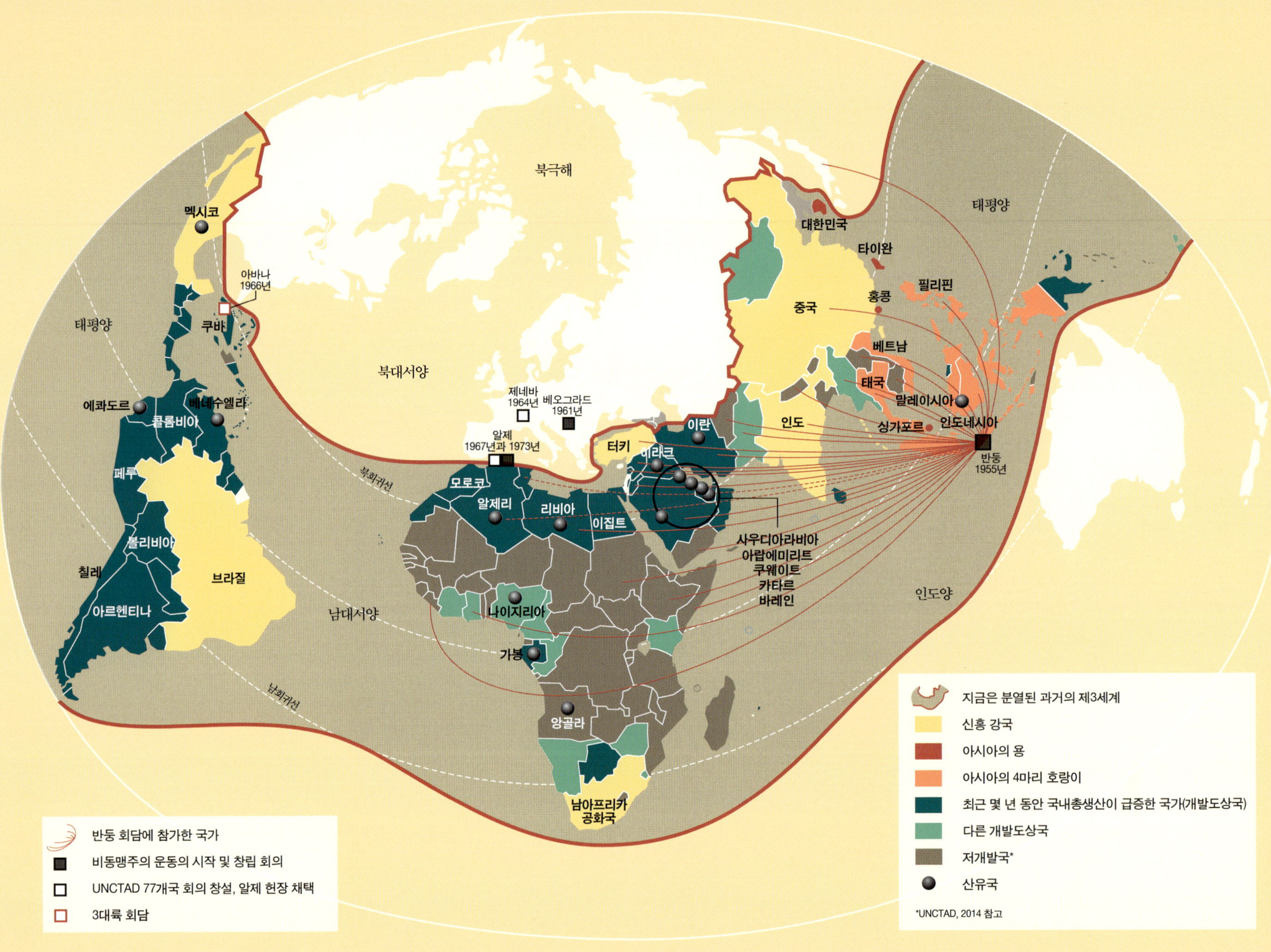
북극해
태평양
태평양
북대서양
남대서양
인도양
북회귀선
남회귀선
멕시코
아바나
1966년
쿠바
에콰도르
베네수엘라
콜롬비아
페루
볼리비아
칠레
브라질
아르헨티나
제네바
1964년
베오그라드
1961년
알제
1967년과 1973년
모로코
알제리
리비아
이집트
나이지리아
가봉
앙골라
남아프리카
공화국
터키
이라크
이란
인도
대한민국
타이완
홍콩
필리핀
중국
베트남
태국
말레이시아
싱가포르
인도네시아
반둥
1955년
사우디아라비아
아랍에미리트
쿠웨이트
카타르
바레인
반둥 회담에 참가한 국가
비동맹주의 운동의 시작 및 창립 회의
UNCTAD 77개국 회의 창설, 알제 헌장 채택
3대륙 회담
지금은 분열된 과거의 제3세계
신흥 강국
아시아의 용
아시아의 4마리 호랑이
최근 몇 년 동안 국내총생산이 급증한 국가(개발도상국)
다른 개발도상국
저개발국*
산유국
*UNCTAD, 2014 참고

제3세계의 분열

1945년 이후로 국제 관계가 동서 경쟁을 따라 이루어지는 동안에도, 수많은 국가들이 독립 초기에 이 양극화 세계에서 빠져나와 자국의 정체성을 드러내고 싶어 했다.

제3세계는 1952년에 프랑스 경제학자 알프레드 소비Alfred Sauvy가 프랑스 앙시앙 레짐Ancien régime의 '제3신분'에서 영감을 얻어 만든 표현이다. 그 시대에 '세 번째 계급'이 다른 두 계급성직자, 귀족에 따라 정해졌던 것과 마찬가지로, 과거 상대국의 지배를 받았으며 큰 힘이 없는 가난한 다수의 국가들을 가리키는 제3세계는 자본주의도, 공산주의도 원하지 않는 국가라는 대조적 의미로 정의된다.

제3세계 국가들은 대부분 남반구에 위치하며 북남의 대립은 동서의 충돌보다 더 결정적인 영향을 끼친다. 북반구 국가들은 이념적으로 공산주의와 서구 사회로 나뉘기도 하지만, 그럼에도 모두 선진국에 속한다. 하지만 남반구 국가들은 그런 선진국에 대비해서만 각국의 정체성을 확인할 수 있다. 소련과 미국의 경쟁에 직면해서 남반구 국가들은 식민지에서 해방되어 독립을 보존하는 동시에 경제적으로 발전할 필요가 있었다.

1955년 4월, 인도네시아 반둥에서 제3세계 국가들이 처음으로 회의를 개최했다. 참가한 29개국은 인류의 절반이었지만, 세계 총생산의 단지 8%에 불과했다. 1960년, 유엔 총회는 '즉각적이고 무조건적인' 식민지 해방에 대한 권리를 요구하는 〈결의안 1541호(XV)〉를 채택했다. 이 결의안에서 식민지 개발은 세계 평화와 유엔 헌장에 대립되는 것으로 규정된다. 남반구 국가들은 또한 '불평등 거래'를 거부한다. 제3세계는 낮은 가격에 원료를 수출하고, 북반구 국가에서 만든 공산품을 높은 가격에 사들인다. 1974년 유엔 총회는 공평과 주권 평등에 기초한 '새로운 국제 경제 질서'의 창설을 주장했다. 제3세계 국가들은 77개국 회의를 개최해 천연자원에 대한 영구 주권을 선언했다. 그들에게 이것은 정치적 주권 외에도, 반드시 필요하지만 여전히 구체화될 필요가 있는 경제적 주권의 확인이었다. UNCTAD유엔 무역개발회의는 국가의 경제적 권리와 의무 헌장을 채택하고 있다.

하지만 1970년대부터 제3세계 연합은 산산조각이 났다. 대부분의 국가들이 비동맹주의를 내세웠더라도 전략상 미국 혹은 소련에 묶여 있을 수밖에 없었다. 가장 명백한 차이는 경제를 통해서 드러났다. 새롭게 등장하여 발전하고 있는 국가들, 지정학적으로 거대한 국가들중국, 일본, 브라질, 산업 국가가 된 아시아의 '용들', 고유가로 혜택을 보고 있는 산유국들과 다른 한편으로 상황이 더 나빠진 저개발 국가들이 존재한다. 분열된 제3세계는 이미 죽었다.

Les diverses interprétations du monde global

세계에 대한 다양한 해석

가장 낙관적인 관점에서 가장 비관적인 관점에 이르기까지 세계를 해석하는 다양한 방식이 존재한다. 우리는 문명의 충돌로 향해 갈 것인가, 민주적이고 조화로운 국제 공동체 출현에 참가할 것인가? 세상은 하나의 극을 중심으로 조직될까, 혹은 강대국이라는 여러 극들을 중심으로 조직될까? 여기서는 이런 측면을 고려하지 않고 세계 현상에 대한 이데올로기적인 해석들을 보여 주고자 한다. 주요 이론은 서로 대조적일까, 선택적일까, 반대로 보완적일까? 이에 대해서는 독자들이 결정하기 바란다.

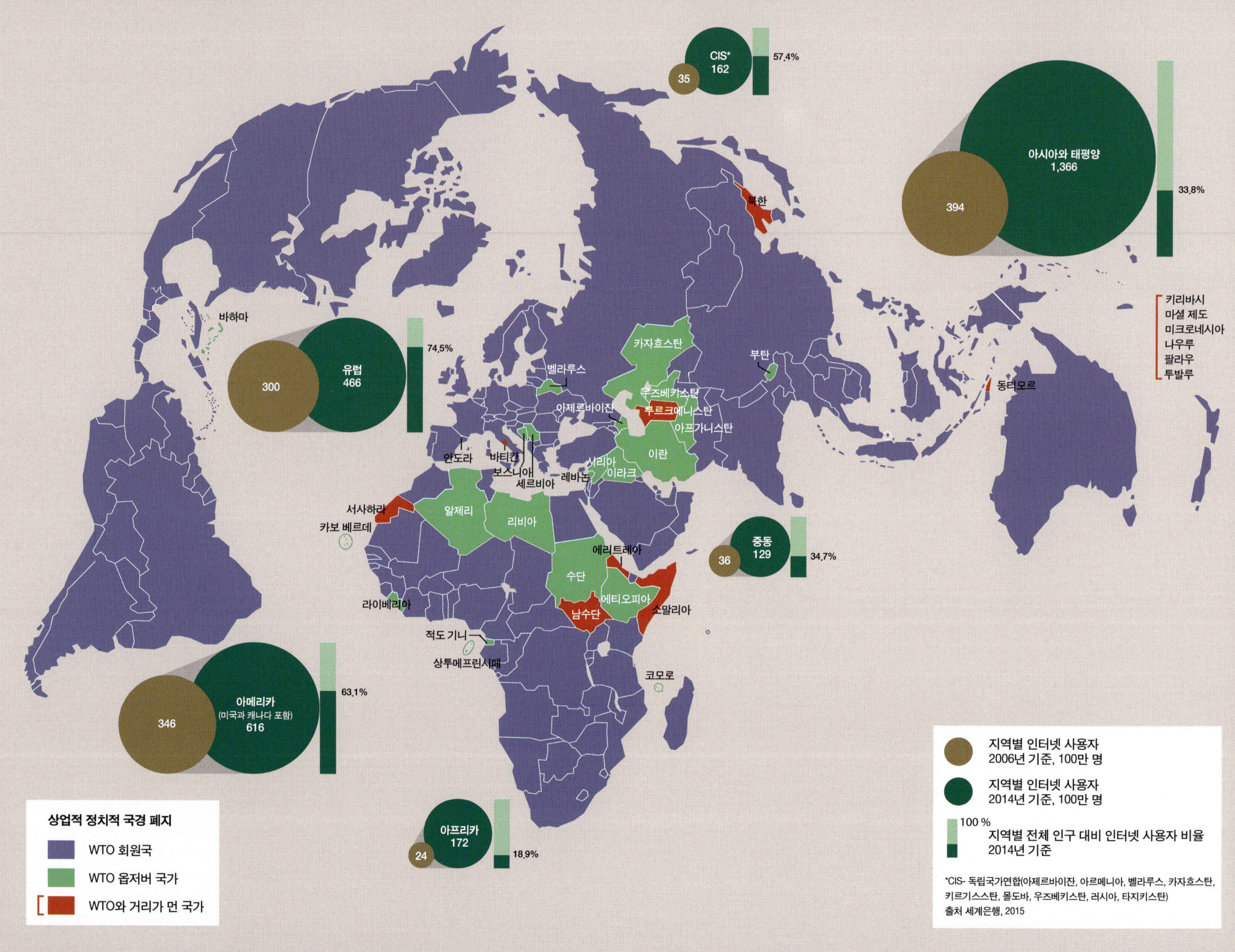
CIS*
162
35
57.4%
아시아와 태평양
1,366
394
33.8%
북한
키리바시
마셜 제도
미크로네시아
나우루
팔라우
투발루
동티모르
카자흐스탄
부탄
벨라루스
우즈베키스탄
아제르바이잔
투르크메니스탄
아프가니스탄
바하마
유럽
466
300
74.5%
안도라
바티칸
보스니아
세르비아
시리아
레바논
이라크
이란
서사하라
카보 베르데
알제리
리비아
에리트레아
중동
129
36
34.7%
수단
에티오피아
남수단
소말리아
라이베리아
적도 기니
상투메프린시페
코모로
아메리카
(미국과 캐나다 포함)
616
346
63.1%
아프리카
172
24
18.9%
상업적 정치적 국경 폐지
WTO 회원국
WTO 옵저버 국가
WTO와 거리가 먼 국가
지역별 인터넷 사용자
2006년 기준, 100만 명
지역별 인터넷 사용자
2014년 기준, 100만 명
100 %
지역별 전체 인구 대비 인터넷 사용자 비율
2014년 기준
*CIS- 독립국가연합(아제르바이잔, 아르메니아, 벨라루스, 카자흐스탄,
키르기스스탄, 몰도바, 우즈베키스탄, 러시아, 타지키스탄)
출처 세계은행, 2015

국제 공동체 이론

1990년대 초 소련 붕괴와 냉전 종식은 수많은 희망을 야기했다. 1980년대에 이미 아시아와 라틴아메리카에서 확고하게 자리 잡은 민주주의는 동유럽에 뿌리를 내리고 전 세계로 뻗어 가는 것처럼 보였다. 안전보장이사회 상임이사국들은 이라크 전쟁1990~1991 동안 처음으로 합의를 통해 유엔 헌장에 규정된 규칙에 따라 무력을 사용하기도 하였다. '국제 공동체'의 개념은 구체화되는 듯했고, 집단 안전은 더 이상 환상이 아니었다.

조지 부시아버지 부시 대통령은 '자유로운 주권 국가들의 보편적인 공동체, 갈등과 인권을 합의하는 규칙'을 토대로 하는 새로운 세계 질서의 도래를 축하했다. 정치학자 프랜시스 후쿠야마는 이데올로기의 대립은 사라졌으며, 그와 더불어 충돌의 위험도 사라졌다고 말했다. 따라서 역사에 종말이 왔다고 선언했다. 서구 자유주의 체제가 여전히 전 세계에 적용되고 있지는 않다 하더라도, 더 이상 논쟁의 여지는 없다.

양극의 대립이 사라지면서 동시에 '세계화'가 실현되었다. 기술의 진보는 시간과 공간을 단축시키고, 새로운 생산 능력을 증가시키고, 삶의 질을 보편적으로 향상시켰다. 아이디어, 인간, 자본의 순환 덕분에 상업적인 측면에서 더욱 자유로워지고 용이해진 무역을 위해서 국경은 사라졌다. 정치, 경제의 자유주의와 기술의 진보는 서로를 더욱 강하게 만들고 있다. 정보 기술은 개인으로 하여금 오래된 장애물을 뛰어넘을 수 있는 능력을 주었다. 모두가 정보를 이용할 수 있게 되었다.

이 이론을 지지하는 사람들은 시장 경제가 모두에게 발전을 가져다주고 모두가 승리하는 윈윈 시스템이다, 세계적인 차원에서 민주주의의 확대와 번영을 위한 매개체라고 생각한다.

미국의 외교 정책 논설위원이자 세계화 예찬론자인 토머스 프리드먼은 세계는 '평평하다'라고 말했다. 왜냐하면 디지털 혁명이 상업적, 정치적 국경을 없애면서 세계화 과정을 가속화시키고 있기 때문이다. 관계를 맺거나 경쟁을 하는 것은 더 이상 국가나 기업이 아니라 인터넷을 통해 직접 네트워크를 형성하는 개인이다. ▶▶▶

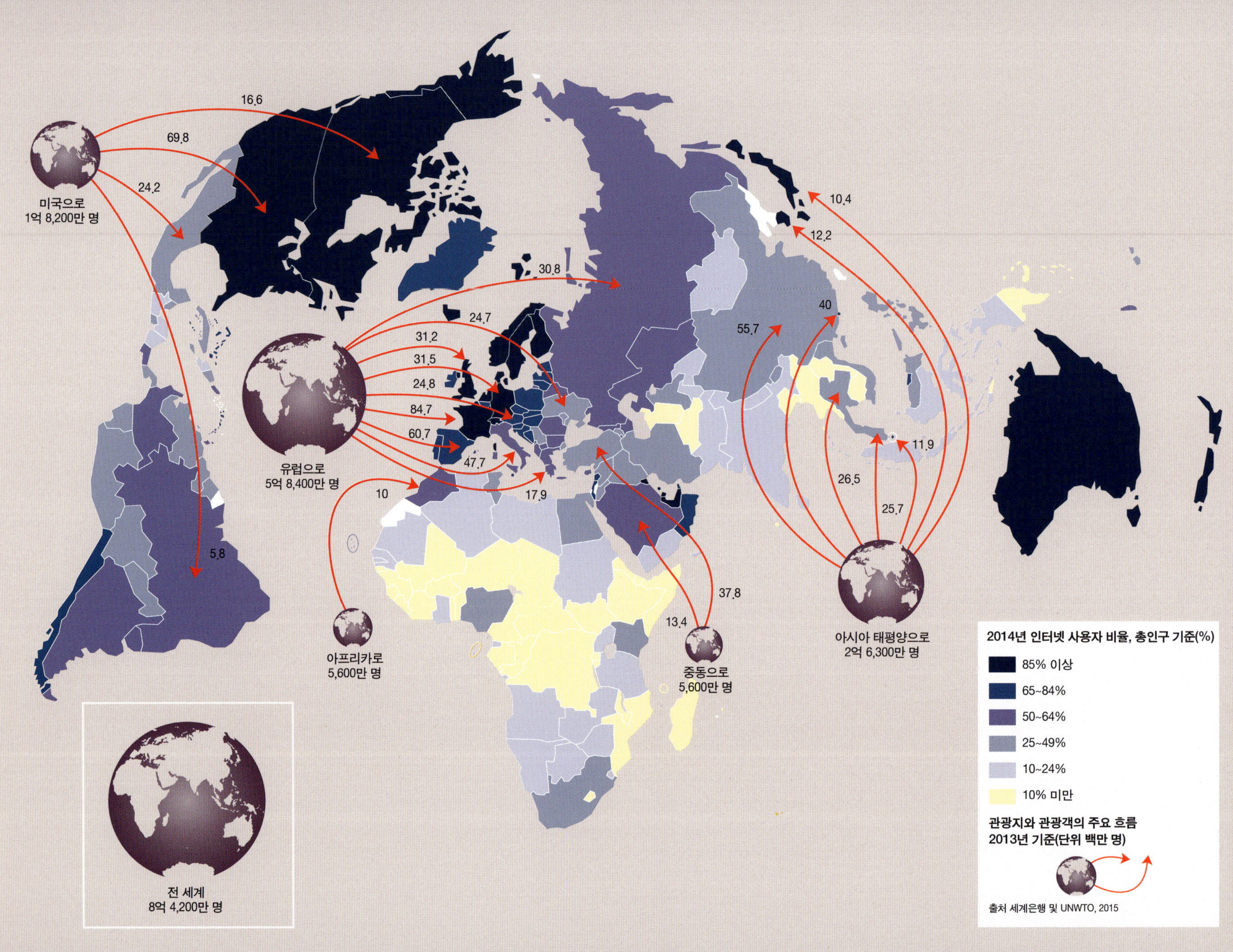
16,6
69,8
24,2
미국으로
1억 8,200만 명
5,8
30,8
24,7
31,2
31,5
24,8
84,7
60,7
47,7
유럽으로
5억 8,400만 명
10
17,9
아프리카로
5,600만 명
13,4
37,8
중동으로
5,600만 명
55,7
40
10,4
12,2
11,9
26,5
25,7
아시아 태평양으로
2억 6,300만 명
전 세계
8억 4,200만 명
2014년 인터넷 사용자 비율, 총인구 기준(%)
85% 이상
65~84%
50~64%
25~49%
10~24%
10% 미만
관광지와 관광객의 주요 흐름
2013년 기준(단위 백만 명)
출처 세계은행 및 UNWTO, 2015

노동 시장은 국적이 사라지고 세계화되고 있다. 각자 개인용 컴퓨터를 통해서 디지털 문서텍스트, 사진, 음악 등를 만들 수 있게 되었다. 그리고 비용이 거의 들지 않는 인터넷을 통해 디지털 형식으로 만들어진 전 세계 정보를 무제한으로 사용할 수 있게 되었다. 전통적인 미디어는 맹렬하게 경쟁하고 있고, 개인은 무한한 권한을 얻게 되었다.

이 이론을 지지하는 사람들은 조직망이 세계화되면서 테러리즘이 수월해졌으나 심각한 지정학적 충돌의 위험은 줄어들었다고 결론짓는다. 유통망이나 가치관의 세계화는 전쟁으로 인한 무역 단절로 발생하는 전쟁 비용을 견딜 수 없게 만들었다. 이를테면 중국과 대만, 인도와 파키스탄의 관계에서 경제적 이익은 지정학적으로 서로 적대적인 관계임에도 서로 협력하게 했다.

이 이론 지지자들은 현존하는 갈등의 원인을 특히 세계화에 접근하는 경로에 있어서의 불평등이라고 말한다. 민주주의와 자유 경제주의와 같은 세계화의 확산은 현존하는 긴장을 완화시켜야 하는데도 말이다. 프리드먼은 '평평하지 않은' 세상이 존재하며, 지구의 절반은 여전히 세계화의 '혜택'에서 배제되어 있다는 사실을 인정했다. 정보 격차는 저개발국과 관련이 있지만, 신흥 국가 내에서도 똑같이 존재한다. 오늘날 인도인 중 20% 이하만이 인터넷을 사용하고 있다.

아직까지 혹은 진정한 민주주의를 이루지 못한 독재 체제는 모든 경우에 방어적인 태도를 취할 것이고, 민주주의는 가차 없이 영역을 확장해 나갈 것이다. 북한의 경우를 제외하고 대부분의 정부는 정보에 대한 독점권을 잃게 된다. 민주주의가 보편적인 현상일 뿐만 아니라 어디에서나 여론의 힘은 더욱 강해지고, 시민 사회는 각기 역사적 특수성에 따라 다양한 정도로 각자의 능력을 확인하게 된다.

이러한 '세계 통합주의' 개념은 분쟁의 고전적인 원인을 이해하지 못하고, 끈질기게 제기되는 정체성 문제를 인정하기 싫어한다.

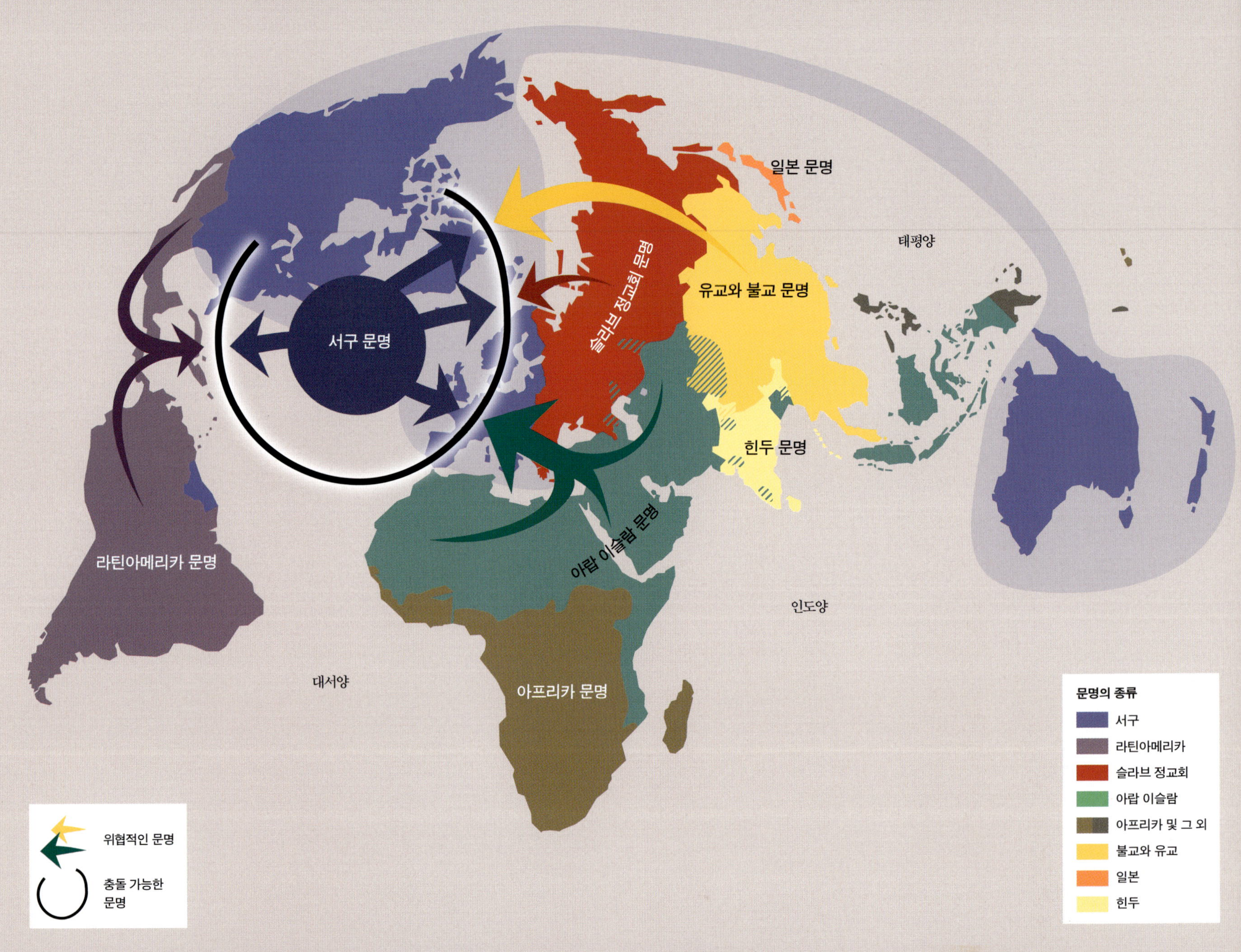
일본 문명
태평양
유교와 불교 문명
슬라브 정교회 문명
서구 문명
힌두 문명
라틴아메리카 문명
아랍 이슬람 문명
인도양
대서양
아프리카 문명
위협적인 문명
충돌 가능한
문명
문명의 종류
서구
라틴아메리카
슬라브 정교회
아랍 이슬람
아프리카 및 그 외
불교와 유교
일본
힌두

문명의 충돌 이론

1989년 11월 베를린 장벽이 무너지고, 1991년 12월 소련이 붕괴된 뒤 낙관적인 바람이 서구 사회를 뒤덮었다. '새로운 국제 질서'가 탄생할 것이고, '보편적인 가치관'이 '국제 공동체'에 영감을 줄 것이라는 것이다. 이를 두고 정치학자인 프랜시스 후쿠야마는 불화와 전투가 없는 '역사의 종말'이 될 것이라고 말했다.

또 다른 저명한 전문가인 새뮤얼 헌팅턴은 이와 같은 이상주의에 반대되는 입장을 취하고, 동일한 가치관을 공유하지 않은 여덟 개의 문명이 충돌할 위험성이 있다고 경고했다. 특히 서구 문명, 이슬람 문명, 유교 문명이 그럴 가능성이 높다고 말한다. 헌팅턴과 반대되는 입장을 취한 사람들은 그가 '자기실현적 예언'을 공식화한다고 비난했지만, 헌팅턴은 그 입장을 고수했다. 헌팅턴과 같은 현실주의자들은 이슬람과 중국의 반서방주의 동맹을 믿지 않았다.

1990년 초에는 경제 성장, 클린턴 대통령의 재임, 유엔에 대한 신뢰, 근동 지방의 평화 과정, 통신 수단 및 인터넷의 보급 등으로 후쿠야마의 주장이 옳은 듯이 보였다.

그런 다음 1995년 이스라엘 총리 이츠하크 라빈의 암살, 근동 지방 평화 과정의 실패, 남아프리카 공화국 더반에서 열린 인종 차별에 대한 유엔 정상회담 실패, 미국의 급격한 입장 변화, 유럽의 답보 상태, 이슬람 테러의 증가, 알 카에다의 2001년 9월 11일 테러는 헌팅턴의 경고가 보다 선견지명이 있다고 생각하게 만들었다.

그때부터 마치 문명의 충돌 '이론'을 거부한다고 선언하면서도 부시 행정부와 신보수주의자를 비롯한 수많은 서구인들이 헌팅턴과 의견을 같이하고, 그런 맥락에서 특별한 결과를 이끌어 내려는 듯이 모든 상황이 전개되었다.

이라크 전쟁과 관타나모 수용소는 분명 서구 사회와 이슬람 사회 사이의 단절을 더욱 악화시켰다. 이슬람 근본주의자들은 여전히 급진적인 입장을 취했고, 기독교 신자들은 오랫동안 그랬던 것처럼 신앙심이 깊은 사람과 그렇지 않은 사람으로 세상을 나누었다.

온건 이슬람주의자들과 마찬가지로 그 밖의 서구인들은 보편주의라는 이름으로, 하지만 사실은 두렵기 때문에 이 이론을 부정한다.

결국 또 다른 사람들은 이슬람과 서구 문명의 충돌은 양측 모두 소수의 광신자와 서로에 대한 깊은 무지로 인한 불신에서 비롯되기 때문에 심각하게 위험할 수 있다고 생각한다. 이들은 이론을 내세워 싸우려고 하지 않고, 우선 근동 지방에 평화를 정착하고, 대화를 통해 위험을 피하고 갈등을 예방하고자 한다. 이런 취지에서 2005년 당시 유엔 사무총장이었던 코피 아난은 교육과 미디어를 통해 이러한 위험에 맞서 싸우고자 '문명 간 연대'를 창설했다.

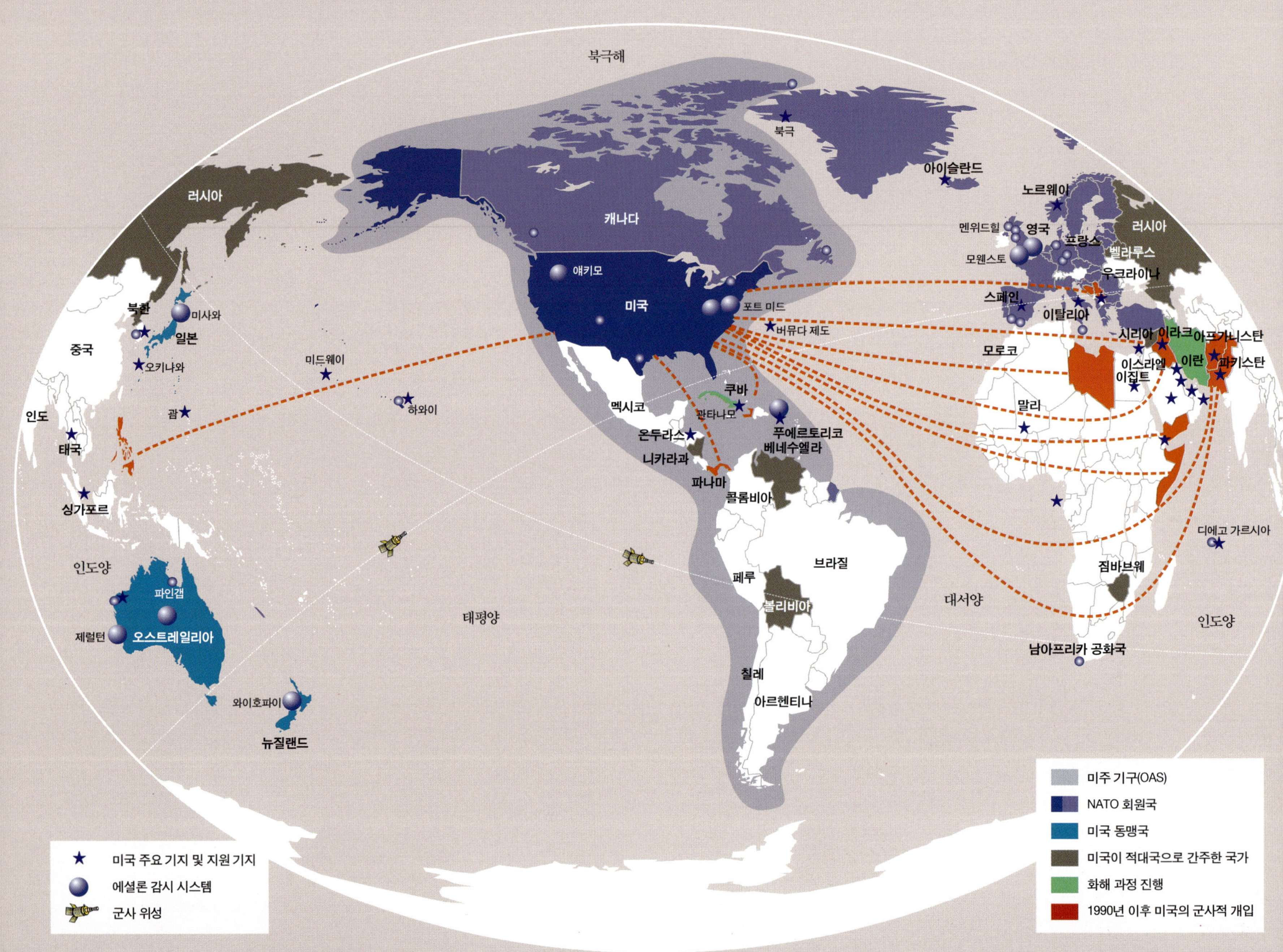
북극해
러시아
캐나다
북극
아이슬란드
노르웨이
멘위드힐
영국
러시아
모웬스토
프랑스
벨라루스
애키모
미국
포트 미드
우크라이나
스페인
북한
미사와
버뮤다 제도
이탈리아
일본
시리아
이라크
아프가니스탄
중국
오키나와
모로코
이스라엘
이란
파키스탄
미드웨이
이집트
괌
쿠바
인도
멕시코
관타나모
말리
하와이
온두라스
푸에르토리코
태국
니카라과
베네수엘라
파나마
싱가포르
콜롬비아
디에고 가르시아
브라질
인도양
파인갭
페루
제럴턴
볼리비아
짐바브웨
오스트레일리아
대서양
인도양
태평양
와이호파이
칠레
남아프리카 공화국
뉴질랜드
아르헨티나

미주 기구(OAS)
NATO 회원국
미국 동맹국
미국이 적대국으로 간주한 국가
화해 과정 진행
1990년 이후 미국의 군사적 개입
미국 주요 기지 및 지원 기지
에셜론 감시 시스템
군사 위성

단극 세계 이론

이 모든 것이 1990년대에
미국을 단극 세계의 중심으로 만드는 데 기여했다.

1991년 12월 소련이 사라지자 미국은 유일한 초강대국으로 남았다. 우리는 그때부터 미국을 초강대국, '세계의 중심'이라고 부를 수 있게 되었다. 미국이 분명하게 원했다기보다는 역사적인 흐름으로 이러한 상황에 이르게 된 것이다.

1799년, 미국 초대 대통령 조지 워싱턴은 임기가 끝날 때 자국민에게 유럽 내부의 갈등에 개입하지 말라고 당부했다. 미국은 1917년까지, 시간이 더 흐른 1941년까지 유럽에 대해 이 노선을 지켰다. 오랫동안 망설인 후 영국과 그 동맹국 편에 가담하는 것이 미국에게 매우 중요하다고 판단하게 될 때까지 말이다.

미국은 1890년경에 서부 개척을 거의 완수한 뒤 그다음으로 스페인을 몰아내고 카리브 해의 섬들, 중앙아메리카, 태평양의 섬들, 필리핀 제도 등에 대해 영향력 혹은 보호령을 확고히 했다.

1918년 제1차 세계대전에서 승리를 거둔 뒤 개입주의자이자 이상주의자였던 윌슨 대통령은 국제연맹의 설립을 제안했다. 하지만 고립주의를 고수하던 미국 상원은 국제연맹 가입에 반대했고, 미국은 손을 뗄 수밖에 없었다. 미국이 나치 체제와 일본 군국주의에 맞서 전면전에 개입한 계기는 1941년 12월 7일 일본이 하와이 진주만에서 미 해군을 공격한 사건이었다. 이로써 미국은 소련과 연맹을 맺고 1945년 5월 8일에 나치 독일이 항복하게 만들었으며, 1945년 9월 2일에는 일본 제국이 항복하게 했다. 이 전쟁 후에 미국은 유럽에 남고자 유럽인의 요구에 따라 움직이기 시작했다. 1948년에 서유럽이 공산화되는 것을 막고자 만든 마셜 플랜을 관리하려고 유럽 경제협력기구를 만들고, 소련이 유럽을 공격하는 것을 막으려고 대서양 동맹을 만들었다. 그때부터 미국은 오늘날까지 서구 사회의 안보를 담당하게 된 것이다. 미국은 핵무기를 끊임없이 현대화시키면서, 동시에 '소련을 억제할' 목적의 군사조약들로 소련을 에워쌌다. 그리고 세3세계가 45년 만에 와해될 때까지 세3세계의 영향력에 맞섰다.

1991년 12월 소련이 사라지자 미국은 살아남은 유일한 초강대국이 되었다. 이러한 지위에 덧붙여 핵무기, 절대적인 군사 패권, 경제력, 국제 시장에서의 달러 가치, 시장 경제의 세계적 확장, 창의적인 기술력, 소프트 파워문화, 언어, 영화, 삶의 방식, 대학, 지적 영향력 등 모든 것이 1990년대에 미국을 단극 세계의 중심으로 만드는 데 기여했다.

2001년 9월 11일, 미국은 초강대국도 자살 테러에 취약하다는 사실을 보여 주었다. 이라크의 상황이나 중국의 상승세 또한 걱정스럽다. 하지만 수많은 사람들은 미국이 세계의 관심 속에서 다른 나라들 위에 있는 하나의 극으로 남아야만 한다고 생각한다.

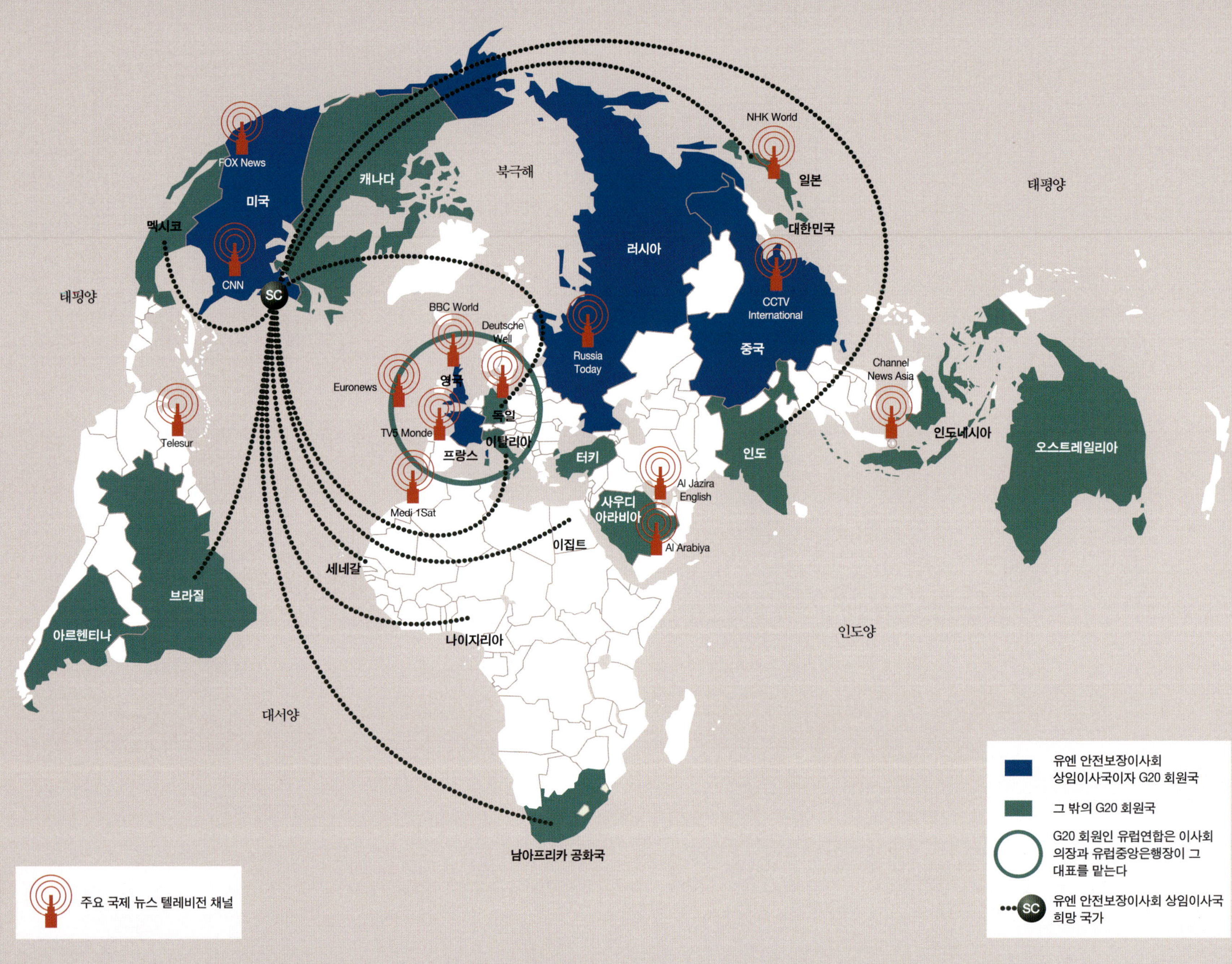
FOX News
캐나다
북극해
NHK World
일본
태평양
미국
대한민국
멕시코
러시아
CNN
SC
BBC World
Deutsche Well
태평양
영국
CCTV International
중국
Euronews
Russia Today
TV5 Monde
독일
Channel News Asia
이탈리아
Telesur
프랑스
터키
인도
인도네시아
오스트레일리아
Medi 1Sat
Al Jazira English
이집트
사우디 아라비아
브라질
세네갈
Al Arabiya
인도양
아르헨티나
나이지리아
대서양
남아프리카 공화국
주요 국제 뉴스 텔레비전 채널
유엔 안전보장이사회 상임이사국이자 G20 회원국
그 밖의 G20 회원국
G20 회원인 유럽연합은 이사회 의장과 유럽중앙은행장이 그 대표를 맡는다
유엔 안전보장이사회 상임이사국 희망 국가
SC

다극 세계 이론

각 지역 강대국들로 구성된
회의 단체가 만들어질 수 있을까?

1945년부터 1991년까지 미국과 소련은 냉전으로 서로 충돌했다. 1991년 이후로 미국은 단극 세계의 지배 권력이 되었다. 몇몇 사람들에게 미국은 늘 그래 왔다. 하지만 다른 사람들에게 세계는 이미 '다극 세계'이며, 그렇게 될 것이고 그렇게 되어야만 했다.

특히 미국이 주도권을 쥔 시기와 거의 일치하는 자크 시라크 대통령의 재임1995~2007 동안 프랑스에게 다극 세계는 미국의 힘과 팽팽히 맞서고 세계의 균형을 이루는 데 바람직한 것이었다. 이런 이유로 미국은 프랑스의 이러한 표현을 비우호적으로 받아들였다.

이 상황에서 새로운 경제 거물의 등장은 당연한 일이었다. 중국, 인도, 브라질, 남아프리카 공화국뿐만 아니라, 1990년대에 너무 성급하게 게임에서 빠졌다고 생각했던 러시아의 반격이 있었다. 비록 러시아의 방식이 호전적이었다고 하더라도 말이다. BRICS브라질, 러시아, 인도, 중국, 남아프리카 공화국 외에도 강한 성장력과 계속 발전하는 중산층을 보유한 60여 개의 신흥 국가가 등장했다. 이러한 다수의 극은 이미 WTO세계무역기구를 비롯한 여러 곳에서 확인이 되고 있다. 신흥 국가들은 IMF국제통화기금 내에서 투표권의 증가를 요구했다. 안전보장이사회 상임이사국이 되고 싶어 하는 후보도 여러 나라이다.

2008년 가을, 프랑스의 위기의식과 영향력 아래에서 G7, G8 회원국은 다극 세계를 상징하고 앞으로 다가올 경쟁과 협력의 장이 될 G20으로 확대하는 것에 합의해야 했다.

하지만 새로운 대국들의 등장이 안정적인 다극 세계를 만들지 못했다. 수많은 문제들이 제기되었기 때문이다. 미국은 분명히 지배적인 단극으로 남을 수 있을까? 트럼프 대통령은 '위대한 미국의 재건'을 꿈꾼다. 과연 그것이 가능할까? 결국 중국에 추월당하지 않을까? 이러한 가능성은 소프트 파워와 관련하여 거의 불가능한 일이며, 단지 21세기가 되기 전에 경제적 결과와 관련된 가능성일 뿐이다. 미국, 중국, 일본, 인도, 러시아, 브라질, 유럽 사이에 어떤 관계가 형성될까? 예를 들면 중국과 러시아는 서로 협력하고자 상하이 협력기구를 창설했다. 만약 WTO 161개국, 유엔 193개국과 같은 다국 체제의 180개국 회원국들에게 하나 혹은 다양한 극이 존재한다면, 이 다극 체제의 관계는 어떻게 될까? ▶▶▶

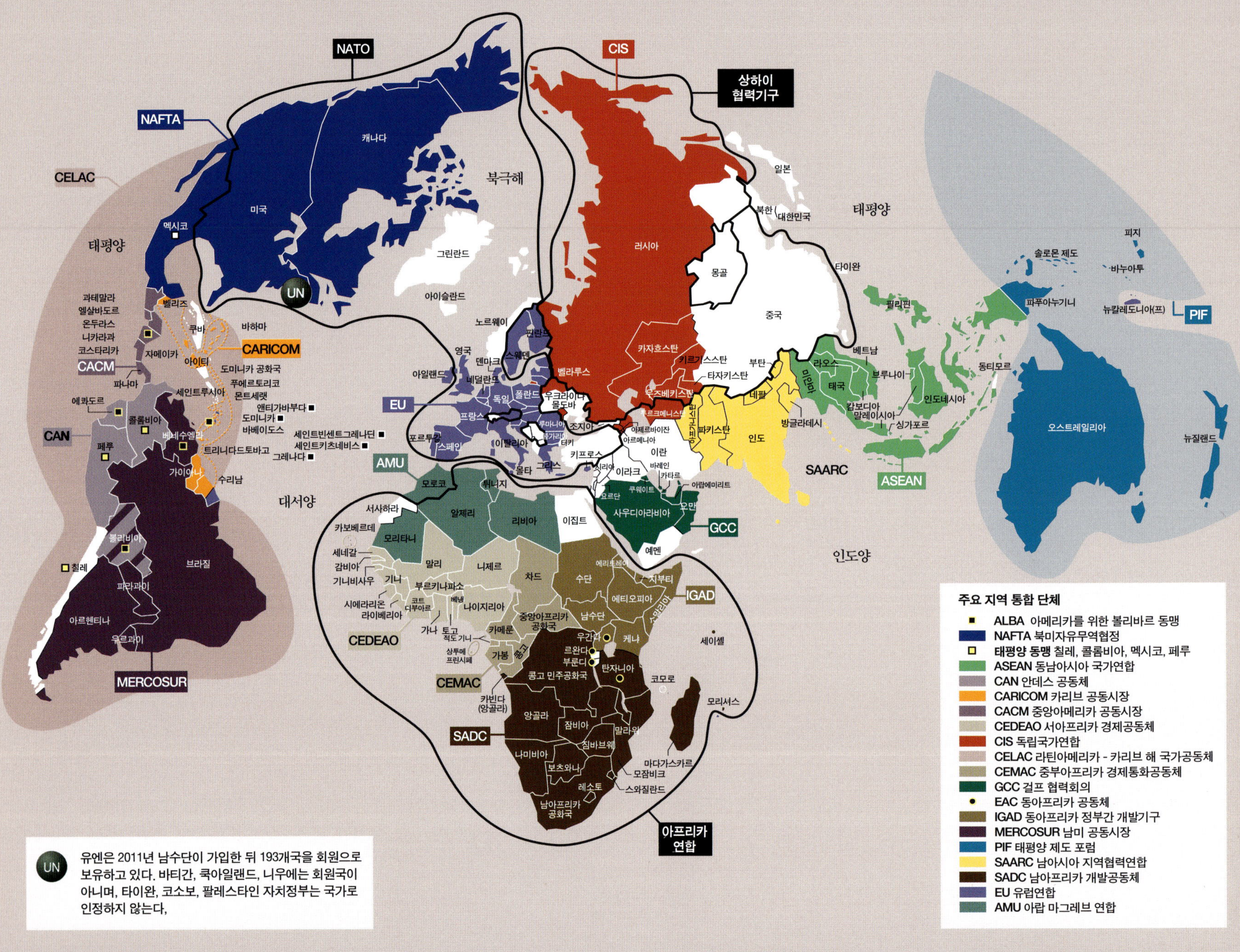

주요 지역 통합 단체

- ■ **ALBA** 아메리카를 위한 볼리바르 동맹
- ■ **NAFTA** 북미자유무역협정
- □ **태평양 동맹** 칠레, 콜롬비아, 멕시코, 페루
- ■ **ASEAN** 동남아시아 국가연합
- ■ **CAN** 안데스 공동체
- ■ **CARICOM** 카리브 공동시장
- ■ **CACM** 중앙아메리카 공동시장
- ■ **CEDEAO** 서아프리카 경제공동체
- ■ **CIS** 독립국가연합
- ■ **CELAC** 라틴아메리카 - 카리브 해 국가공동체
- ■ **CEMAC** 중부아프리카 경제통화공동체
- ■ **GCC** 걸프 협력회의
- • **EAC** 동아프리카 공동체
- ■ **IGAD** 동아프리카 정부간 개발기구
- ■ **MERCOSUR** 남미 공동시장
- ■ **PIF** 태평양 제도 포럼
- ■ **SAARC** 남아시아 지역협력연합
- ■ **SADC** 남아프리카 개발공동체
- ■ **EU** 유럽연합
- ■ **AMU** 아랍 마그레브 연합

유엔은 2011년 남수단이 가입한 뒤 193개국을 회원으로 보유하고 있다. 바티칸, 쿡아일랜드, 니우에는 회원국이 아니며, 타이완, 코소보, 팔레스타인 자치정부는 국가로 인정하지 않는다.

미래의 극들은 각각 한 그룹 혹은 한 지역의 리더를 가리키는 말일 수 있다. 라틴아메리카의 브라질이나 아프리카의 남아프리카 공화국과 나이지리아처럼 말이다. G7, 혹은 2008년부터 G20의 경우처럼, 우리는 새로운 극들이 모여서 일종의 회의 단체를 결성하는 것을 보게 될 것이다. 이 단계에서 어떤 가설도 배제할 수 없다. 찰스 하스와 로랑 파비우스 등 몇몇 사람들은 지배 극이 없는 '무극' 세계에 대해서 말하기도 한다.

유럽에는 특수한 문제가 있다. 유럽을 이미 하나의 공동체라고 말하는 습관이 있으며, 프랑스가 '유럽 강대국'의 필요성에 대해서 정기적으로 언급하고 있음에도 지금 이 시점에서 유럽이 미래에 다극 세계의 중심이 될 것이라는 확신도 없다. 단지 5억 800만 인구, 17조 9,600억 달러의 누적 GDP미국의 경우에 16조 7,700억 달러라는 통계는 그럴 만한 잠재 가능성이 있다는 사실을 보여 줄 뿐이다.

공동의 외부 무역 정책은 큰 영향력을 지닌다. 세계 인구의 6%를 차지하는 유럽연합은 세계 총생산의 22%를 기록하고 있으며, 세계 사회 복지 비용의 50%를 지출한다. 하지만 유럽은 '유럽 합중국'이 아니다. 회원국들은 각각 오래되고 강한 정체성을 가지고 있어서 초기의 열세 개 식민지가 열세 개의 다른 민족을 뜻하지 않았던 미국과 비교할 수가 없다. 이미 강한 유럽의 통합은 유로존의 경제적인 면을 제외하고, 리스본 조약 이상으로 계속되지는 않을 것이다.

더 중요한 사실은 유럽인 대다수가 1945년 이후로 그들의 안보, 방위, 외교를 미국에 맡겼다는 것이다. 수많은 사람들이 강대국 정치의 페이지를 넘기고 싶어 한다. 그것이 유럽과 관련이 있다고 하더라도 말이다. 그리고 프랑스인이 말하는 '유럽 강대국'이 유럽인의 합법적인 이익을 지키고 풍요롭지만 야만적이고 불안정한 세계화에 사로잡힌 세계에서 규제와 관련된 영향력을 행사하는 것과 관련이 있다고 하더라도, 거기에 도달하는 것을 내켜 하지 않는다. 만일 유럽인이 유럽을 강대국으로 만들겠다고 결정하지 않는다면, 유럽은 미래에 유럽-미국 간의 새로운 동맹에 파트너도, 중심국도 되지 않을 것이다. 유럽은 좋건 나쁘건 간에 미국 중심의 리더십 아래에서 서구 사회의 단지 하나의 지역으로 남게 될 것이다.

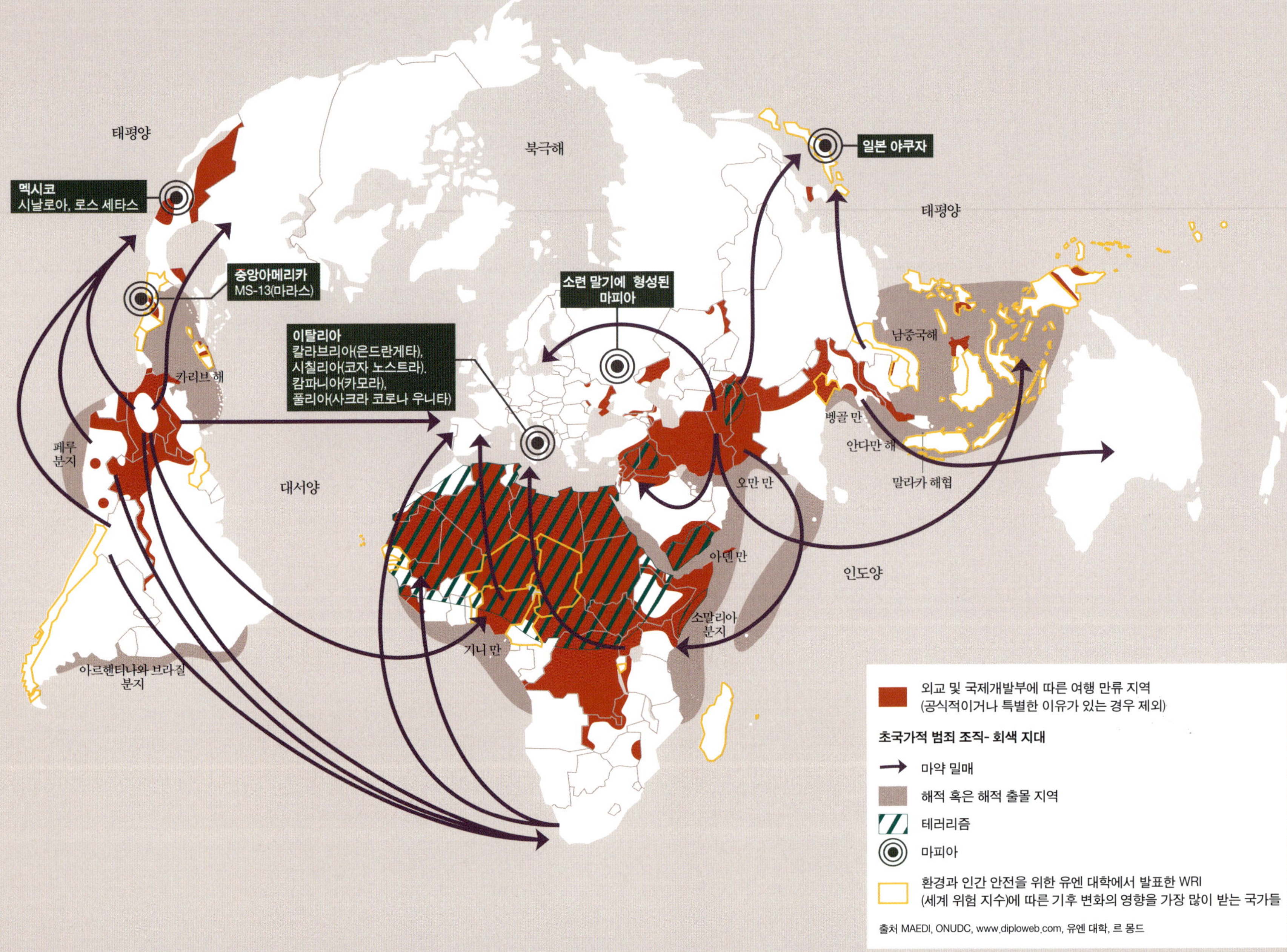
태평양
북극해
태평양
멕시코
시날로아, 로스 세타스
일본 야쿠자
중앙아메리카
MS-13(마라스)
소련 말기에 형성된
마피아
이탈리아
칼라브리아(은드란게타),
시칠리아(코자 노스트라),
캄파니아(카모라),
풀리아(사크라 코로나 우니타)
남중국해
카리브 해
벵골 만
안다만 해
페루
분지
오만 만
말라카 해협
대서양
인도양
아덴 만
아르헨티나와 브라질
분지
소말리아
분지
기니 만
외교 및 국제개발부에 따른 여행 만류 지역
(공식적이거나 특별한 이유가 있는 경우 제외)
초국가적 범죄 조직- 회색 지대
마약 밀매
해적 혹은 해적 출몰 지역
테러리즘
마피아
환경과 인간 안전을 위한 유엔 대학에서 발표한 WRI
(세계 위험 지수)에 따른 기후 변화의 영향을 가장 많이 받는 국가들
출처 MAEDI, ONUDC, www.diploweb.com, 유엔 대학, 르 몽드

혼돈의 세계 이론

전후 양극 체제는 불공정하고 위협적이었지만상호 핵 파괴, 결국 안정적으로 자리 잡았고, 공동으로 세계를 관리하게 되었다긴장 완화. 두 초강대국은 각자 진영에 군림하면서 제3세계에서 경쟁했다. 1989년, 1991년이 지나면서 냉전이 종식되었지만, 프랑스를 포함한 몇몇 국가들의 바람과는 달리 다극 세계와 관련해서도, 진정한 '집단 안보' 체제와 관련해서도, '새로운 세계 질서'를 만드는 데 장애불이 제거된 것은 아니었다. 단지 10년 동안 지속된 미국의 초상대국 현상에 대해서는 예외였다. 더 이상 그 누구도 통제할 수 없는 세상에 대해 말했던 몇몇 사람들의 앞선 생각은 어디에서 비롯되었을까.

여러 가지 이유로 주요 강대국의 힘은 약해졌다. 수많은 국가들이 탄생했으며, 마지막 다민족 제국인 소비에트와 유고슬라비아는 해체되었다. 분리주의자들이 큰소리를 내면서 때로 약한 국가남수단. 코소보를 탄생시키기도 했고, 구소련 국경을 중심으로 충돌이 일어나기도 했다아르메니아-아제르바이잔. 크림 반도. 트란스니스트리아.

수십 개의 신흥 국가들이 등장했지만, 이와 비슷하게 서른 개 정도의 국가가 '파산' 국가, 즉 자국민이나 영토를 통제하거나 주권을 지킬 힘이 없는 국가로 간주되었다. 이와 동시에 강대국은 다각화되고 분산되었다. 비국가 국제활동가들의 수도 증가하였다. 다국적 기업, NGO, 언론가, 미디어, 과두정치가, 억만장자, 다양한 조직체, 교회, 개인 네트워크, 마피아 등이 이에 속한다. 이민을 포함하여 국제 관계에 영향을 끼칠 수 있는 개인과 단체의 수는 기하급수적으로 늘어났고, 민주주의의 '보편적 이익'을 정의하거나 결정하는 것은 점점 더 어려워졌다. 근동 지방의 충돌부터 기후 온난화 대책에 이르기까지, 이슬람 테러리즘의 발달에서 신종 바이러스의 출현과 빠른 확산, 탈세 천국에 대한 국제 경제 재판에 이르기까지, 이 모든 상황이 세계를 관리하기 힘들게 했고, 국세 공동체가 존재하지 않거나 적어도 그들 나름의 전략이 있는 수많은 활동가 앞에서 무력하다는 느낌을 주었다.

새로운 정보 통신 기술의 발달은 혁명적이다. 이는 긍정적인 측면도 있다. 하지만 권력을 약화시킬 수 있으며, 바이러스나 정보 공격 앞에서 긴밀하게 연결된 사회의 새로운 약점이 될 수도 있다.

세계는 예측 불가능하고 불확실하고 혼란스러워 보인다. 마치 그 누구도 통제할 수 없는 술 취한 배처럼 말이다. 적어도 지난 3, 4세기 동안 그것이 최상이든 최악이든 간에 자신들에 의해서 정돈되어졌다고 믿었던 서구인의 눈에는 그러하다. 이것은 프랑스와 유럽인을 불안하게 하는 요소 중 하나이다.

Les données globales

세계에 대한 포괄적인 자료

이 장은 지구의 현 상황이나 변화 가능한 상황에 대한 객관적인 자료를 담고 있다. 쟁점 문제를 파악하고 가장 지속적인 방식으로 그 문제에 부딪혀 보려면 가능한 한 정확한 지식에서 출발해야 한다. 이 모든 문제에 직면하여, 지구의 미래는 서로 다른 국가들이 함께 혹은 개별적으로 다국적 조직 내에서 어떤 방식으로 반응하고 행동하는지에 따라 크게 좌우된다.

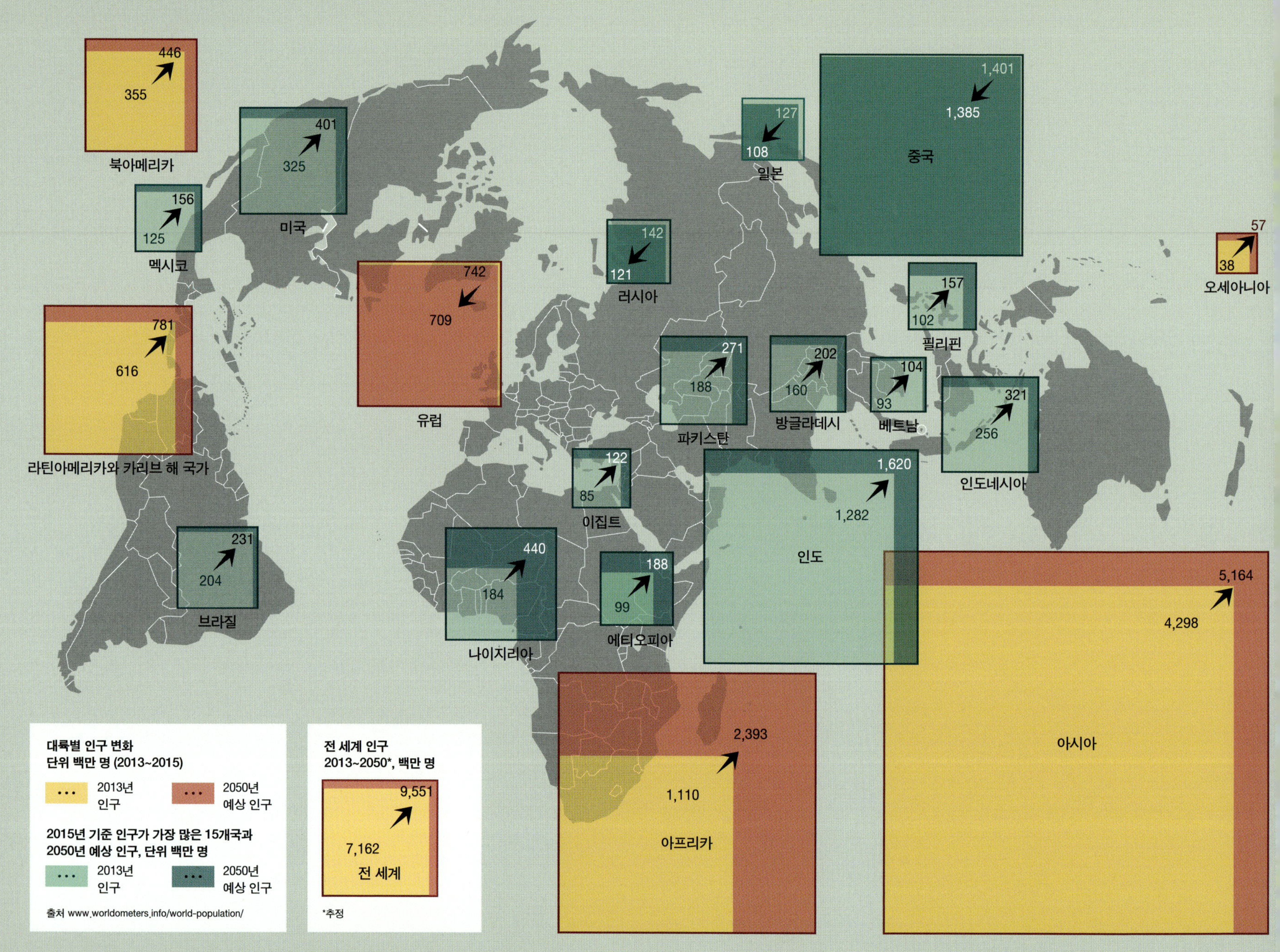
북아메리카
355
446
미국
325
401
멕시코
125
156
라틴아메리카와 카리브 해 국가
616
781
브라질
204
231
유럽
709
742
러시아
121
142
중국
1,385
1,401
일본
108
127
오세아니아
38
57
필리핀
102
157
방글라데시
160
202
베트남
93
104
인도네시아
256
321
파키스탄
188
271
이집트
85
122
나이지리아
184
440
에티오피아
99
188
인도
1,282
1,620
아프리카
1,110
2,393
아시아
4,298
5,164
대륙별 인구 변화
단위 백만 명 (2013~2015)
2013년 인구
2050년 예상 인구
2015년 기준 인구가 가장 많은 15개국과
2050년 예상 인구, 단위 백만 명
2013년 인구
2050년 예상 인구
출처 www.worldometers.info/world-population/
전 세계 인구
2013~2050*, 백만 명
7,162
9,551
전 세계
*추정

인구

2050년에 아시아는 53억 명 인구로, 지구 인구의 60%를 차지하면서 점점 더 지구의 중심으로 자리 잡을 것이다.

세계 인구는 처음 천 년 동안 안정된 상태를 유지하다가, 1800년이 되어서야 10억 인구에 도달했다. 영국 경제학자 토머스 맬서스가 지구가 인구 증가에 대비하여 충분한 물자를 확보하지 못할 것이라는 예언이 담긴 책을 출간한 것도 바로 이 무렵인 1789년이다. 19세기부터 지구 인구는 끊임없이 증가했다. 1900년에 17억, 1925년에 20억, 1975년에 40억, 2012년에 70억으로 늘어났다. 이러한 전 세계적인 인구 증가는 대륙별 차이를 감추고 있다.

최근의 인구 통계 조사에 의하면, 아마도 2050년에 95억 명으로 늘어난 뒤 지구 인구는 안정될 것으로 보인다. 하지만 2000년에서 2050년 사이에 비약적으로 늘어난 인구의 96%는 남반구 국가들과 관련이 있으며, 미국을 주목할 만한 예외로 하는 북반구 국가들은 정체되어 있거나 심지어 줄어들고 있다. 미국의 경우는 사실 꾸준히 이어지는 이민의 혜택을 받고 있다.

2050년에 지구 인구가 250억 명 내지 500억 명에 도달할 것이라는 1960년에서 1981년 사이 인구 통계학자들의 예측과는 거리가 있다!

2000년에서 2050년 사이에 아프리카 대륙은 상대적으로 인구가 증가한 유일한 곳이 될 것이다. 아프리카인 수는 이 시기에 두 배가 될 것이다. 아시아는 53억 명의 인구로, 지구 인구의 60%를 차지하면서 점점 더 지구의 중심으로 자리 잡을 것이다. 인도는 15억 명에서 16억 명으로 증가할 것이다. 2000년에 세계 인구의 10%를 차지했던 유럽은 7%로 감소할 것이므로 인구 통계의 난쟁이가 될 위기에 처해 있다. 러시아는 급격한 인구 감소의 극단적인 예를 보여 주듯 끊임없이 줄어들고 있다. 1989년에 1억 4,800만 명이었던 인구가 2005년에는 1억 4,300만 명, 2050년에는 1억 100만 명이 될 것으로 예측된다. 따라서 러시아 인구는 세계 6위에서 18위로 내려갈 것이다. 일본 또한 지금부터 2050년까지 인구의 25%가 줄어들 것이다. 대부분의 나라에서 출산율은 2025년경에 여성 한 명당 2.1명 이하로 떨어질 것이다 이는 세대를 갱신할 수 있는 문턱이다. 특히 여성의 직업과 아이를 키우는 일을 양립하는 것이 힘든 사회에서는 출산율이 더욱 떨어질 것이다.

그러므로 경우에 따라서 세계 인구 과밀에 대한 두려움은 인구 감소로 인한 고령화 사회에 관한 걱정으로 바뀔 가능성이 있다. 물론 이 두 가지 문제가 중첩되는 상황도 가능하다.

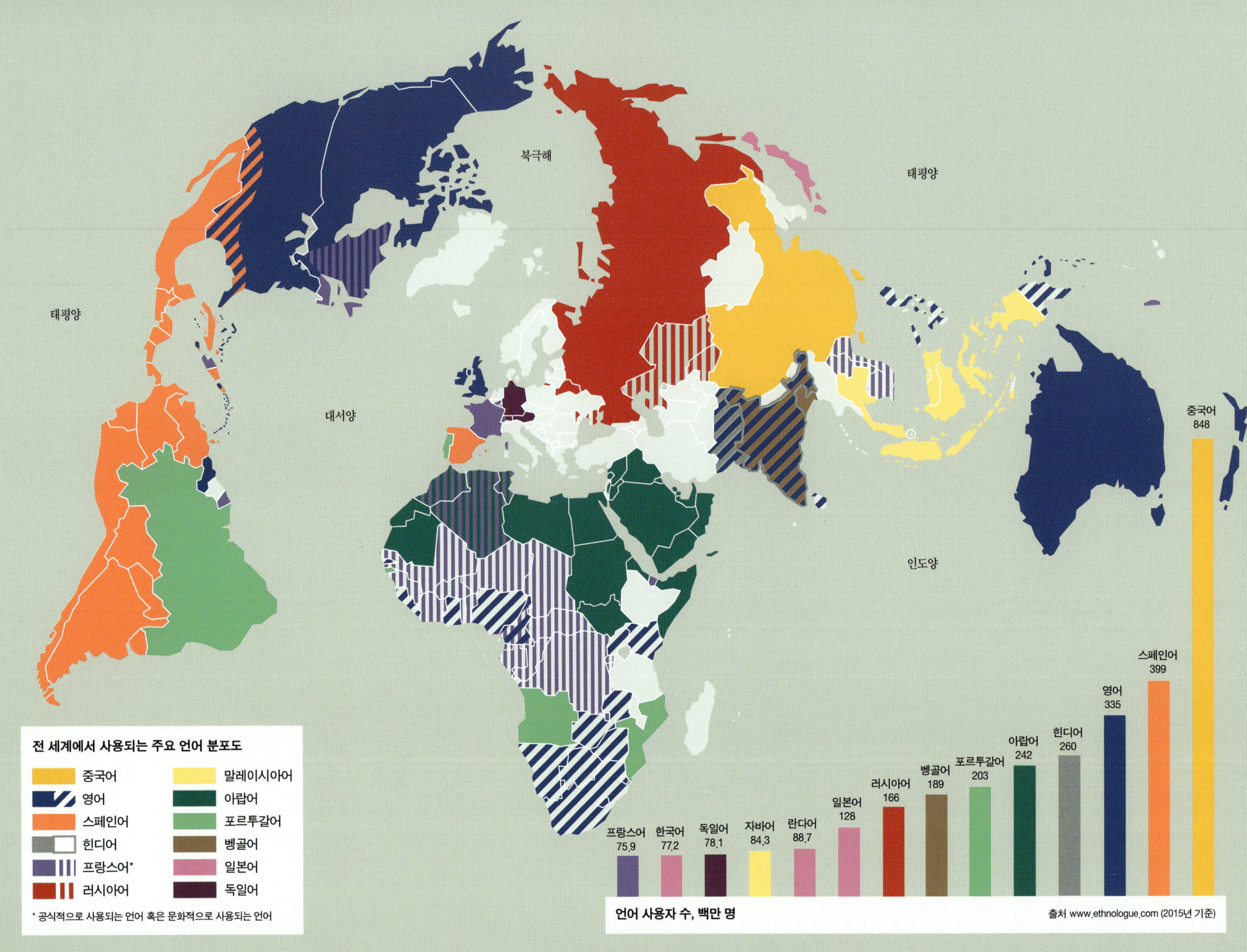

북극해
태평양
태평양
대서양
인도양
중국어
848
스페인어
399
영어
335
힌디어
260
아랍어
242
포르투갈어
203
벵골어
189
러시아어
166
일본어
128
란다어
88.7
자바어
84.3
독일어
78.1
한국어
77.2
프랑스어
75.9
전 세계에서 사용되는 주요 언어 분포도
중국어
영어
스페인어
힌디어
프랑스어*
러시아어
말레이시아어
아랍어
포르투갈어
벵골어
일본어
독일어
* 공식적으로 사용되는 언어 혹은 문화적으로 사용되는 언어
언어 사용자 수, 백만 명
출처 www.ethnologue.com (2015년 기준)

세계 속의 언어

언어는 민족 정체성을 이어 주는 끈이다. 어쩌면 모든 요소 중 가장 강력한 요소이며, 외부에 대한 영향력을 알려 주는 요소이기도 하다. 한 언어가 국제적 차원으로 확대되어 사용된다면, 이것은 그 언어 국가의 국제적인 영향력을 가늠할 수 있는 척도가 되기도 한다. 현재 소수의 몇몇 언어들이 원래 국가 밖에서도 사용되고 있다.

17세기에서 20세기 초까지 프랑스어는 문화와 외교 분야에서 국제적인 엘리트 언어였다. 프랑스가 영국에게 이미 강대국의 자리를 내준 뒤인 19세기까지도 프랑스어는 주도적인 언어였다. 제1차 세계대전을 종결시킨 베르사유 협약1919은 영어와 프랑스어로 동시에 작성된 최초의 중요한 외교 문서이다. 이 사건이야말로 두 언어 사이 주도권의 이양으로 간주될 수 있다. 영어의 성공은 영어라는 언어가 유럽 강대국인 영국의 언어인 동시에 떠오르는 강대국인 미국의 언어라는 사실과 관련이 있다.

언어의 사용을 통해서 역사적 유산, 특히 식민 제국의 역사적 유산을 알 수 있다. 프랑스어를 사용하는 아프리카, 영어를 쓰는 아프리카, 포르투갈어를 쓰는 아프리카가 그 예이다. 포르투갈어를 쓰는 라틴아메리카 혹은 스페인어를 쓰는 라틴아메리카의 경우도 마찬가지이다. 언어는 또한 한 국가의 매력과 능력을 보여 주기도 한다. 미국 영어는 미국의 강대국이라는 지위와 영어의 상대적인 장점을 강조하는 세계화 현상 덕분에 주요 식민지를 중심으로 사용되고 있으며영어를 사용하는 아프리카, 오스트레일리아, 뉴질랜드, 캐나다, 미국, 한 국가 내에서도 서로 다른 모국어를 사용하는 사람들 사이의 매개 언어로 사용되고 있다. 지금으로서는 영어가 세계 공용어이다. 하지만 중국의 영향력 아래에서 앞으로 어떤 일이 일어날까?

언어의 영향력을 평가하려면 언어의 사용자 수를 파악해야 할 뿐 아니라 특히 본국 밖에서 어느 정도 자리 잡고 있는지, 모국어가 아닌 사람들이 얼마나 사용하는지 파악해야만 한다. 중국어는 분명히 세계에서 가장 많은 사람들이 말하는 언어이다. 하지만 지배적인 언어가 아니며, 여전히 국제적인 지위를 가지고 있지도 않다. 지배 언어라는 지위를 상실한 프랑스어는 약 30개국에서 공식 언어로 지정되었으며, 외교 분야에서 강력한 위치를 고수하고 있다. 또한 몇 년 전부터 영향력을 다시 회복하며 여전히 문화와 국제 교류의 언어 중 하나로 남아 있다. 영어는 60여 개국의 공식 혹은 공동 공식 언어이며, 유엔이 사용 인구수를 반영하여 지정한 여섯 개의 공식 언어영어, 아랍어, 중국어, 스페인어, 불어, 러시아어 중 하나이다. 유네스코에 따르면 현재 약 6천 개의 언어가 있지만, 평균적으로 매주 하나의 언어가 사라지고 있다.

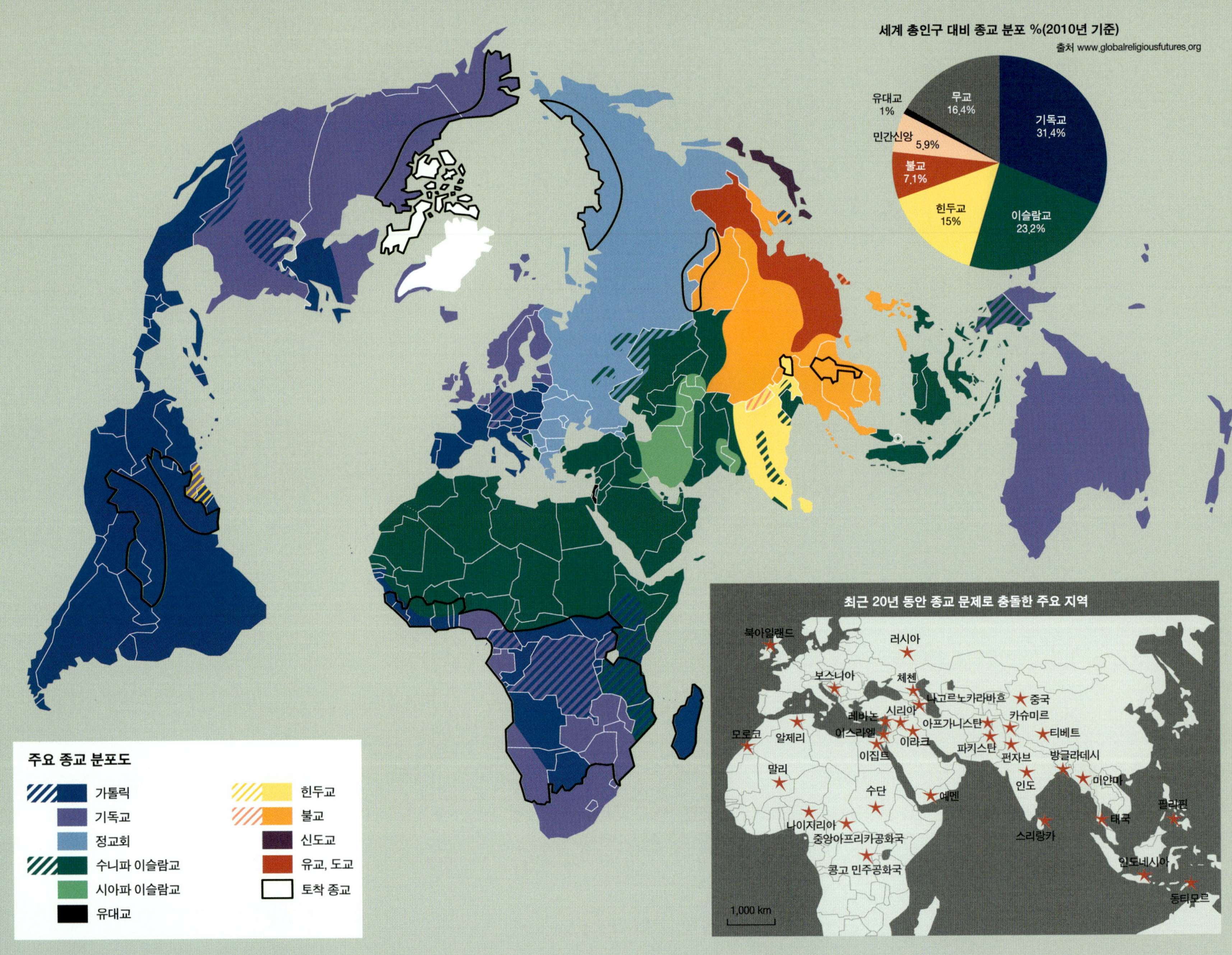
세계 총인구 대비 종교 분포 %(2010년 기준)
출처 www.globalreligiousfutures.org
유대교 1%
무교 16.4%
기독교 31.4%
민간신앙 5.9%
불교 7.1%
힌두교 15%
이슬람교 23.2%
주요 종교 분포도
가톨릭
기독교
정교회
수니파 이슬람교
시아파 이슬람교
유대교
힌두교
불교
신도교
유교, 도교
토착 종교
최근 20년 동안 종교 문제로 충돌한 주요 지역
북아일랜드
러시아
보스니아
체첸
나고르노카라바흐
중국
레바논
시리아
카슈미르
모로코
알제리
이스라엘
아프가니스탄
티베트
이라크
파키스탄
방글라데시
이집트
펀자브
미얀마
말리
예멘
인도
필리핀
수단
태국
나이지리아
스리랑카
중앙아프리카공화국
인도네시아
콩고 민주공화국
동티모르
1,000 km

종교

역사가 동틀 무렵부터 사회를 만들고 세계관을 형성한 종교는 정체성, 문화, 문명의 각 현상들과 밀접한 관련이 있다. 또한 때와 장소에 따라서 정치적, 지정학적으로 주요한 역할을 해 왔다. 평화 중재자이든 갈등의 씨앗이든 말이다. 현 세계에 가장 널리 퍼져 있는 종교는 기독교33%, 이슬람교20%, 힌두교13%이다. 종교에는 경전을 바탕으로 하는 '계시' 종교유대교, 기독교, 이슬람교가 있으며, 깨달음을 추구하는 종교가 있다. 몇몇 종교는 전도를 추구하며 이교도의 개종을 권한다. 오늘날 기독교와 이슬람교가 특히 그러한 종교이다.

시간이 흐르면서 종교 영역은 문화, 언어, 민족, 국가적 영역과 뒤섞여 집단이나 민족 정체성의 본질적인 면이 되었다. 그럼에도 오직 종교가 충돌의 원인이 되는 경우는 드물지만 가중 요소는 될 수 있다. 정치적 탄압을 받는 집단은 종종 종교적 정체성에 더욱 매달리곤 한다. 소비에트 통치하에서 폴란드는 가톨릭에, 오스만 제국의 통치하에서 그리스와 세르비아는 정교회에, 유럽, 특히 동유럽과 아랍 세계의 유대인도 수 세기 동안 그랬다. 이와 달리, 소련은 붕괴되면서 정교회가 러시아 정체성의 중요 요소가 되었다.

유럽 현대사는 교황의 권력에서 빠져나가기 위한 군주들의 긴 투쟁의 역사이며프랑스의 교회독립주의, 영국의 성공회, 정교분리 원칙을 통해서 종교 세력, 본질적으로 가톨릭 세력으로부터 공적인 삶이나 사적인 삶에서 자유로워지기 위한 사회적 투쟁의 역사이기도 하다.

기독교에서 비롯된 유럽은 오늘날 가장 종교적이지 않은 대륙이다. 한번도 종교적이었던 적이 없는 중국과 마찬가지로 말이다. 반대로 미국, 라틴아메리카, 아프리카, 인도, 아랍 이슬람 세계, 러시아에서 종교는 삶, 심지어 정치 속에서 생생하게 움직이고 있다.

어쩌면 서로 충돌할 수밖에 없는 운명인 '문명'이라는 논란의 소지가 있는 분류에서 새뮤얼 헌팅턴은 주로 종교적인 기준을 사용했다. 종교적 요소는 이슬람주의자들이 서구 사회나 십자군, 이스라엘인, 온건 회교도에 품은 혐오감 속에서 강하게 드러난다! 또한 몇몇 기독교 단체에서 볼 수 있는 이슬람에 대한 거부감에서도 약하게 찾아볼 수 있다. 이와는 달리 이스라엘과 팔레스타인의 충돌은 국가 간의 고전적인 영토 분쟁에서 시작되었다. 처음에는 종교와 무관했지만, 시간이 흘러 상황이 악화되면서 이스라엘의 종교적 극단주의와 팔레스타인의 이슬람주의가 대립하게 된 것이다.

오늘날 발칸 반도, 근동과 중동 지역, 캅카스와 중앙아시아, 이슬람교과 기독교, 애니미즘이 만나는 선에 위치한 인도 대륙과 아프리카의 여러 나라들이 겪고 있는 분쟁과 위기에서 종교적 요소를 찾을 수 있다.

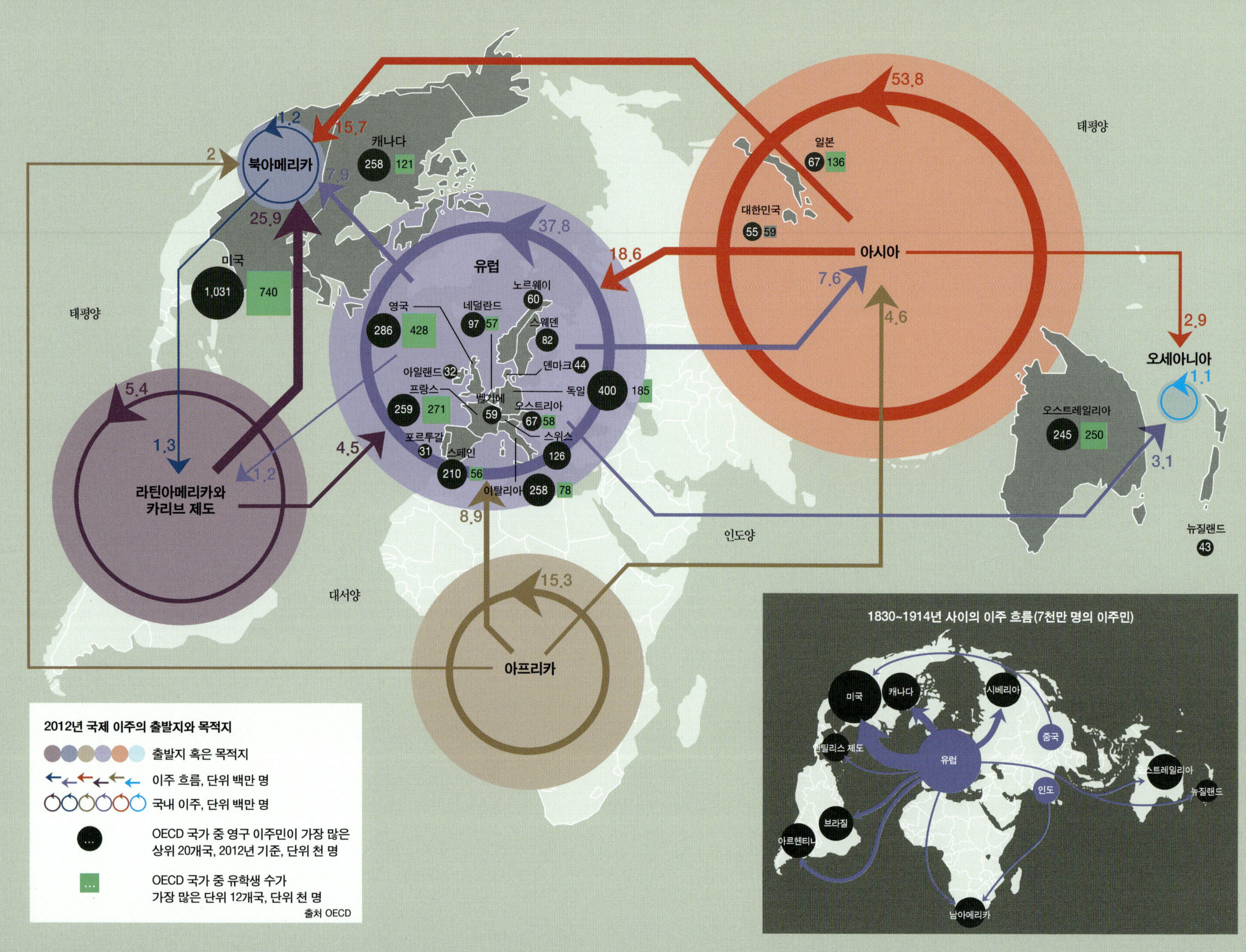
53.8
태평양
일본
67 136
대한민국
55 59
아시아
7.6
4.6
18.6
2.9
오세아니아
1.1
3.1
뉴질랜드
43
오스트레일리아
245 250
캐나다
258 121
북아메리카
1.2
15.7
2
7.9
25.9
미국
1,031 740
태평양
37.8
유럽
노르웨이
60
영국
286 428
네덜란드
97 57
스웨덴
82
아일랜드 32
덴마크 44
프랑스
259 271
벨기에
59
독일
400 185
오스트리아
67 58
포르투갈
31
스위스
126
스페인
210 56
이탈리아
258 78
5.4
1.3
1.2
4.5
라틴아메리카와
카리브 제도
대서양
8.9
15.3
아프리카
인도양

2012년 국제 이주의 출발지와 목적지
출발지 혹은 목적지
이주 흐름, 단위 백만 명
국내 이주, 단위 백만 명
OECD 국가 중 영구 이주민이 가장 많은
상위 20개국, 2012년 기준, 단위 천 명
OECD 국가 중 유학생 수가
가장 많은 단위 12개국, 단위 천 명
출처 OECD

1830~1914년 사이의 이주 흐름(7천만 명의 이주민)
미국
캐나다
시베리아
중국
앤틸리스 제도
유럽
인도
오스트레일리아
뉴질랜드
브라질
아르헨티나
남아메리카

중세 초기5세기~10세기의 '민족 대이동'까지 거슬러 올라가지 않더라도, 국제 이주에는 세 차례의 중요한 시기가 있었다. 16세기와 17세기에 있었던 대량 이주는 상업과 식민지 개발이 비약적으로 발전하던 시기와 나란히 이루어졌다. 상업적 이유해외 상관 혹은 종교적 이유선교사로 인한 자발적 이주 인구에 유럽의 식민지 정복으로 인한 이주 인구가 더해졌다. 또한 식민지 내 인구의 필요성이나 노동력에 대한 수요를 충족시키고자 강제로 이주된 경우도 있었다.

19세기 산업화는 이주 흐름을 가속화시켰다. 교통수단 비용이 저렴해지면서 이용하기가 더 쉬워졌다. 또한 경제적 불황이나 유럽의 기근은 막대한 이주민을 발생시켰다. 6천만 명의 유럽인이 19세기 동안 미국에 정착했으며, 19세기가 끝날 무렵에는 수많은 중국인이 미국으로 이주했다. 제1차 세계대전이 시작될 무렵에 이주민은 전체 인구의 5%에 달했다.

이주의 흐름은 20세기 전반에 둔화되었다. 제1차 세계대전, 1929년 위기에 자극받은 민족주의자들은 이주를 덜 용이하거나 불가능하게 만들었다. 1950년대에 이주 인구는 다시 늘어나기 시작했다. 1965년에 이주 인구는 7,500만 명이었으며, 2015년에는 세계 인구의 3%를 차지하는 2억 4천만 명에 달한다. 하지만 경제적인 이유 혹은 안전상의 이유로 이주한 인구 대부분은 남반구 국가 출신이다.

19세기부터 20세기까지 이주의 흐름은 사실상 역전되었다. 북남 혹은 북북으로의 이주가 남북 혹은 남남으로의 이주로 바뀐 것이다. 미국을 제외하고 이주 오던 국가들이 이주 가는 국가가 되었다.

이주의 동기는 주로 경제적인 것이다. 사람들은 가난을 피해서 더 나은 삶을 찾고자 움직였다. 경제적인 이민에 분쟁으로 인한 피난민이나 망명자가 더해졌다. 2억 4천만 명의 이주민 중에서 9,700만 명은 남북, 7,400만 명은 남남, 4천만 명은 북남, 3,700만 명은 북북으로 이동했다.

63%의 이주민은 선진국에 거주한다. 미국은 해외에서 태어난 거주민이 3,500만 명으로, 인구의 12%에 달하는 세계 최대 이민국이다.

이 시점에서 인재 유출 문제도 새롭게 제기된다. 남반구 국가들의 고급 인력이 북반구 국가에서 더 많은 기회를 얻게 되었다. 고급 인력의 집단 탈출은 남반구 국가들의 발전을 더욱 불확실하게 한다. 선진국 대학에 등록한 유학생들의 경우 등 새로운 유형의 일시적 이주에 대해서도 언급할 필요가 있다. 이런 경우는 남북, 북북의 상황이 동시에 이루어진다. 마지막으로 기후 변화 역시 앞으로 수십 년 동안 이주민과 생태 난민을 만들어 낼 가능성이 있다.

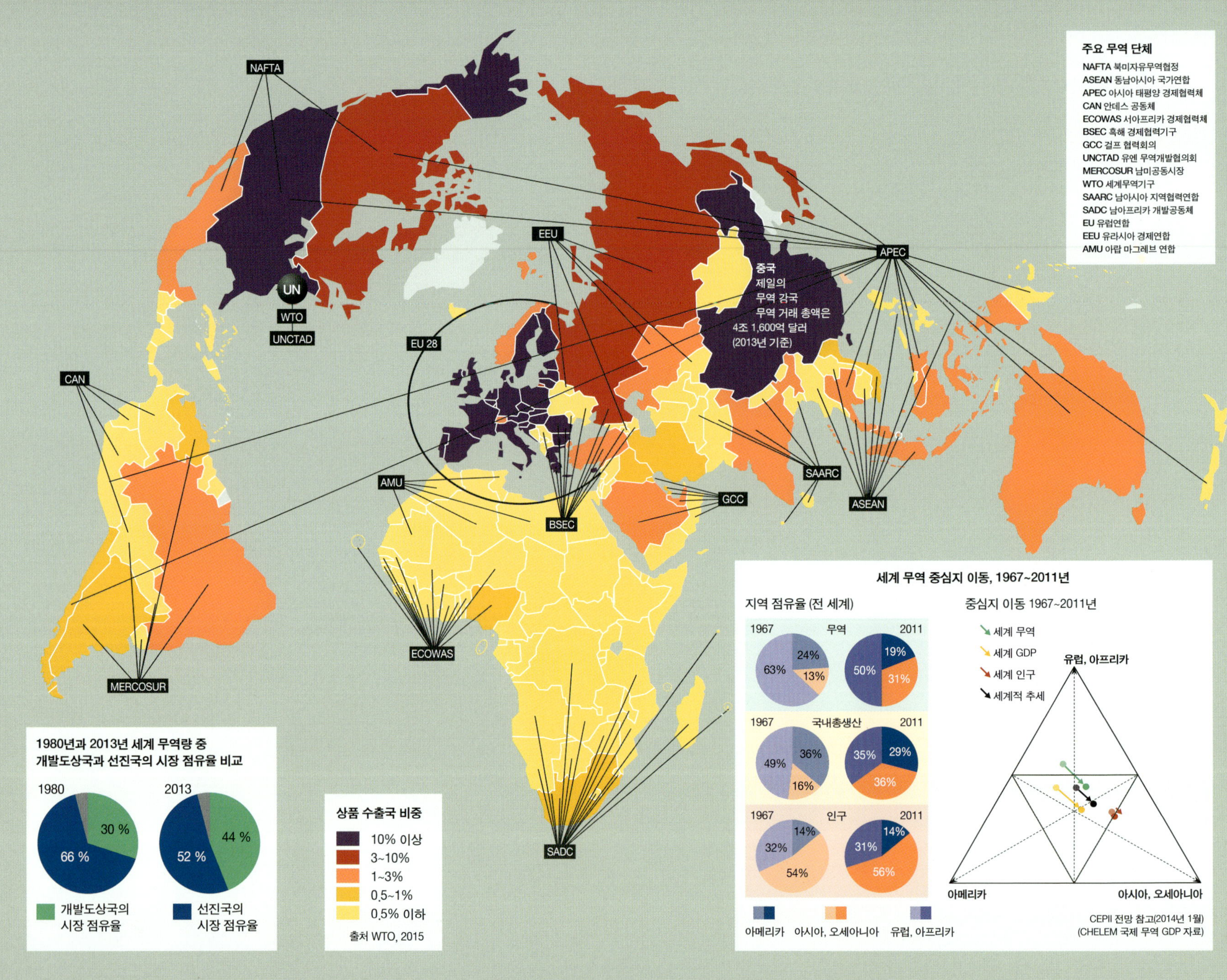
주요 무역 단체
NAFTA 북미자유무역협정
ASEAN 동남아시아 국가연합
APEC 아시아 태평양 경제협력체
CAN 안데스 공동체
ECOWAS 서아프리카 경제협력체
BSEC 흑해 경제협력기구
GCC 걸프 협력회의
UNCTAD 유엔 무역개발협의회
MERCOSUR 남미공동시장
WTO 세계무역기구
SAARC 남아시아 지역협력연합
SADC 남아프리카 개발공동체
EU 유럽연합
EEU 유라시아 경제연합
AMU 아랍 마그레브 연합

NAFTA
EEU
APEC
중국
제일의
무역 강국
무역 거래 총액은
4조 1,600억 달러
(2013년 기준)
EU 28
UN
WTO
UNCTAD
CAN
AMU
BSEC
GCC
SAARC
ASEAN
ECOWAS
MERCOSUR
SADC

1980년과 2013년 세계 무역량 중
개발도상국과 선진국의 시장 점유율 비교
1980
2013
30 %
66 %
44 %
52 %
개발도상국의
시장 점유율
선진국의
시장 점유율

상품 수출국 비중
10% 이상
3~10%
1~3%
0.5~1%
0.5% 이하
출처 WTO, 2015

세계 무역 중심지 이동, 1967~2011년
지역 점유율 (전 세계)
중심지 이동 1967~2011년
무역
1967
2011
24%
63%
13%
19%
50%
31%
국내총생산
1967
2011
36%
49%
16%
29%
35%
36%
인구
1967
2011
14%
32%
54%
14%
31%
56%

세계 무역
세계 GDP
세계 인구
세계적 추세
유럽, 아프리카
아메리카
아시아, 오세아니아
CEPII 전망 참고(2014년 1월)
(CHELEM 국제 무역 GDP 자료)

아메리카   아시아, 오세아니아   유럽, 아프리카

무역의 흐름

국가 간 무역은 인류 역사만큼 오래되었다. 산업화 시대 이후로 지속적으로 늘어나고 있으며, 지난 30~40년 동안 세계 경제 성장과 세계화의 주된 원인이나 원동력 중 하나로 작용했다.

18세기 이전에 국제무역은 단지 사치품으로 간주되는 몇몇 귀중품들, 예를 들면 향신료와 직물 등에 국한되었다. 18세기 해상 및 육상 통로의 개발, 19세기 산업혁명은 국제무역을 더욱 활성화시켰다. 그 후 증기기관, 철로, 전신, 자동차, 항공 수송, 새로운 정보통신 기술의 발달은 각각 국제무역을 비약적으로 늘어나게 했다. 19세기 중반부터 국제무역은 양적인 면에서 140배 증가했다!

컨테이너의 혁명 또한 중요한 역할을 했다. 1956년에 나타난 컨테이너는 선박, 화물차, 기차에 실을 수 있을 뿐 아니라, 규격화되어 있어서 싣고 내리는 데 드는 시간을 단축시켰다. 현재 컨테이너 화물은 전체 화물 운송의 40%를 차지한다.

국제무역은 제1차 세계대전까지 영국, 미국에 이어서 아시아에 의해 주도되고 있다. 19세기에는 원료, 그다음으로 공산품, 상용 서비스, 현재는 하이테크놀러지 제품을 중심으로 이루어진다.

개발도상국은 1980년에 세계 무역의 30%를 차지했고, 2013년에는 44%에 도달했다. 반면에 선진국은 66%에서 52%로 하락했다.

아시아와 유럽의 무역량은 세계 무역량의 9%를 차지한다. 아시아-북아메리카 8%, 아시아-중동 5%로, 중국은 2013년에 세계 무역최강국이 되었다총 수입량과 수출량에서 미국을 앞질렀다.

1948년에는 세계화에 대한 낙관론으로 가득 차서 GATT관세와 무역에 관한 일반협정가 만들어지고, 1994년에 WTO국제무역기구가 창설되면서 국제무역은 제도적인 틀을 갖추었다. 현재 161개국이 WTO 회원국이다.

지난 몇 년 동안 국제적인 협상은 더 이상 이루어지지 않았으며, 단지 지역 간의 합의 프로젝트가 특히 미국의 추진으로 전개되고 있다. 예를 들면 규정에 대한 미국과 유럽연합의 합의 프로젝트, 무역 협정에 대한 미국과 중국의 프로젝트 사이에서 아시아 경쟁, 특수한 국가캐나다와 유럽연합 사이의 새로운 합의 등이 있다.

경제 단체나 대부분의 정부는 국제무역의 자유화가 국제무역 발전을 이루어 낸 한 요소라고 평가한다. 몇몇 탈세계 통합주의자나 노동조합은 국제무역의 자유화가 남반구의 허약한 경제를 해칠 수 있으며, 몇몇 분야는 사회적인 이유로 당연히 보호되어야 한다고 주장한다. 선진국에서 수많은 생태학자들이 국제무역이 환경 파괴의 한 요소라는 사실을 강조하고 있다.

무역 거래는 평화에 기여할 수 있지만, 이루어지는 방식에 있어서는 정치적, 전략적 선택을 따를 수밖에 없다.

북극해
태평양
북아메리카
110.1 171
미국
69.8 139.6
러시아
28.4
동북아시아
127 184.7
홍콩
38.9
중앙유럽 및
동유럽
118.9 59.9
중국
55.7 51.7
마카오
51.6
중앙아메리카
9.2 9.4
카리브 제도
21.2 24.8
북유럽
68.9 74.2
서유럽
174.3 167.9
영국
31.2 40.6
프랑스
83 56.1
독일
31.5 41.2
오세아니아
12.5 42.6
동남아시아
93.1 107.4
태국
26.5 42.1
남아시아
15.5 24.3
태평양
남유럽, 지중해
201.4 187.3
스페인
60.7 60.4
이탈리아
47.7 43.9
터키
37.8
북아프리카*
19.6 10.2
중동
51.6 47.3
남아메리카
27.4 23.9
수단과
남수단*
인도양
대서양
사하라 사막 이남
아프리카
36.2 24
국제 관광객 수와 국제 관광 수익
관광객 수, 단위 백만 명, 2013년
관광 수익, 단위 십억 달러, 2013년
* 북아프리카와 수단은 세계관광기구 정의에 따라 동일한 하위 지역에 속한다.
** 자료의 국가에 거주하지 않으면서 적어도 하룻밤 이상 보낸 국제 관광객의 총계이다.
출처 UNWTO, OMT의 관광자료, 2014
국제 관광국 상위 10개국
국제 관광 수입, 단위 십억 유로
국제 관광객 수, 단위 백만 명
출처 UNWTO, OMT의 관광 하이라이트, 2014

관광

UNWTO세계관광기구는 국제 관광을 한 사람이 직업적인 목적이 아닌 다른 목적으로 적어도 24시간 이상 국경을 넘어서 이동하는 것이라고 정의한다. 20세기 후반기부터 관광은 대중적인 현상이 될 정도로 놀라울 만큼 발전했다. 교통 발달, 비용 절감, 여가 시간 연장, 국경 개방은 관광을 세계화의 한 요소로 만들 정도로 비약적인 발전을 가능하게 했다. 1950년대에 2,500만 명이었던 국제 관광객은 1980년대에 2억 8천만 명, 1990년대에 4억 4천만 명, 오늘날에는 9억만 명 이상에 이르렀다. 국제 관광은 세계총생산의 11%를 차지하며, 이주 현상과는 반대로 주로 북반구에서 남반구로 이루어진다. 지중해 지역은 전체 관광객의 40%가 모이는 곳으로 세계 제일의 관광지이고, 그다음이 메소아메리카 지역, 즉 중앙아메리카와 카리브 제도이며, 마지막은 중국의 비약적인 발전으로 혜택을 입고 있는 아시아-태평양 지역이다.

관광은 세계에서 가장 비정부적인 경제 분야이다. 가난한 나라에서 관광은 경제적으로 아주 중요한 자리를 차지한다. 49개 저개발국 중 46개국에게 관광은 첫 번째 외화벌이 수단이다. 관광은 또한 신흥국이나 선진국에게 아주 매력적인 경제 분야이다. 관광 수입의 효과는 직접적이며, 관광객을 맞이하는 사회에 재정적인 관점이나 인간적인 관점, 고용 창출 관점에서 깊은 영향을 끼친다. 2005년 12월 쓰나미 후 아시아 국가들은 가장 중요한 원조는 관광객들이 다시 돌아와 주는 것이라고 판단했다.

관광은 비민주주의 체제에서도 이러한 역할을 할 수 있을까? 국가를 개방하는 것은 국민에 대한 사회적 통제를 크게 줄이는 것으로 해석된다. 가장 독재적인 체제는 외국인의 존재를 허용하지 못한다. 냉전 시대부터 공산주의 국가를 찾는 드문 방문객은 엄격한 관리와 감시를 받아야 했다.

테러 위험은 특히 아랍 국가와 같은 경우에 관광에 중대한 위협 요소로 작용한다. 테러리스트들은 한 국가를 불안정하게 만들 목적으로 그 국가의 주된 외화 수입원 중 한 곳을 공격할 가능성이 크다. 하지만 대중은 테러의 위험이 서구 도시를 포함한 세계 도처에 도사리고 있다는 사실에 익숙해지고 있다.

위생 문제, 이동 혹은 스포츠 활동 중 사고는 사실 테러보다 더 많은 사망자를 만들어 내고 있다. 현재 테러 위협에 대해 관심이 쏠려 있지만, 환경 문제에 대한 우려도 높아지고 있다. 또한 대량 항공 운송은 공해의 원인이 되어서 환경오염을 일으키고 있다. 관광지와 관광 단체는 관광으로 위기에 처한 수많은 장소들을 보호할 조치를 취해야만 할 것이다.

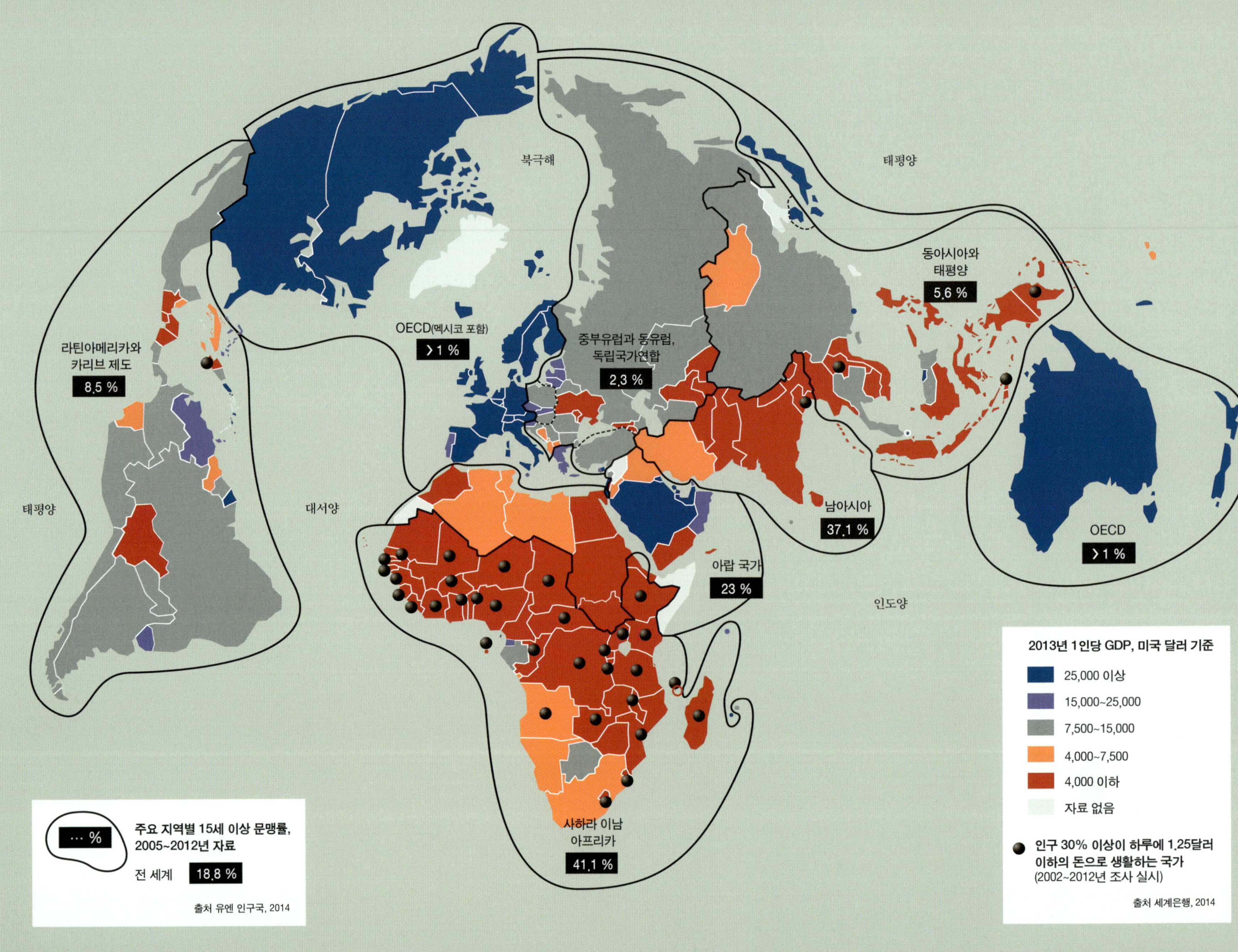

북극해
태평양
태평양
대서양
인도양
라틴아메리카와
카리브 제도
8.5 %
OECD(멕시코 포함)
> 1 %
중부유럽과 동유럽,
독립국가연합
2.3 %
동아시아와
태평양
5.6 %
남아시아
37.1 %
아랍 국가
23 %
OECD
> 1 %
사하라 이남
아프리카
41.1 %
주요 지역별 15세 이상 문맹률,
2005~2012년 자료
··· %
전 세계   18.8 %
출처 유엔 인구국, 2014
2013년 1인당 GDP, 미국 달러 기준
25,000 이상
15,000~25,000
7,500~15,000
4,000~7,500
4,000 이하
자료 없음
인구 30% 이상이 하루에 1.25달러
이하의 돈으로 생활하는 국가
(2002~2012년 조사 실시)
출처 세계은행, 2014

북과 남 사이의 불평등

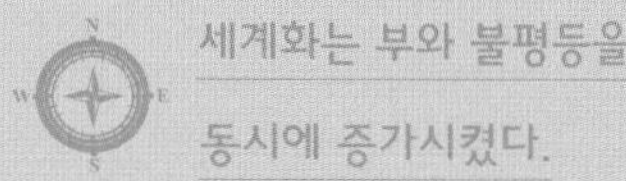

제3세계 혹은 북남이라는 표현이 30여 년 전과 같은 보편적인 의미를 더 이상 가지고 있지 않다고 하더라도, 세계 속의 불평등은 현실에 남아 있다. 불평등은 몇몇 국가나 사회단체가 극도로 부유해지고 세계화가 이루어지면서 더욱 심해졌다. 1970년대에 사람들은 남반구 국가의 경우에 경제 발전이 단지 시간문제일 뿐이기 때문에 지체된 시간을 곧 따라잡을 것이라고 생각했다. 몇몇 국가는 산업 발전에 성공했고, 또 몇몇 국가들은 석유 수입으로 혜택을 받고 있다. 이로써 부자 나라와 가난한 나라 사이의 불평등은 더욱 깊어진다.

산업혁명 이전에 유럽, 아프리카, 극동 지방의 국민 1인당 소득 차이는 30%를 넘지 않았다. 그런데 첫 번째 산업혁명은 가장 부유한 나라와 가장 가난한 나라의 국민 1인당 소득 격차를 더욱 크게 벌여 놓았다. 19세기 말에 1에서 10정도 차이 나던 것이 1에서 50정도로 벌어진 것이다. 교육, 교통, 건강, 국가 관리의 관점에서 토대를 갖추고 있지 않은 국가는 발전할 수 있는 수단이 없으며, 그로써 필수적인 기반 시설을 갖추기가 더욱 힘들어진다. 이것이 바로 '빈곤의 함정'이다.

UNDP유엔 개발계획에 따르면, 12억 명이 하루에 1달러 이하의 돈으로 생활하고 있으며, 28억 명이 하루에 2달러 이하의 돈으로 살아가고 있다. 세계에서 가장 부유한 15명의 자산은 사하라 사막 이남 아프리카 지역의 연간 총생산을 넘는다. 성인 9억 명이 문맹인데, 그들 중 98%가 남반구 국가에서 살고 있다. 영아 사망률은 미국이 1천 명당 7명이지만, 말리는 1천 명당 126명이다. 빈곤은 또한 질병 앞에서의 불평등으로 이어진다. AIDS후천성면역결핍증에 감염된 환자의 95%가 남반구에서 살고 있으며, 말라리아의 경우도 마찬가지이다. 북반구 20%가 세계 에너지의 60%를 소비하고 있다. 불평등은 또한 한 나라의 국경 안에서도 분명히 존재하며, 점차 증가하고 있다.

북남 간의 불평등을 해소하고자 1992년 리우에서 개최된 정상회담에서는 선진 국가들이 그들 총생산의 0.7%를 대외 개발 원조에 사용하기로 결정했다. 2000년 9월에 유엔은 〈밀레니엄 선언〉을 채택하고, 2015년까지 극단적 빈곤층을 반으로 줄이고2010년에 목표 달성, 영아 사망률을 3분의 1로 줄이고아직 달성하지 못한 목표, AIDS를 퇴치하는 데 노력하기로 했다. 1990년과 2010년 사이에 세계 인구는 53억 명에서 69억 명으로 늘어났지만, 극단적 빈곤 속에서 살고 있는 사람들은 19억 명에서 13억 명으로 줄어들었다. 세계화는 세계적 자산과 분배의 불평등을 증가시키는 동시에, 점점 커져 가는 격차를 수많은 사람들에게 알리고 있다.

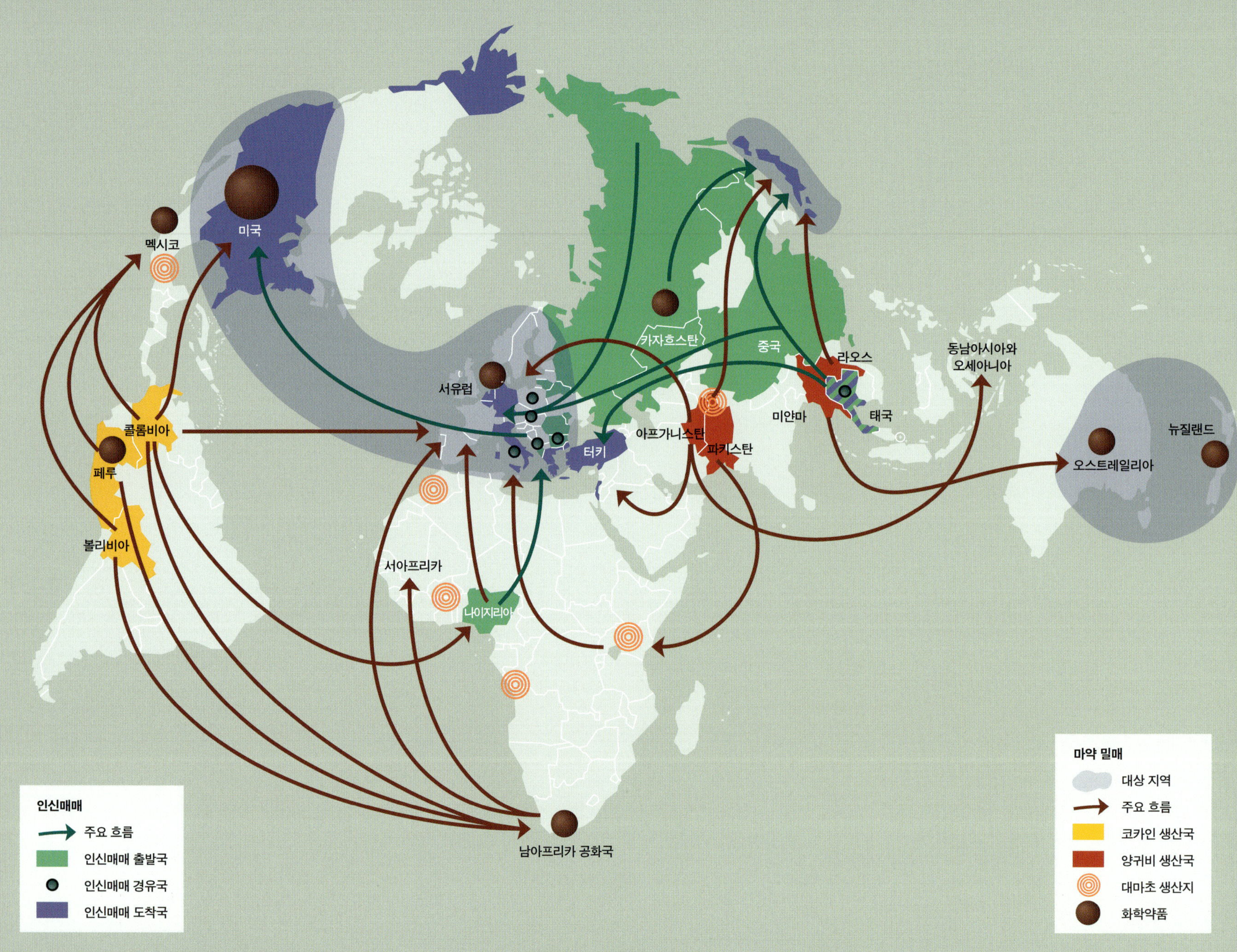

멕시코
미국
카자흐스탄
중국
라오스
동남아시아와
오세아니아
서유럽
미얀마
태국
콜롬비아
뉴질랜드
아프가니스탄
페루
터키
파키스탄
오스트레일리아
볼리비아
서아프리카
나이지리아
남아프리카 공화국
인신매매
주요 흐름
인신매매 출발국
인신매매 경유국
인신매매 도착국
마약 밀매
대상 지역
주요 흐름
코카인 생산국
양귀비 생산국
대마초 생산지
화학약품

세계화는 조직적 범죄에 이롭게 이용될 수 있다. 인터폴국제형사경찰기구은 범죄 조직을 국경을 고려하지 않고 이윤을 그 첫 번째 목적으로 불법적인 활동에 지속적으로 개입하는 모든 기업계획이라고 정의한다.

과거에 전국을 기반으로 활동하던 마피아는 이제 전 세계적인 차원에서 활동하면서 각 정부에 대하여 그들의 '범죄 시장'을 더욱 강화하고 있다. 이 집단은 국경 개방과 세계 경제의 규제 완화 및 금융화를 유리하게 이용하고 있다. 활동 무대를 전국에서 세계로 확대하고 있는 시칠리아 마피아, 일본 야쿠자, 중국 삼합회, 볼리비아 혹은 콜롬비아 마약 카르텔, 러시아 마피아 주변에는 그들을 지원하는 또 다른 불법적인 활동가들도 나타나고 있다.

불법 거래를 통해 전투 자금을 벌거나 주된 활동이 불법 거래인 무장 세력, 즉 악덕 게릴라도 있다. 그들은 권력 장악보다는 천연자원 약탈이나 불법 거래석유, 다이아몬드를 통한 재산 형성을 목표로 한다. 과거부터 쭉 해 오던 활동마약, 무기, 다이아몬드 매매과 더불어 인간 거래성노예, 불법체류 알선 등, 금융 범죄, 점점 더 규모가 커지고 있는 위조 산업 등 새로운 활동을 전개하기도 한다.

일종의 해적 활동 역시 아시아와 아프리카 바다에서 또다시 나타나고 있다. 주로 폭력을 수반하는 그들의 활동은 검은 돈을 세탁하거나, 몇몇 국가 책임자들의 부패와 결탁하기도 한다.

IMF국제통화기금에 의하면, 불법 무역은 10년 전에는 세계총생산의 단지 1%에 불과했으나 현재 2~5%까지 늘어난 것으로 평가된다. 국제사회를 불안하게 만드는 것에 만족하지 못하는 몇몇 불법 활동가들의 경우에 그들이 가진 수단이 막강해지면서 국가적인 차원에서 정부나 안보 기구의 직접적인 경계 대상이 되기도 한다. 정부나 안보 조직이 허약하거나 부패한 국가에서는 그들이 활동할 수 있는 반경이 아주 넓다.

2000년 12월, 팔레르모에서 국제연합 초국가적 조직범죄 방지 협약이 체결되었다. 1987년에는 국제자금세탁기구가 창설되었다. 9 · 11 사건 이후로 온 관심이 테러리스트들의 자금 흐름에 쏠려 있다. 하지만 지금으로서는 불법 활동가들이야말로 국가가 그 사실을 알게 되는 것보다 훨씬 더 빠르고 효율적으로 활동을 전개하고 있다. 심지어 서로 긴밀히 협조하고 적절히 대응하면서 말이다.

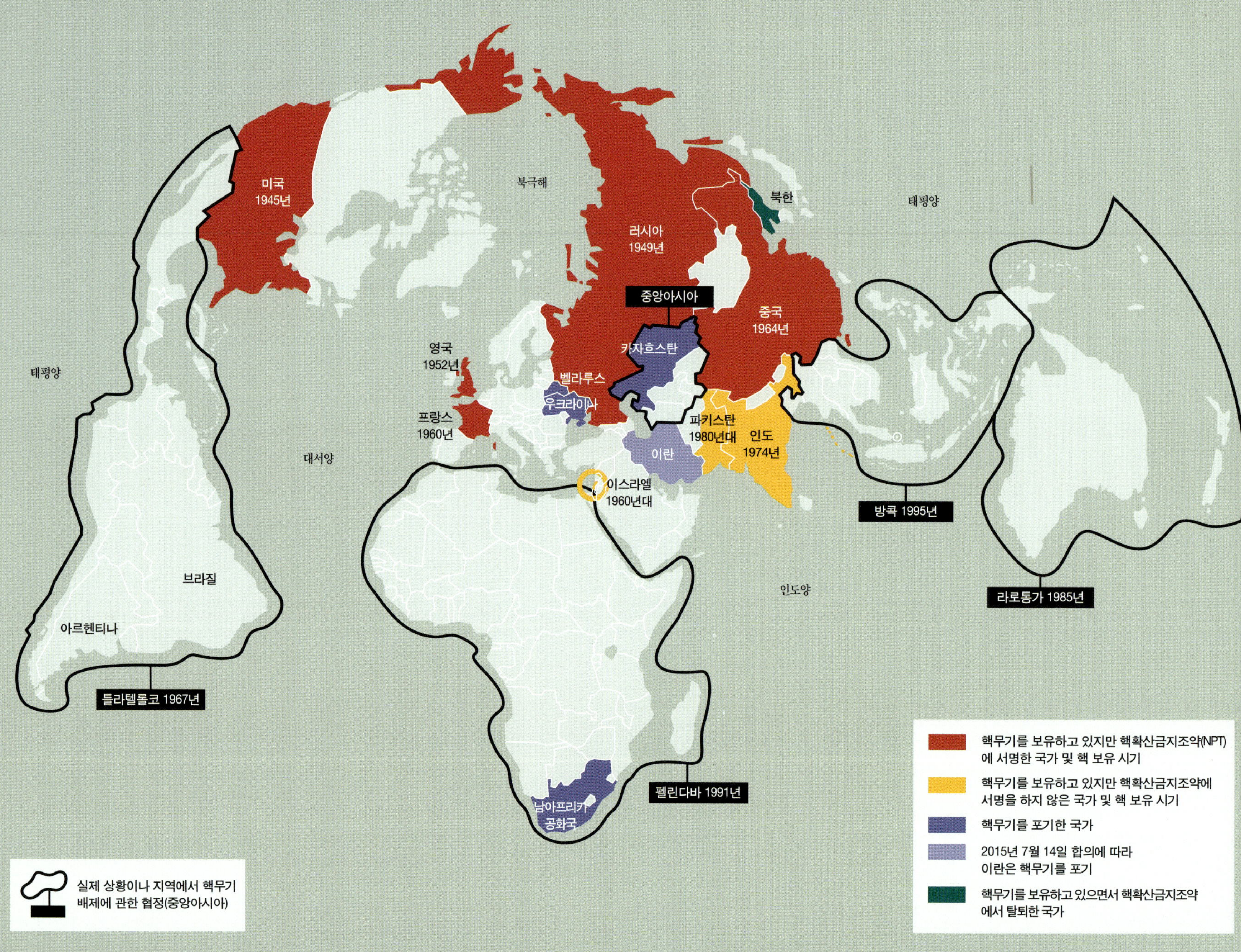
미국
1945년
북극해
러시아
1949년
북한
태평양
중앙아시아
중국
1964년
카자흐스탄
영국
1952년
벨라루스
우크라이나
프랑스
1960년
파키스탄
1980년대
인도
1974년
이란
태평양
대서양
이스라엘
1960년대
방콕 1995년
브라질
인도양
라로통가 1985년
아르헨티나
틀라텔롤코 1967년
펠린다바 1991년
남아프리카
공화국
핵무기를 보유하고 있지만 핵확산금지조약(NPT)
에 서명한 국가 및 핵 보유 시기
핵무기를 보유하고 있지만 핵확산금지조약에
서명을 하지 않은 국가 및 핵 보유 시기
핵무기를 포기한 국가
2015년 7월 14일 합의에 따라
이란은 핵무기를 포기
핵무기를 보유하고 있으면서 핵확산금지조약
에서 탈퇴한 국가
실제 상황이나 지역에서 핵무기
배제에 관한 협정(중앙아시아)

핵보유국

1945년 8월 6일과 9일 히로시마와 나가사키에 떨어진 원자폭탄은 일본을 항복시켰고, 새로운 전략의 시대, 즉 핵의 시대가 시작되었음을 알렸다. 핵무기는 전쟁과 평화 문제의 판도를 뒤집었다. 핵무기의 등장으로 이제 목표는 더 이상 전쟁에서 승리하는 것이 아니라 전쟁을 피하는 것이 되었다. 재래식 무기를 사용하는 전쟁에서 이겼을 때의 비용 및 장점 등에 대한 계산이 더는 의미가 없어지면서, 상호 억제라는 결과가 등장했다. 핵보유국에 대해 전쟁을 시작하는 국가는 완전히 파괴될 위험이 있기 때문이다. 잠재적인 위험이 가능한 이익보다 훨씬 더 크고, 그 파괴의 규모를 가늠하는 것만으로도 모든 공격 의지를 자제하게 된다. 이런 이유로 상호 억제가 평화를 보장하게 되었다.

미국인의 바람과 달리, 미국은 핵무기 독점권을 오랫동안 보유하지 못했다. 1949년에 소련이 핵실험에 성공했기 때문이다. 그때부터 두 강대국은 핵무기의 양적, 질적 경쟁을 시작했고, 억제에 관한 엄격한 조건을 훨씬 웃도는 거대한 핵무기를 모으고 있다. 1952년 영국, 1960년 프랑스, 1964년 중국이 핵보유국이 되었다.

핵확산에는 두 가지 유형이 있다. 핵을 보유한 국가 내에서의 수직적 확산, 즉 핵무기와 탄두 수의 증가가 있다. 수평적 확산은 핵보유국의 증가이다. 1970년에 발효된 핵확산금지조약에는 190개국이 참가했다. 핵보유국은 핵군축으로 이어질 수도 있는 조약을 협상하겠다고 약속하는 대가로 핵확산을 제한하고자 했다. 핵무기를 가지지 않은 국가로 하여금 핵무기를 갖지 않겠다고 약속하게 한 것이다. 하지만 원자력 에너지의 민간 사용은 권장되었다.

몇몇 국가들은 이 조약이 불공정하다고 비난했다. 하지만 핵군축에 안전의 바탕을 두고 있는 국가들은 다른 나라의 핵무기에 대한 접근이 국제 안보를 위협할 수 있다고 판단한다. 뿐만 아니라 핵보유국의 수적인 증가는 무기 사용의 위험을 배가시킨다고 생각한다. 인도, 파키스탄, 이스라엘이 핵확산금지조약을 체결하지 않은 채 핵무기를 보유하고 있다. 비밀 무기를 개발하기 시작했던 남아프리카는 아파르트헤이트인종 차별 정책 정권이 무너진 후에 조직을 해체했다. 핵확산금지조약에 가입했던 북한은 핵무기를 보유하면서 탈퇴를 선언했다. 이란은 비확산조약을 어기고 핵무기를 보유했다는 의심을 받고 있는데, 2015년 7월에 신뢰할 수 있는 방식으로 그들의 프로그램을 사찰하겠다고 합의했다.

대량살상무기의 확산은 특히 서구 국가에 의한 세계적 위협 중 하나로 간주된다. 이것은 전략적인 우월함을 근본적으로 문제 삼을 수도 있다.

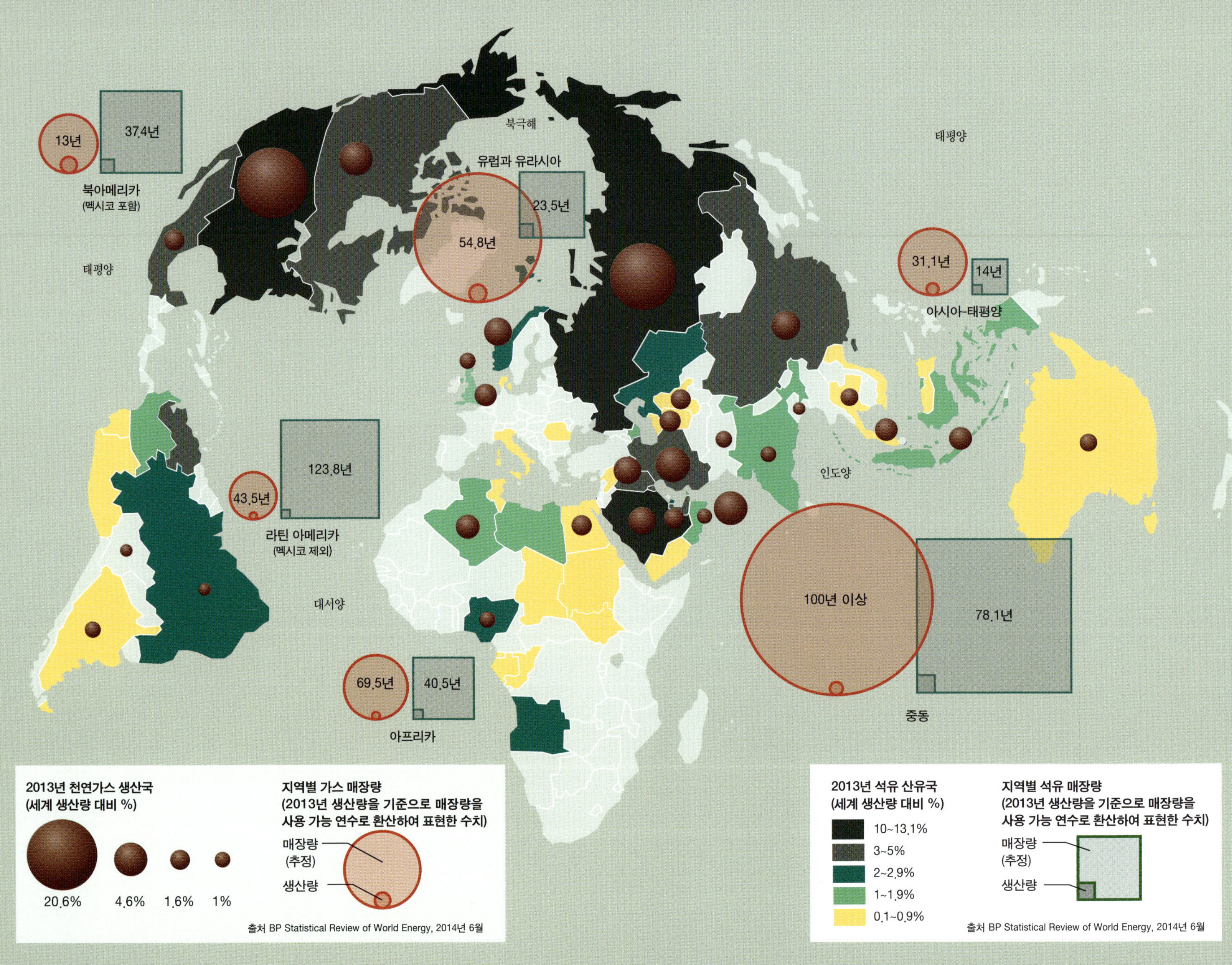
북극해
태평양
태평양
대서양
인도양
유럽과 유라시아
북아메리카
(멕시코 포함)
아시아-태평양
라틴 아메리카
(멕시코 제외)
아프리카
중동
13년
37.4년
54.8년
23.5년
31.1년
14년
43.5년
123.8년
69.5년
40.5년
100년 이상
78.1년
2013년 천연가스 생산국
(세계 생산량 대비 %)
지역별 가스 매장량
(2013년 생산량을 기준으로 매장량을
사용 가능 연수로 환산하여 표현한 수치)
매장량
(추정)
생산량
20.6%
4.6%
1.6%
1%
출처 BP Statistical Review of World Energy, 2014년 6월
2013년 석유 산유국
(세계 생산량 대비 %)
지역별 석유 매장량
(2013년 생산량을 기준으로 매장량을
사용 가능 연수로 환산하여 표현한 수치)
매장량
(추정)
생산량
10~13.1%
3~5%
2~2.9%
1~1.9%
0.1~0.9%
출처 BP Statistical Review of World Energy, 2014년 6월

합의되지 않은 석유, 가스, 탄화수소

20세기는 경제 발전에 필수적인 에너지원인 석유, '검은 금'의 세기라고 할 만하다. 석유와 가스는 지구 에너지 수요의 60%를 차지한다. 화석 에너지 자원은 지리적으로 불평등하게 분배되어 있으며, 주로 지정학적으로 불안정한 지역에 집중되어 있다. 석유 매장량의 65%와 가스 매장량의 35%는 중동 지역에 위치한다.

산유국에게 석유 자원을 소유하고 있다는 사실은 특별한 성공의 수단, 부의 근원을 가지고 있는 것이다. 하지만 '석유 수입'이 늘 경제 발전을 허락하는 것은 아니다. 뿐만 아니라 이것은 소비국에게 탐욕의 대상이 되어서, 생산국의 정치적, 외교적 행동반경을 제한하기도 한다. 중동 지역이 전략적으로 불안정한 이유가 부분적으로 풍부한 지하자원과 그것이 야기하는 관심 때문일지도 모른다는 관측이 있다. 이라크 전쟁, 이란의 힘겨루기, 베네수엘라를 둘러싼 긴장, 세계 가스 매장량의 30%와 석유 매장량의 10%를 보유한 러시아의 권력 상승 등 현재 지정학적 긴장감은 종종 석유나 가스와 관련이 있다. 러시아를 제외하고 세계 경제를 지배하는 새로운 극인 서구 및 아시아 강대국은 그들의 수요를 충족할 만큼 에너지 자원을 충분히 생산하지 못하고 있으며, 외부 공급처에 의존하고 있다.

세계 인구의 5%를 차지하는 미국은 전체 석유 생산량의 25%를 소비하고 있다. 이것은 지난 수십 년 동안 미국이 페르시아 만을 전략적으로 중요하게 생각한 이유를 설명해 준다.

1974년 욤 키푸르 전쟁아랍과 이스라엘 사이에 일어난 전쟁 후에 OPEC석유수출국가구 국가들은 석유 정가를 4배 올렸고, 판매 금지를 내세워 일시적으로 위협적인 태도를 취했다. 하지만 생산국은 대부분 다른 자금 조달원을 전혀 가지고 있지 않은 경우가 많기 때문에, 생산국 역시 소비국의 구입에 의존할 수밖에 없는 특수한 관계로 얽혀 있다.

새로운 소비국의 출현과 권력 상승중국, 인도, 지정학적 요소이라크 전쟁, 이란을 둘러싼 긴장, 매장량의 위협적인 감소는 오랫동안 지속적인 가격 상승의 원인이었다2007~2008년 제외. 석유는 1990년대 말에 배럴당 14달러였는데, 2008년 초에 거의 100달러까지 가격이 올랐다. 하지만 2014~2015년에는 중국에서의 수요 감소와 성장 완화, 미국의 셰일 가스와 역청 사용 기술 개발로 가격이 하락하기 시작했다. 석유는 2014년에 60달러 이하로 내려갔으며, 2015년 7월에는 53.64달러로 하락했다. 아라비아 반도는 셰일 가스의 가격 경쟁력이 깨지기를 원하므로 가격을 다시 올리기 위해서라도 생산량을 늘리고 싶어 하지 않는다. 중국은 지난 10년 동안 소비를 두 배로 늘리면서 에너지원 구입에 있어서 미국과 유럽의 경쟁국이 되었다. 인도 또한 성장 요구에 부응하느라 대량 수입국이 되었다.

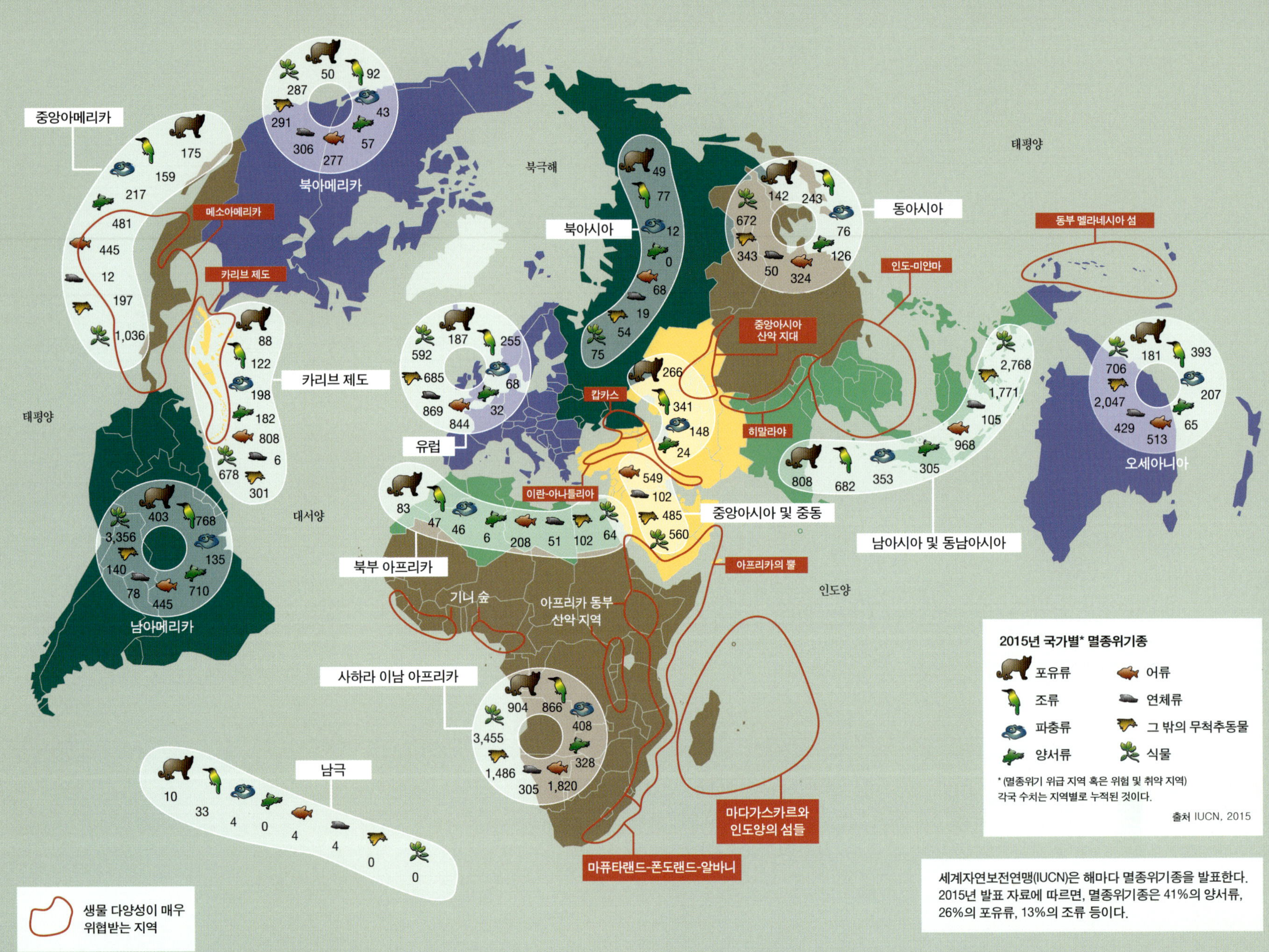
중앙아메리카
175
159
217
481
445
12
197
1,036
메소아메리카
카리브 제도
북아메리카
50 92
287
291 43
306 57
277
북극해
북아시아
49
77
12
0
68
19
54
75
동아시아
142 243
672 76
343 126
50
324
태평양
동부 멜라네시아 섬
인도-미얀마
카리브 제도
88
122
198
182
808
6
678
301
유럽
187 255
592 68
685
869 32
844
칼카스
중앙아시아
산악 지대
히말라야
2,768
1,771
105
968
오세아니아
706 181 393
2,047 207
429 65
513
남아메리카
403 768
3,356
135
140
78 445
710
808 682 353 305
남아시아 및 동남아시아
북부 아프리카
83
47 46 6 208 51 102 64
이란-아나틀리아
266
341
148
24
549
102
485
560
중앙아시아 및 중동
아프리카의 뿔
대서양
인도양
기니 숲
아프리카 동부
산악 지역
사하라 이남 아프리카
904 866
3,455 408
1,486 328
305 1,820
마다가스카르와
인도양의 섬들
남극
10
33 4 0 4 4
0
0
마퓨타랜드-폰도랜드-알바니
생물 다양성이 매우
위협받는 지역
2015년 국가별* 멸종위기종
포유류   어류
조류   연체류
파충류   그 밖의 무척추동물
양서류   식물
* (멸종위기 위급 지역 혹은 위험 및 취약 지역)
각국 수치는 지역별로 누적된 것이다.
출처 IUCN, 2015
세계자연보전연맹(IUCN)은 해마다 멸종위기종을 발표한다.
2015년 발표 자료에 따르면, 멸종위기종은 41%의 양서류,
26%의 포유류, 13%의 조류 등이다.

생태계 문제

생물계의 수용 능력과 관련이 있는 복잡한 시스템을 인류는 생태계라는 용어로 통합하여 부른다. 생태계에 대한 관심의 공통점은, 적어도 한두 세대 정도 지난 아주 가까운 시일 내에 생태계 내의 거대한 충돌로 수용 능력에 문제가 생길 것이라는 사실이다. 이것은 인구의 급증, 화석 에너지와 동물 단백질육류, 생선을 많이 소비하는 도시적인 삶의 방식의 확산빠른 속도로 증가하고 있으며, 이미 인구의 50%에 가깝다, 자연환경에 대한 인위적 개발의 가속화가 결합된 결과이다.

환경이나 생태계에 대한 걱정은 오랫동안 생산주의, 물질주의에 심취한 현대 사회에서 부수적이고 실속 없고 회의적인 것으로 취급되었다. 하지만 순식간에 상황이 바뀌었다.

1. 기후 변화 문제와 지구 온난화에 대한 두려움

1988년, 유엔 내에 IPCC기후 변화에 관한 정부 간 협의체를 설치했을 때부터 거의 20년 동안 점점 더 강박적으로 그 중요성이 부각되고 있다. 1992년에 리우에서 유엔 기후변화협약을 체결하고, 1997년 12월 일본 교토에서 〈교토 의정서〉를 통해 2012년까지 온실가스의 배출을 2% 줄이기로 결정했다. 하지만 오직 유럽만이 진지하게 받아들였다.

2009년부터 이어진 연례 정상회담에서, 유럽연합은 산유국과 신흥국의 반대, 성장을 포기할 수 없는 미국과 BASIC브라질, 남아프리카 공화국, 인도, 중국의 소극적 태도에 부딪혀야 했다.

유럽인, 여론, 시민 단체, 정부 기관 등은 낙담했다. 그들은 IPCC 논문을 압도적으로 지지해 왔다. 그래서 산업혁명 이후로 CO_2가 원인이 된 지구 온난화가 점점 더 가속화될 것이며, 해수면 상승, 기상 이변, 경작지 이동과 같은 천재지변을 초래할 것이라고 확신했다. 생산 제일주의와 지구 경제 자본화에 반대하는 수많은 정치 세력은 수십 년 전부터 곳의 급격한 변화, 심지어 '감소'에 대한 논쟁을 벌이고 있다.

사실 과학적 논쟁이 완전히 끝난 것이 아니다. 아주 소수인 기후 변화 회의론자들은 이런 문제가 과장된 것이며, 빈곤이나 기아와 같은 더 심각한 문제에 쏟아야 할 에너지를 뺏고 있다고 말한다. 그들은 지구의 기온, 특히 1℃ 정도의 기온 변화를 측정하는 것은 불가능하며, 따라서 비교 역시 불가능하다고 주장한다. 그러므로 지구 온난화는 미리 예고될 수 없는 것이다. 최근의 기후 변화가 반드시 CO_2의 책임은 아니며, 해수면의 상승도 입증된 것이 아니다. 기후 변화를 설명할 수 있는 것은 오직 태양의 활동이다. 오늘날 이 학파는 점점 더 인원수가 적어지고 있다. ▶▶▶

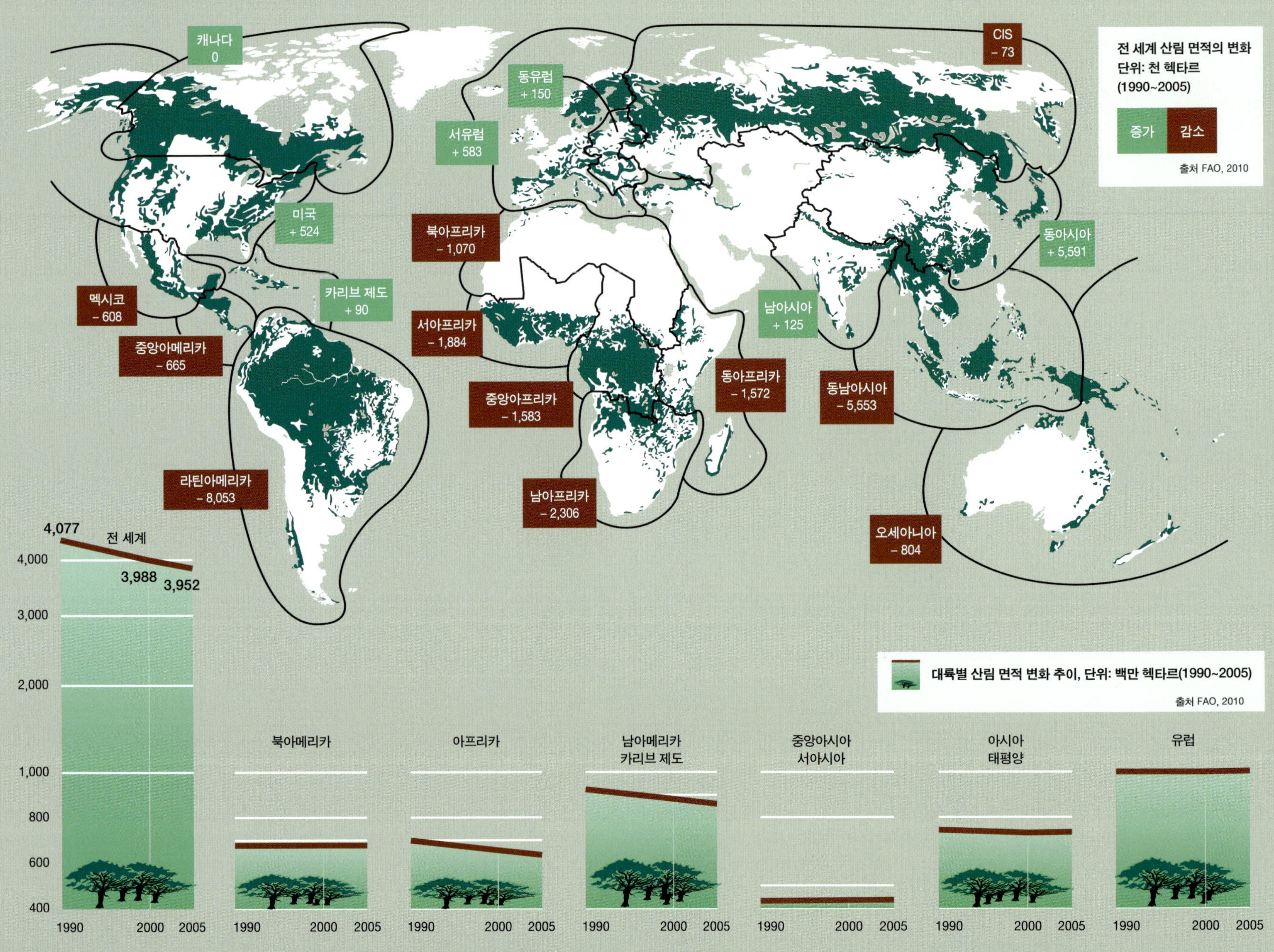
전 세계 산림 면적의 변화
단위: 천 헥타르
(1990~2005)
증가
감소
출처 FAO, 2010

캐나다
0
CIS
− 73
동유럽
+ 150
서유럽
+ 583
미국
+ 524
북아프리카
− 1,070
동아시아
+ 5,591
멕시코
− 608
카리브 제도
+ 90
서아프리카
− 1,884
남아시아
+ 125
중앙아메리카
− 665
중앙아프리카
− 1,583
동아프리카
− 1,572
동남아시아
− 5,553
라틴아메리카
− 8,053
남아프리카
− 2,306
오세아니아
− 804

전 세계
4,077
4,000
3,988
3,952
3,000
2,000
1,000
800
600
400
1990   2000   2005

대륙별 산림 면적 변화 추이, 단위: 백만 헥타르(1990~2005)
출처 FAO, 2010

북아메리카
1990   2000   2005
아프리카
1990   2000   2005
남아메리카
카리브 제도
1990   2000   2005
중앙아시아
서아시아
1990   2000   2005
아시아
태평양
1990   2000   2005
유럽
1990   2000   2005

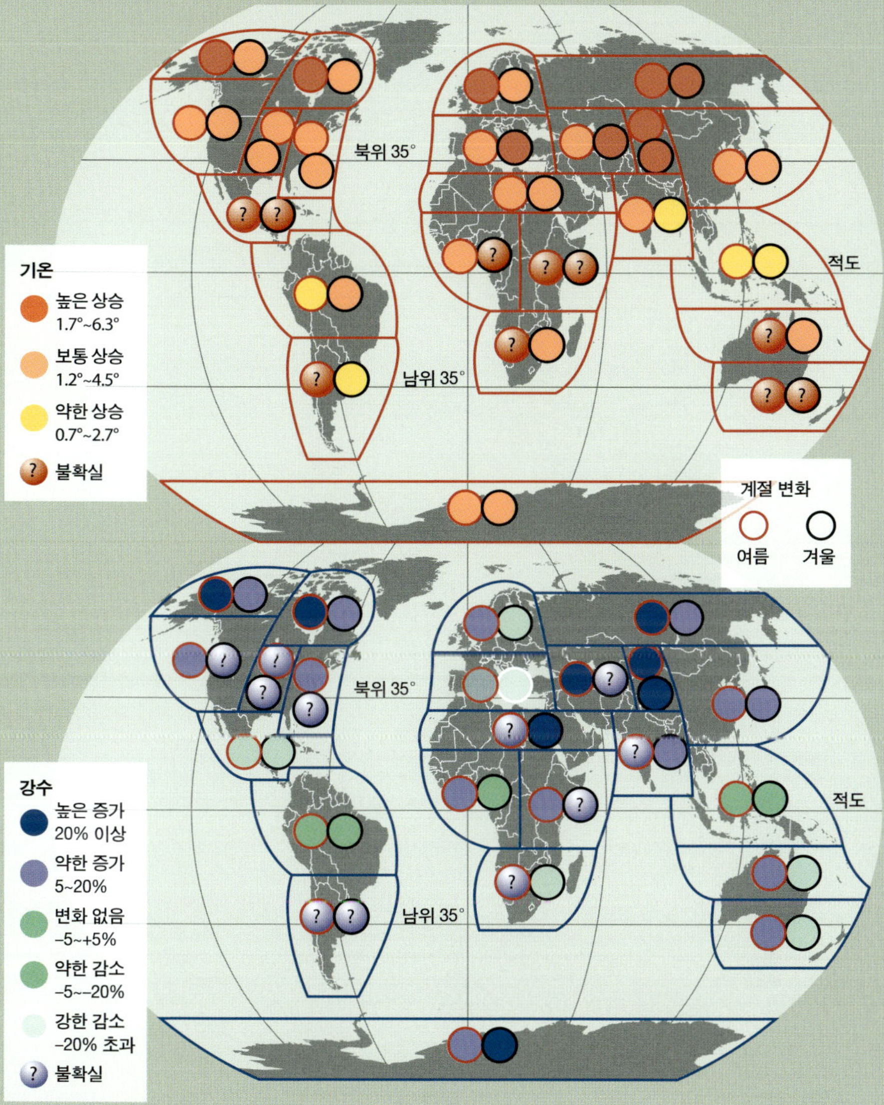

지역별 기온 및 강수 변화에 대한 가상 시나리오
1960~1990년 대비, 2071~2100년 기온 및 강수 시뮬레이션

예측 시나리오- 세계 인구는 2050년까지 꾸준히 증가하여 최고점에 도달한 후에 감소한다.
경제 발전은 지역적 격차와 분할 기술의 발달로 특징지어진다.
출처 IPCC, 2007년 보고서

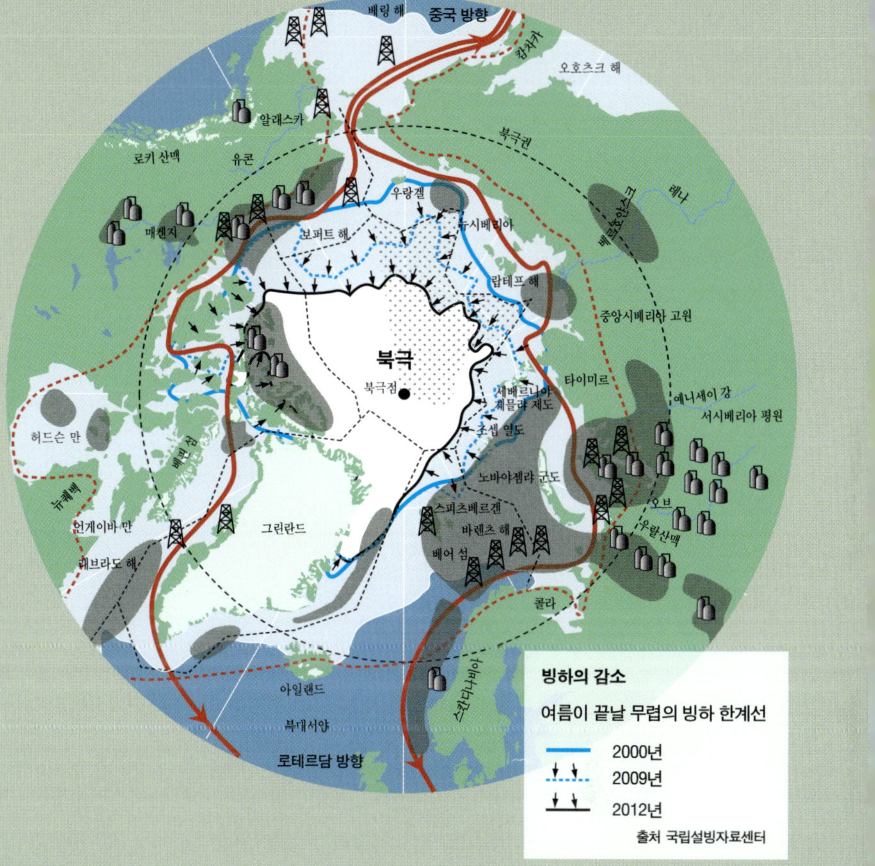

빙하의 감소
여름이 끝날 무렵의 빙하 한계선
2000년
2009년
2012년
출처 국립설빙자료센터

기후 온난화와 북극에 미치는 영향

2000년의 북극
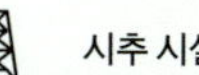 총빙
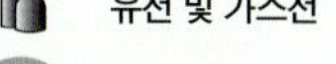 빙원
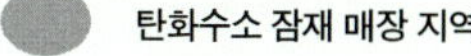 얼지 않았거나 살짝 언 땅
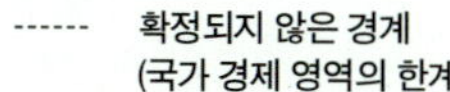 계절적 빙산과 빙산의 평균 최대 한계
늘 빙산이 떠다니는 바다
가장 추운 달의 평균 기온이 10°C 인 등온선

경제적 쟁점
새로운 항로
시추 시설
유전 및 가스전
탄화수소 잠재 매장 지역
확정되지 않은 경계
(국가 경제 영역의 한계)
러시아 주장 지역

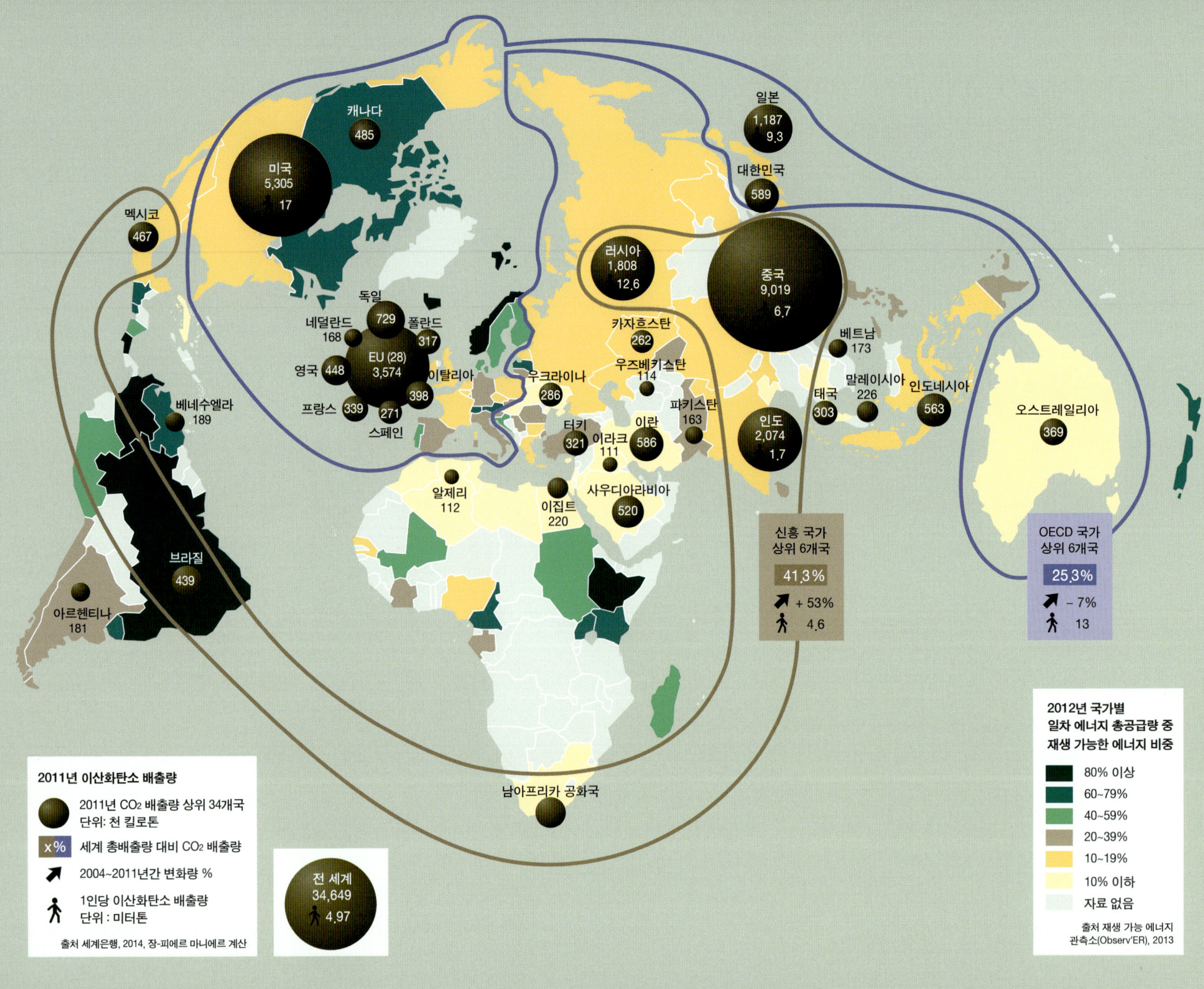
캐나다
485
미국
5,305
17
멕시코
467
일본
1,187
9,3
대한민국
589
러시아
1,808
12,6
중국
9,019
6,7
카자흐스탄
262
독일
729
네덜란드
168
폴란드
317
EU (28)
3,574
영국 448
이탈리아
프랑스 339
398
271
스페인
우크라이나
286
우즈베키스탄
114
베트남
173
베네수엘라
189
파키스탄
163
태국
303
말레이시아
226
인도네시아
563
터키
321
이란
586
이라크
111
인도
2,074
1,7
오스트레일리아
369
브라질
439
알제리
112
이집트
220
사우디아라비아
520
아르헨티나
181
신흥 국가
상위 6개국
41,3%
+ 53%
4,6
OECD 국가
상위 6개국
25,3%
- 7%
13
남아프리카 공화국

2011년 이산화탄소 배출량
2011년 CO₂ 배출량 상위 34개국
단위: 천 킬로톤
x% 세계 총배출량 대비 CO₂ 배출량
2004~2011년간 변화량 %
1인당 이산화탄소 배출량
단위 : 미터톤
출처 세계은행, 2014, 장-피에르 마니에르 계산
전 세계
34,649
4,97

2012년 국가별
일차 에너지 총공급량 중
재생 가능한 에너지 비중
80% 이상
60~79%
40~59%
20~39%
10~19%
10% 이하
자료 없음
출처 재생 가능 에너지
관측소(Observ'ER), 2013

그렇지만 이 두 학파는 함께 화석 에너지를 덜 소비하고 CO_2를 덜 배출하는 것이 반드시 필요한 일인지 판단하고, 우선 재생 불가능한 자원을 절약함으로써 재생 가능한 에너지를 개발할 시간을 벌고, 해양 생물에게 심각한 해를 끼치는 해양의 산성화를 피할 방법을 찾고 있다.

2. 전문가들이 하는 걱정의 주된 원인

퇴적 토양, 지표수와 심층수, 식물, 식량, 동물과 인간 유기체, 도시의 거리 및 주거지의 공기, 플라스틱 물건, 대중 질병암. 심장 및 폐 질환. 알레르기이나 생식에 위험한 다량의 화학물질, 농약 잔류물 등을 들어 전문가들은 큰 우려를 표한다. 유럽연합은 지금으로서는 10만 가지 화학물질 중 건강상에 끼치는 영향력이 충분히 알려지고 평가된 1만 가지 화학물질을 다시 검토하고 결국 대체하기로 결정했다 REACH* 강령. 이러한 오염 물질은 중국에서 위급한 사회 문제로 대두되기 시작했다.

3. 위협적인 식수 부족

인구 증가, 인구의 도시 집중으로 인한 물의 과도한 소비, 오염 폐기물의 축적 등으로 비롯되었다.

4. 생물 다양성의 감소

생물 다양성이 점점 빠르게 감소하는 것은 그것이 우리 미래와 어떤 관계가 있는지 제대로 인식하지 못하는 대중에게 그리 걱정스러운 일이 아닐 것이다. 하지만 생물 다양성의 감소는 인류에게 심각한 위협을 알리는 신호이다. 멸종위기의 야생 동식물 보호를 위한 국제협약1973과 그 후로 취해진 조치는 도시적인 생활 방식에 의해 위협받는 종의 멸종을 거의 늦추지 못했다.

인류는 앞으로 20년 내지 30년 동안 산업이나 농업과 관련된 모든 생산 방식, 운송 방식, 거주 방식, 사고방식, 삶의 방식을 친환경적으로 바꾸어야 한다. 자멸을 초래하는 현재의 약탈적 성장에서 친환경적이고 경제적인 성장, 즉 '녹색 성장'이 실현되어야 한다. 녹색 성장은 기술 혁신과 막대한 경제적, 정치적, 시민적 노력이 필요하다. 태양열 에너지 등 그중 몇 가지는 곧 실현 가능해 보인다.

2015년 말 파리에서 제21차 유엔 기후변화협약 당사국 총회가 개최되었다. 총회 목적은 기후 온난화와 관련하여 선진국, 신흥 국가, 취약 국가의 구분을 뛰어넘어 개발도상국의 기후 변화를 막는 데 필요한 자금을 조달할 방법을 찾고, 구속력이 있는 조치를 취하는 것이다.

프랑스는 이를 가장 우선적인 외교 목적으로 삼았다. 중국과 미국온실 효과를 일으키는 가스의 주요 배출국은 이 주제에 대해 과거보다 열린 자세로 몇 가지 제안을 적극적으로 받아들일 준비가 된 듯하다.

* Registration Evaluation Authorization and Restriction of Chemicals, 유럽연합의 신화학물질 관리제도

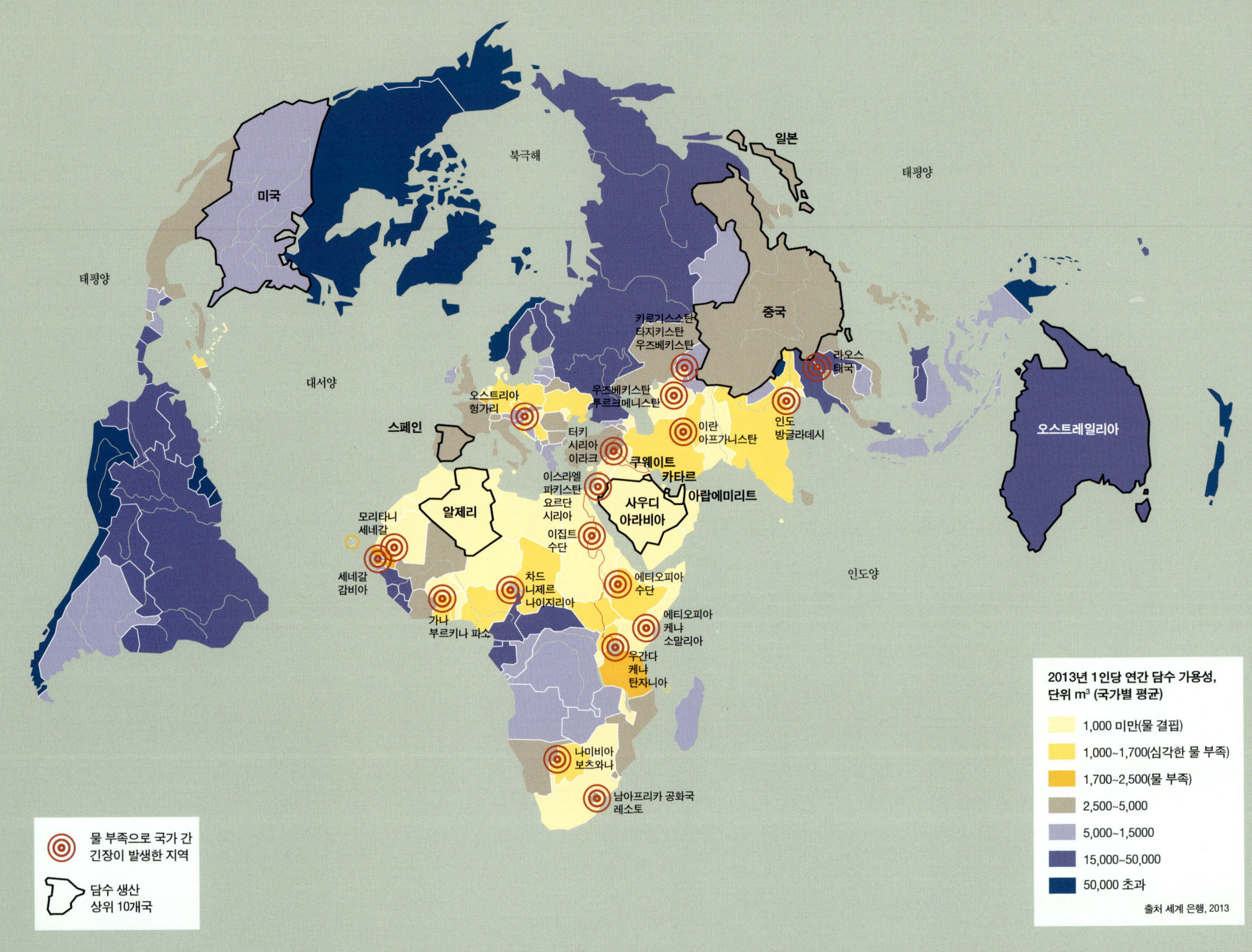

북극해
태평양
태평양
대서양
인도양
미국
일본
중국
오스트레일리아
스페인
알제리
사우디
아라비아
키르기스스탄
타지키스탄
우즈베키스탄
우즈베키스탄
투르크메니스탄
이란
아프가니스탄
인도
방글라데시
라오스
태국
오스트리아
헝가리
터키
시리아
이라크
쿠웨이트
카타르
아랍에미리트
이스라엘
파키스탄
요르단
시리아
이집트
수단
모리타니
세네갈
세네갈
감비아
차드
니제르
나이지리아
가나
부르키나 파소
에티오피아
수단
에티오피아
케냐
소말리아
우간다
케냐
탄자니아
나미비아
보츠와나
남아프리카 공화국
레소토
물 부족으로 국가 간
긴장이 발생한 지역
담수 생산
상위 10개국
2013년 1인당 연간 담수 가용성,
단위 m³ (국가별 평균)
1,000 미만(물 결핍)
1,000~1,700(심각한 물 부족)
1,700~2,500(물 부족)
2,500~5,000
5,000~1,5000
15,000~50,000
50,000 초과
출처 세계 은행, 2013

물

담수는 생명에 꼭 필요하다. 최초의 문명은 티그리스 강, 유프라테스 강, 나일 강, 인더스 강, 브라마푸트라 강, 중국 황허 등 대하천을 중심으로 형성되었다. 담수 자원은 세계에 불평등하게 분포되어 있다. 몇몇 문명의 멸종, 예를 들면 메소포타미아 문명의 멸종 뒤에는 물 부족 현상이나 사막화 현상, 염도 증가 현상이 있었다. 물은 대체로 추운 시기보다 만년설과 빙하에 저장된 물이 녹는 더운 시기에 지구 위에서 순환한다.

오늘날 물 부족, 혹은 담수의 부족은 다양한 이유로 인류를 위협한다. 인구 증가2008년 67억 명에서 2050년 95억 명이 될 것으로 추정된다, 도시인구의 50%와 해안 지역의 인구 집중은 수요도시적인 삶의 방식이 시골적인 삶의 방식보다 물을 훨씬 더 많이 소비한다와 동시에 폐수로 인한 오염을 증가시킨다. 일반적으로 농촌과 가난한 나라에서 물의 오염은 대다수 질병과 조기 사망의 원인이 되고 있다.

보편적으로 물의 낭비에 있어 큰 비중을 차지하는 삶의 방식인 현대화와 서구화는 상당한 규모로 물 소비와 물 부족을 증가시키고 있다. 라스베이거스는 로키 산맥이 지나가는 세 개 주의 수원에서 물을 끌어다 쓰고 있으며, 미국인 1인당 물 소비량은 600ℓ인데 반해, 말리인 1인당 물 소비량은 15ℓ이다.

화학물질과 살충제의 대량 사용 역시 사람이 거주하며 경제적으로 발달한 지역의 수원 대부분을 지속적으로 오염시키고 있다. 여기에는 심층수와 지하수도 포함된다.

아프리카, 중동, 중앙아시아 열대 기후대의 가장 건조한 지역에서 물 부족은 말 그대로 물, 강, 하천, 호수의 소유 및 개발로 인한 긴장감뿐만 아니라 충돌을 유발한다. 어쩔 수 없이 물 부족은 비극이 되거나 진정한 충돌로 이어질 수 있다. 점점 더 많은 건조 기후 국가들아랍에미리트, 오스트레일리아이 아직은 비용이 많이 들고 에너지 소비가 심한 담수화 기술을 이용하고 있다. 그리고 주로 열대 기후대에 위치한 가난한 국가들은 물 부족으로 더욱 고통받고 있다.

21세기에는 오직 물 때문에 분쟁이 일어나지 않을까? 호전적인 입장을 취하는 사람들은 1967년 6일 전쟁, 1989년 세네갈-모리타니 사이의 긴장을 예로 들면서 지금까지 이 자원의 중요성을 강조할 수 있었다. 하지만 그 당시에 물이라는 자원은 다른 여러 가지 기준 중에서 하나일 뿐이었다.

담수라는 한정된 자원의 관리는 국가 간에 더욱 긴밀한 협조를 의무화하게 될 것이다.

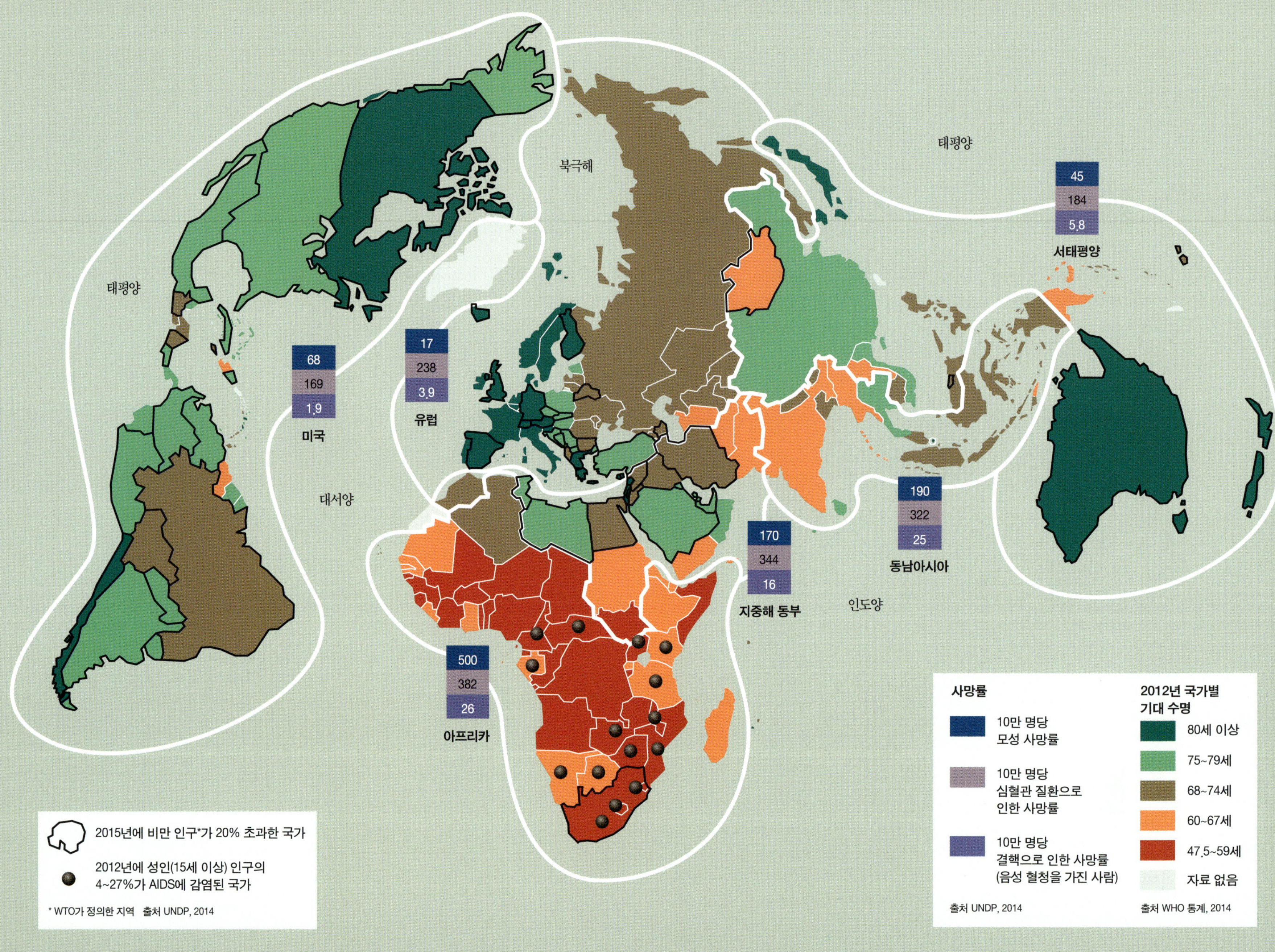

북극해
태평양
태평양
대서양
인도양
서태평양
45
184
5,8
68
169
1,9
미국
17
238
3,9
유럽
190
322
25
동남아시아
170
344
16
지중해 동부
500
382
26
아프리카
2015년에 비만 인구*가 20% 초과한 국가
2012년에 성인(15세 이상) 인구의
4~27%가 AIDS에 감염된 국가
* WTO가 정의한 지역 출처 UNDP, 2014
사망률
10만 명당
모성 사망률
10만 명당
심혈관 질환으로
인한 사망률
10만 명당
결핵으로 인한 사망률
(음성 혈청을 가진 사람)
2012년 국가별
기대 수명
80세 이상
75~79세
68~74세
60~67세
47,5~59세
자료 없음
출처 UNDP, 2014
출처 WHO 통계, 2014

공중 보건

영아 사망률, 출생 시 기대 수명, 건강 장수 비율, 감염 혹은 유행성 질병말라리아, 결핵, 유아 설사병, AIDS 노출 비율에 관한 세계 공중 보건 지수를 나타내는 표는 특히 대조적인 그림을 보여 준다. 예방 및 관리와 관련된 공중 보건 정책, 병의원의 밀도, 의학전문지 〈란셋The Lancet〉에서 말하는 전염병의 진짜 원인인 위험한 오염 물질이나 공해로부터의 건강 보호도 마찬가지이다.

부유한 나라에서는 신생아 사망률이 매우 낮다. 기대 수명은 아주 높을 뿐만 아니라 계속 높아지고 있다. 치료와 의료 장비의 수준이 높고, 감염성 질병에 걸릴 확률은 매우 희박하다. 따라서 점점 더 고령화되고 있는 평균 인구의 때늦은 사망의 원인은 특히 심혈관 질환, 암, 퇴행성 질환으로 설명될 수 있다. 칩거형 생활 방식과 질 나쁜 식품설탕, 소금, 지방, 정크 푸드의 과다 섭취는 특히 미국을 선두로 다른 선진국과 신흥국으로 마치 전염병처럼 퍼져 가고 있는 과체중이나 비만증의 주범이다.

개발도상국 주민은 이와는 완전히 반대되는 문제를 가지고 있다. 기대 수명이 낮은 경우, 개발도상국에서는 암이나 심근경색보다는 영양실조, 다양한 감염성 질병이나 결핍증, 사고 등이 사망 원인인 경우가 더 많다. 게다가 이런 국가들은 국내에서 반드시 필요한 의료 시설이나 의료진을 찾기 힘들다. 인도주의 비정부기구NGO 중 가장 신뢰할 만한 단체인 유엔 산하 기구들*의 국제 원조가 이러한 결핍을 부분적으로나마 채워 주고 있다.

신흥 국가는 이 둘 사이에 있다. 그러나 아주 대조적인 두 세계부유한 국가와 가난한 국가의 평균은 심지어 AIDS 피해가 가장 심한 아프리카에서조차 기대 수명을 상승시키고 생존 기간을 연장시켰다.

현재의 인구 통계학적 예측에 따르면 아프리카 인구는 증가할 것이다. 중국 인구 역시 급속히 고령화되는 동시에 증가할 것이다. 20억 내지 30억 인구를 위해서 해야 할 일들은 여전히 많이 남아 있다. 하지만 공중 보건 문제는 어쩌면 대부분 노인 인구의 문제가 될 것이다. 비록 노인의 문턱이 지금보다 더 뒤로 물러나긴 하겠지만 말이다.

* 세계보건기구(WHO), 유엔 식량농업기구(FAO), 유엔 개발계획(UNDP), 유엔 아동기금(UNICEF), 유엔 세계식량계획(WFP) 등

태평양
북극해
캐나다
2 미국
멕시코
4 일본
대한민국
6 러시아
베이징
BAII
NDB 상하이
필리핀
태평양
영국
EU 28
독일
9 프랑스
10 이탈리아
터키
1 중국
베트남
파키스탄
방글라데시
3 인도
이란
인도네시아
오스트레일리아
콜롬비아
Banque du Sud
카라카스
이집트
사우디아라비아
뉴질랜드
칠레
아르헨티나
5 브라질
대서양
인도양
나이지리아
남아프리카 공화국

세계총생산에서
BRICS의 비중
2013년도
27,65%

국제 무역에서
BRICS의 비중
2013년도
18,5%

세계총생산에서
비중, %
OECD 국가
비회원국
60
40
51
49
43
57
2000
2010
2030

BRICS* 주요 신흥 국가 5개국의 약어(2001)
CIVETS** 신흥 국가 5개국의 약어(2009)
MIST* NEXT 11 중에서 가장 역동적인 4개국(2010)
NEXT 11* MIST 4개국 + 7개국(2011)
OECD
2050년 10대 경제 대국
G7 회원국
EU를 포함한 G20의 회원국
Banque du Sud 남미은행 2009년에 라틴아메리카 7개국이 설립
NDB 브릭스 신개발은행 2014년 7월에 통화비축기금 수립
BAII 아시아 인프라 투자은행 2014년 10월에 양해각서 체결, 2015년 4월 회원국 57개국
*골드만 삭스 참고, **Economist Intelligence Unit, HSBC 참고

신흥 국가

신흥 국가라는 개념은 80년대 초에 등장했다. 이 단어는 중산층의 증가와 더불어 빠르게 성장하고 있는 과거 '저개발' 국가였던 국가의 발전을 강조하고자 쓰인 말이다. 신흥 국가는 투자 위험이 높지 않기 때문에 해외 투자자들이 매력을 느낀다.

2001년에 짐 오닐 골드만 삭스 회장은 대륙 국가인 브라질, 러시아, 인도, 중국을 가리키는 'BRIC'이라는 용어를 만들었다. 강한 성상 잠재력과 많은 인구를 가진 네 개의 큰 나라를 가리키는 이 용어를 통해서 시장을 안심시키고 관심을 불러 모으려 했다. 이 국가들은 사실 서로 매우 다르며, 때로 경쟁한다. 이들 중 오직 두 국가만이 안전보장이사회 상임이사국이며, 세 국가가 핵무기를 소유하고 있고, 그중 두 국가만이 핵무기 소유를 합법적으로 인정받고 있다. 하지만 이들은 모두 다극 세계를 주장한다. 2011년부터 이 국가들은 서로에 대한 협력을 제도화했고, 남아프리카 공화국이 이에 합세했다. 그 후 과거 제3세계 국가들을 지칭하는 약호들*이 급증했다.

그중 중국을 제외한 몇몇 국가는 원료 가격 상승, 중산층 증가, 산업 발전, 선진국에 비해 낮은 서비스 이용료의 덕을 보고 있다.

신흥 국가 역시 다른 국가들과 마찬가지로 2008년 세계 경제 위기 이후로 경제 성장이 둔화되었으며, 두 자리 숫자의 성장률을 보여 주던 황금기는 끝났다.

사실 21세기 초부터 세계화 덕분에 아주 빠르게 성장하고 있는 60여 개 국가가 있다. 이 국가들의 등장은 세계에 대한 서구 사회의 독점적 지배가 끝났다는 것을 나타낸다. G8의 위기와 더불어 G20으로의 변화가 이에 대한 상징이다. 분열과 경쟁에도 이 국가들은 세계무역기구 내에서 도하 라운드를 막고자 서로 협력하고 있으며, 이런 방식으로 국제 협상에서 비중을 키워 가고 있다. 2014년에 중국은 아시아 인프라 투자은행을 설립하였으며 세계은행의 독점을 종식시키려는 목적에서이다, 2015년에 서양 여러 나라들이 이 은행의 창립회원국으로 가입했다.

과거 선진국이었던 국가들이 1인당 소득이 가장 부유한 국가로 남아 있다고 하더라도, 또한 신흥국이 이런 면에서 선진국을 대체할 수 없다고 하더라도, 과거 선진국이었던 국가들은 부와 권력에 대한 독점권을 잃어버렸다. 더 이상 중요한 사항을 신흥 국가 없이 결정할 수 없게 되었다.

* NEXT 11(이집트, 방글라데시, 이란, 인도네시아, 대한민국, 멕시코, 나이지리아, 파키스탄, 필리핀, 터키, 베트남), CIVETS(콜롬비아, 인도네시아, 베트남, 이집트, 터키, 남아프리카 공화국), MIST(멕시코, 인도네시아, 대한민국, 터키)

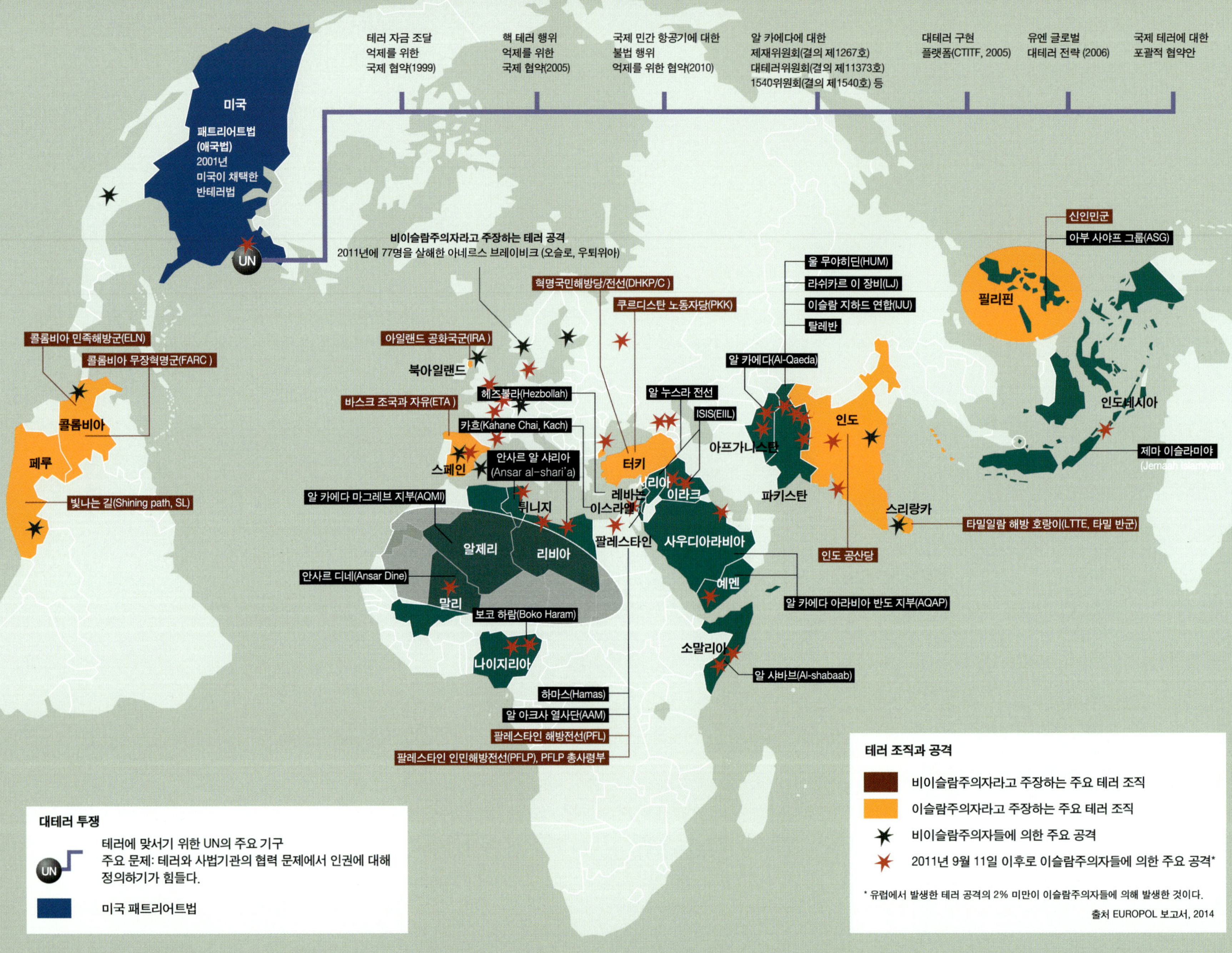
미국
패트리어트법
(애국법)
2001년
미국이 채택한
반테러법

테러 자금 조달
억제를 위한
국제 협약(1999)

핵 테러 행위
억제를 위한
국제 협약(2005)

국제 민간 항공기에 대한
불법 행위
억제를 위한 협약(2010)

알 카에다에 대한
제재위원회(결의 제1267호)
대테러위원회(결의 제11373호)
1540위원회(결의 제1540호) 등

대테러 구현
플랫폼(CTITF, 2005)

유엔 글로벌
대테러 전략 (2006)

국제 테러에 대한
포괄적 협약안

UN

비이슬람주의자라고 주장하는 테러 공격
2011년에 77명을 살해한 아네르스 브레이비크 (오슬로, 우퇴위아)

신인민군
아부 사야프 그룹(ASG)

필리핀

혁명국민해방당/전선(DHKP/C)

쿠르디스탄 노동자당(PKK)

울 무야히딘(HUM)
라쉬카르 이 장비(LJ)
이슬람 지하드 연합(IJU)
탈레반

콜롬비아 민족해방군(ELN)
콜롬비아 무장혁명군(FARC)

아일랜드 공화국군(IRA)
북아일랜드

알 카에다(Al-Qaeda)

인도네시아

콜롬비아

헤즈볼라(Hezbollah)

알 누스라 전선

바스크 조국과 자유(ETA)

카흐(Kahane Chai, Kach)

ISIS(EIIL)

인도

페루

스페인

안사르 알 샤리아
(Ansar al-shari'a)

터키
시리아
레바논
이스라엘

아프가니스탄

제마 이슬라미야
(Jemaah Islamiyah)

빛나는 길(Shining path, SL)

알 카에다 마그레브 지부(AQMI)

튀니지

이라크

파키스탄

스리랑카

타밀일람 해방 호랑이(LTTE, 타밀 반군)

알제리

리비아

팔레스타인

사우디아라비아

안사르 디네(Ansar Dine)

인도 공산당

말리

예멘

보코 하람(Boko Haram)

알 카에다 아라비아 반도 지부(AQAP)

나이지리아

소말리아

알 샤바브(Al-shabaab)

하마스(Hamas)

알 아크사 열사단(AAM)

팔레스타인 해방전선(PFL)

팔레스타인 인민해방전선(PFLP), PFLP 총사령부

테러 조직과 공격

비이슬람주의자라고 주장하는 주요 테러 조직
이슬람주의자라고 주장하는 주요 테러 조직
비이슬람주의자들에 의한 주요 공격
2011년 9월 11일 이후로 이슬람주의자들에 의한 주요 공격*

* 유럽에서 발생한 테러 공격의 2% 미만이 이슬람주의자들에 의해 발생한 것이다.
출처 EUROPOL 보고서, 2014

대테러 투쟁

테러에 맞서기 위한 UN의 주요 기구
주요 문제: 테러와 사법기관의 협력 문제에서 인권에 대해
정의하기가 힘들다.

UN

미국 패트리어트법

테러리즘

2001년 9월 11일 테러 이후로 미국인과 서양인들은 국제적 테러리즘 혹은 이슬람주의자을 개인의 안전과 세계의 안보에 대한 주요 위협으로 여기게 되었다. 몇몇 서구인은 국제 테러리즘을 공산주의의 뒤를 잇는 주요한 적으로 간주했다. 조지 부시 대통령은 '테러와의 전쟁'을 선포했다. 그러나 테러리즘은 공포심을 심어 주려고 무차별 공격을 하는 작전 기술이지, 어떤 실체나 프로그램이 아니다.

20년 동안 전 세계 테러리즘의 피해자는 2천~3천 명에서 약 2만~3만 명으로 늘어났다. 테러리즘 Terrorisme 이라는 단어는 프랑스 혁명기였던 1793년 자코뱅의 '공포 Terreur' 정치와 함께 나타났다. 19세기 러시아와 프랑스에서 테러는 주로 무정부주의자들에 의해 발생했다. 1914년에 제1차 세계대전으로 이어지는 톱니바퀴의 시동 장치가 된 것은 사라예보에서 발생한 세르비아 민족주의자의 테러였다. 20세기 후반기에는 수많은 독립주의자 혹은 분리주의자의 움직임, 심지어 서유럽 내 급진 좌파의 움직임에 의해서 발생했다.

테러리즘은 약자들의 무기라고 할 수 있으며, 레지스탕스인지, 테러리스트인지는 각각의 상황이나 결과에 달려 있다. 하지만 테러리즘은 늘 어떤 특정한 국민이나 정부, 국가를 공포에 빠뜨리기 위해서 무차별 폭력을 가하는 것과 관련이 있으며, 때로 '국가 테러주의'의 경우도 있다.

최근에 이슬람교도들은 이슬람주의자들이 저지른 테러의 주요 피해자였다. 지난 2년 동안 테러 피해자의 80%가 이라크, 시리아, 예멘, 아프가니스탄, 파키스탄, 나이지리아에서 습격당했다.

현대 사회에서 테러리즘이 심리적으로나 미디어를 통해서 미치는 영향력은 막대하다. 특히 오랫동안 자국 영토에서 전쟁의 위협이 사라졌으며, 공격당하지 않을 것이라고 믿었던 서구 사회에 큰 영향을 끼쳤다. 심리적 비용을 실제 영향력과 비교할 수는 없다. 플로리다의 초대형 태풍으로 인한 피해 복구비용이 500억 달러인 데 비해, 9 · 11 테러로 인한 경제적 비용 보험, 재건은 단지 50만 달러에 불과했다. 하지만 테러리스트들의 목적은 그 누구도 안전하지 않다고 느끼게 만드는 것이다. 테러리즘은 심지어 비민주주의 체제를 포함한 모든 정부와 시민 사회로부터 분명히 비난을 받고 있다.

테러리스트들의 위협으로부터 자신을 잘 지키는 것도 중요하지만, 이슬람의 이름으로 행동한다고 주장하는 이슬람 지하드 광신도들의 테러리즘 수단을 박멸하는 데 관련된 모든 국가들이 장기간에 걸쳐서 반격할 필요가 있다. 테러리스트의 자금이나 지지자, 양성소를 고갈시키는 것은 정치적, 경제적, 문화적, 사회적, 교육적, 신학적으로 접근해야 하는 일이다.

Le monde vu par

각국 관점에서 본 세상

우리는 모두 같은 세상에서 살고 있다. 하지만 세상을 같은 방식으로 보지는 않는다. 각 나라는 전략적 비전, 불안 요소, 목적, 역사, 지리, 지정학적 특징을 가지고 있다. 각자 고유의 논리가 있기 때문에 국가적 관심이 서로 대립하기도 한다. 우리는 이 장에서 주요 민족과 전략 관계자들이 세상을 보는 방식을 보여 주고자 한다. 일반적인 선략 방성식에서 그들의 자리를 어떻게 나타내고 있을까? 이 책에서 우리는 판단하지 않을 것이며, 누가 옳고 그른지 가리키지 않을 것이고, 단지 서로 다른 관점을 보여 주는 데 그칠 것이다. 우리는 세상을 다양성 속에서, 현실 속에서 보여 주고자 한다.

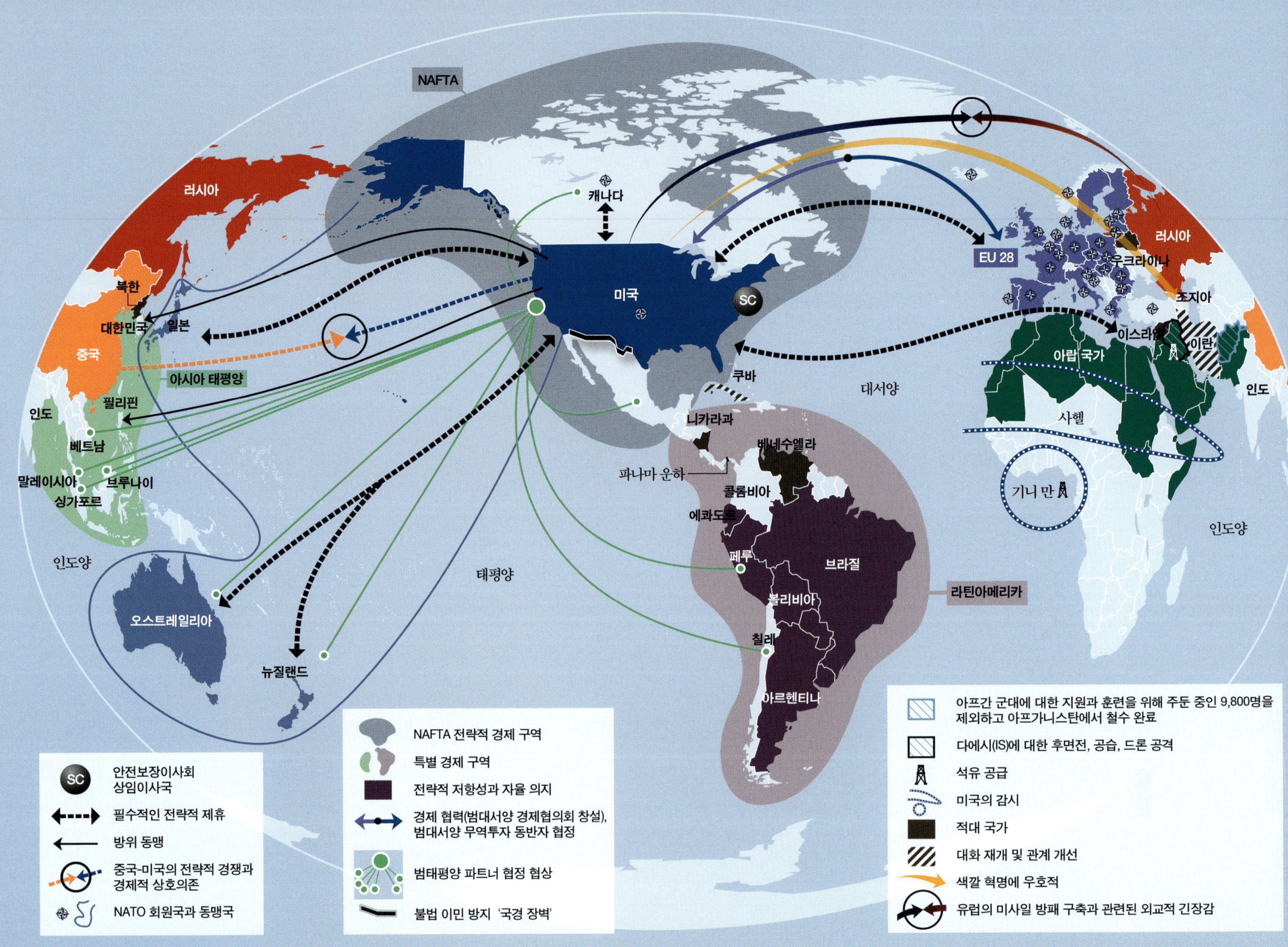

NAFTA
러시아
캐나다
미국
SC
EU 28
러시아
우크라이나
조지아
북한
일본
대한민국
중국
아시아 태평양
이스라엘
이란
아랍 국가
인도
필리핀
인도
사헬
베트남
쿠바
말레이시아
브루나이
싱가포르
니카라과
베네수엘라
파나마 운하
콜롬비아
기니 만
인도양
에콰도르
대서양
인도양
페루
브라질
라틴아메리카
오스트레일리아
볼리비아
태평양
뉴질랜드
칠레
아르헨티나

SC 안전보장이사회 상임이사국
필수적인 전략적 제휴
방위 동맹
중국-미국의 전략적 경쟁과 경제적 상호의존
NATO 회원국과 동맹국

NAFTA 전략적 경제 구역
특별 경제 구역
전략적 저항성과 자율 의지
경제 협력(범대서양 경제협의회 창설), 범대서양 무역투자 동반자 협정
범태평양 파트너 협정 협상
불법 이민 방지 '국경 장벽'

아프간 군대에 대한 지원과 훈련을 위해 주둔 중인 9,800명을 제외하고 아프가니스탄에서 철수 완료
다에시(IS)에 대한 후면전, 공습, 드론 공격
석유 공급
미국의 감시
적대 국가
대화 재개 및 관계 개선
색깔 혁명에 우호적
유럽의 미사일 방패 구축과 관련된 외교적 긴장감

미국

영국 혹은 다른 유럽 국가 출신 이민자들의 아메리카 대륙 이주는 종교적 자유를 찾으려는 몇몇 신교도 무리나 궁핍한 생활에서 벗어나려는 사람들을 중심으로 이루어졌다. 훗날 13개 연방 주의 토대가 되는 13개 식민지가 1776년에 독립을 선언한 것 역시 자유와 세금 때문이었다. 미국은 아메리카 원주민인 인디언의 권리를 전혀 고려하지 않은 채 서부 지역 영토를 정복하거나, 루이지애나의 경우처럼 유럽 강대국으로부터 영토를 사들이거나 전쟁과 합병 멕시코을 통해서 영토를 확장해 나갔다.

유럽에서 도망쳐서 새로운 세상을 건설하고자 했던 이주민들이 만든 미국은 처음에는 유럽 내의 분쟁에 휘말리고 싶어 하지 않았다. 1823년, 먼로 독트린Monroe Doctrine을 통해서 미국은 아메리카 대륙 전체가 모든 외부의 개입, 특히 영향력을 행사하고자 여지를 남겨 두었던 유럽스페인의 개입으로부터 보호받기를 원했다. 미국은 처음부터 스스로 '자유의 제국'임을 자처했으며, 따라서 그들의 영토 확장은 위대한 국가에 대한 밑그림이라기보다 자유정신을 전파하기 위한 의무라고 주장했다.

1848년, 멕시코와 전쟁을 치른 후에 미국은 '명백한 운명'이라는 개념을 발전시키며 미국이 보편적 문명화의 의무, 상업적, 문화적 확장의 미래 및 초강대국의 운명을 가지고 있다고 말했다. 시민의 불평등에 대해 논할 때도 노예 제도나 아메리카 인디언 원주민의 사실상 몰살이라는 역사적 유산을 고려하지 않는다. 미국은 쿠바와 필리핀에서 스페인 제국을 공격하여 몰아내고1898 식민 지배 관계를 해체한 뒤 미국의 정치적, 경제적 지배로 대체했던 것에서도 역시 민족의 자유라는 명분을 내세웠다. 카리브 제도와 중앙아메리카는 미국의 뒤뜰이 되었다. 미국은 파나마 공화국이 콜롬비아 공화국으로부터 독립하는 것을 도와주고 전략적 통로인 파나마 운하의 통제권을 얻기도 했다.

미국은 제1차 세계대전에 개입하지 않으려고 했다. 하지만 독일 잠수함이 미국 상선을 공격해 미국의 해상 자유와 무역을 방해하는 일이 벌어졌다. 이 일로 미국은 1917년에 연합국에 가담하여 제1차 세계대전의 최종 승리를 이끌어 냈다.

윌슨 대통령은 유럽에서 시작된 강대국의 부도덕한 게임과 단절하고, 민족자결과 도덕주의를 바탕으로 새로운 외교 정책의 기초를 세우고자 했다. ▶▶▶

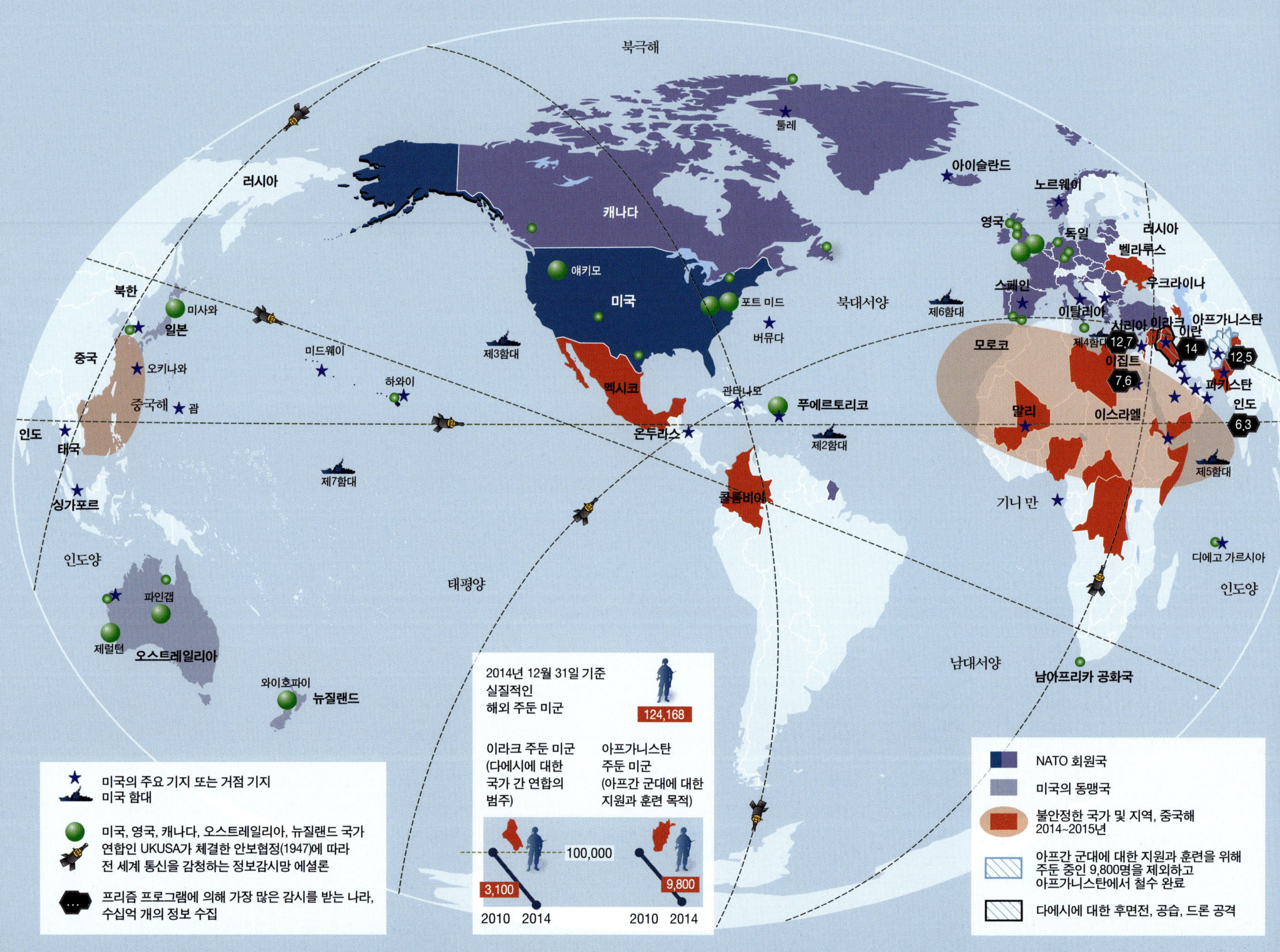

북극해
러시아
캐나다
툴레
아이슬란드
노르웨이
러시아
영국
독일
벨라루스
스페인
우크라이나
이탈리아
애키모
미국
포트 미드
북대서양
제6함대
시리아 이라크
아프가니스탄
이란
12,7
북한
미사와
일본
모로코
제4함대
14
이집트
12,5
중국
오키나와
7,6
파키스탄
미드웨이
버뮤다
제3함대
인도
중국해
괌
하와이
말리
이스라엘
6,3
관타나모
인도
엑시코
푸에르토리코
태국
온두라스
제2함대
제5함대
싱가포르
제7함대
기니 만
콜롬비아
인도양
디에고 가르시아
인도양
파인갭
제럴턴
태평양
오스트레일리아
남대서양
와이호파이
남아프리카 공화국
뉴질랜드

2014년 12월 31일 기준
실질적인
해외 주둔 미군
124,168

이라크 주둔 미군
(다에시에 대한
국가 간 연합의
범주)
아프가니스탄
주둔 미군
(아프간 군대에 대한
지원과 훈련 목적)

100,000
3,100
9,800
2010 2014
2010 2014

미국의 주요 기지 또는 거점 기지
미국 함대

미국, 영국, 캐나다, 오스트레일리아, 뉴질랜드 국가
연합인 UKUSA가 체결한 안보협정(1947)에 따라
전 세계 통신을 감청하는 정보감시망 에셜론

프리즘 프로그램에 의해 가장 많은 감시를 받는 나라,
수십억 개의 정보 수집

NATO 회원국

미국의 동맹국

불안정한 국가 및 지역, 중국해
2014~2015년

아프간 군대에 대한 지원과 훈련을 위해
주둔 중인 9,800명을 제외하고
아프가니스탄에서 철수 완료

다에시에 대한 후면전, 공습, 드론 공격

이것이 바로 '윌슨주의'이다. 하지만 고립주의 정책을 고수했던 미국 상원은 윌슨이 제안한 국제연맹 가입을 반대했다. 미국에게 고립주의가 불가능하다는 사실을 일깨워 주고, 루스벨트 대통령으로 하여금 소련과 손잡고 히틀러와 일본에 대한 전쟁을 시작하여 승리를 거두게 한 계기는 1941년 12월에 있었던 일본의 진주만 공격이었다. 미국은 제2차 세계대전에 개입했을 때보다 끝날 때 더 강해진 유일한 나라이다. 인명 손실은 제한적이었으며, 영토는 폭격을 받지 않았고, 경제는 자극을 받았다.

소련의 이데올로기적인 노선공산주의과 전략지정학적인 노선유라시아 대륙에 대한 통제권 앞에서, 미국은 자유세계의 선두를 유지하는 동시에 소련을 저지하고자 유럽NATO, 중동, 아시아에서 세계적인 동맹 시스템을 만들었다. 도덕적 원칙자유를 위한 투쟁과 국가적 이익세계의 리더이 냉전 기간에 결합했다. 소련 붕괴는 미국의 정치적, 경제적, 도덕적 우월성을 입증해 준 것이며, 미국에게는 더 이상 대적할 만한 경쟁자가 없었다. 미국은 그 어느 때보다 보편적인 가치를 구현하고 있다고 생각했으며, 그들에게 대적하는 나라는 이러한 자유의 가치에 대한 반감 때문인 것으로 판단했다. 바로 '초강대국' 시기에 돌입한 것이다.

그로부터 10년 후인 2001년 9월 11일에 일어난 사건은 미국 사회에 큰 충격을 안겨 주었다. 뛰어난 능력을 갖추고 있으며 도덕적으로 우월한 미국이 부당하게 공격당했다는 생각은 이라크에 대해 전쟁으로 반응하게 했다. 전쟁에서 쉽게 승리를 거둘 수 있었으나 이는 전략적으로 완전한 실패였다. 이 전쟁은 세계인들이 생각하던 미국의 이미지에 깊은 손상을 입혔다. 미국은 공격적인 강대국으로 인식되었으며, 막강한 군사력을 보편적인 이익을 위해서 사용하지 않았다.

부시 행정부2001~2009의 지나친 개입주의를 종식시키고자 선출된 오바마 대통령은 재임 기간2009~2017 동안 세계에서 미국이 가진 힘의 무분별한 사용을 억제하고, 중국을 포함한 신흥 국가들을 고려하고자 노력했다. 2016년 11월 도널드 트럼프의 대통령 당선에 많은 사람들이 경악을 금치 못했으며, 2017년부터 2021년의 기간 동안 세계에서 미국의 역할에 대한 수많은 의문을 품게 만들었다.

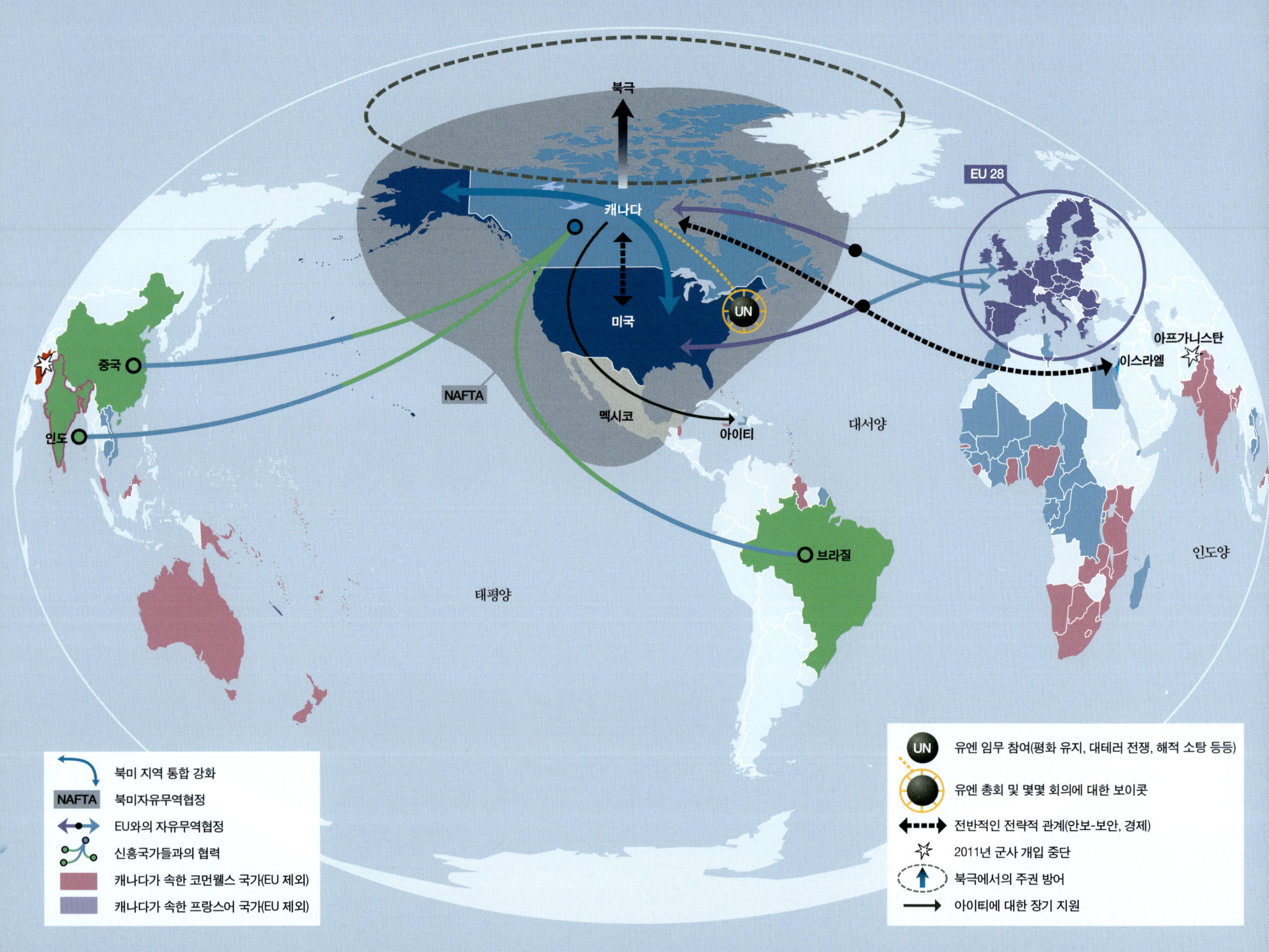

북극
캐나다
미국
멕시코
아이티
대서양
태평양
인도양
중국
인도
브라질
EU 28
아프가니스탄
이스라엘
UN
NAFTA
북미 지역 통합 강화
NAFTA 북미자유무역협정
EU와의 자유무역협정
신흥국가들과의 협력
캐나다가 속한 코먼웰스 국가(EU 제외)
캐나다가 속한 프랑스어 국가(EU 제외)
UN 유엔 임무 참여(평화 유지, 대테러 전쟁, 해적 소탕 등등)
유엔 총회 및 몇몇 회의에 대한 보이콧
전반적인 전략적 관계(안보-보안, 경제)
2011년 군사 개입 중단
북극에서의 주권 방어
아이티에 대한 장기 지원

캐나다

캐나다는 유럽, 특히 영국과 프랑스, 미국의 영향력 아래 있다. 하지만 캐나다는 건국 당시부터_{캐나다에게 완전한 주권을 부여한 것은 1931년의 웨스트민스터 법령이다} 주요 강대국이었다.

제2차 세계대전이 일어났을 때, 캐나다는 놀라운 으뜸 패를 쥐고 있었다. 당시 캐나다는 세계 4위의 군사력에 세계 3위의 경제력을 갖추고 있었다. 비록 인구가 상대적으로 적지만, 거대한 영토도 있었다. 하지만 미국의 권력이 놀라울 정도로 커지면서 이 상황을 뒤집어 놓았다.

북미자유무역협정_{NAFTA}의 틀 안에서 캐나다 수출품의 87%가 미국으로 흘러들어 갔다. 두 이웃 국가는 거의 9천km에 달하는 세계에서 가장 긴 육상 국경선을 공유하고 있다. 캐나다는 1949년 NATO가 설립될 당시부터 회원국이었으며, 캐나다 북부 지역은 미국이 레이더 기지를 설치하여 감시 지역으로 사용하고 있다.

하지만 국제 관계에 대한 개념, 국제 권리에 대한 입장, 다자 간 공동 정책, 무력 이용에 대한 법적 배경의 관점 등과 관련해 캐나다는 미국보다 유럽에 더 가까운 입장을 취하고 있다. 그러나 그의 위압적인 이웃에 대해 화를 낼 수도 없다.

하지만 캐나다는 국제적 측면_{다원주의를 선호한다}과 마찬가지로 국내적 측면_{흡수되었다고 느끼지 않는다}에서 특수성을 유지하기를 원한다. 미국의 일원주의 강화와 초강대국으로의 변화는 얼마 동안 캐나다의 입장을 더욱 예민하게 만들었다. 캐나다는 다원주의에 매우 집착하기 때문에, 전 캐나다 총리가 "유엔은 아마 대부분 캐나다인의 DNA를 가졌을지도 모른다."라고 말했을 정도이다. 1956년에 수에즈 운하 사태가 발생하자 외무장관이었던 레스터 피어슨의 제안으로 유엔 평화유지군이 만들어졌다. 그다음 해에 레스터 피어슨은 노벨 평화상을 수상했고, 이는 캐나다인에게 다원주의가 국제 문제에 있어서 자국의 위상을 높일 수 있는 최고의 방법이라는 생각에 확신을 안겨 주었다.

캐나다인은 코먼웰스_{Commonwealth, 영연방}와 마찬가지로 프랑스어 사용 지역에서의 남북 협력에도 적극적이다. 또한 처음부터 G7 회원국이었다. 하지만 2006년부터 보수당의 스티븐 하퍼가 총리로 집권하면서 캐나다의 외교 정책은 완전히 방향을 전환하여 신보수주의에 가까워졌다_{유엔 및 다국주의에 대한 불신, 이스라엘 정부에 동조}. 심지어 오바마 행정부의 미국은 신보수주의에서 더 멀어지고 있는데 말이다.

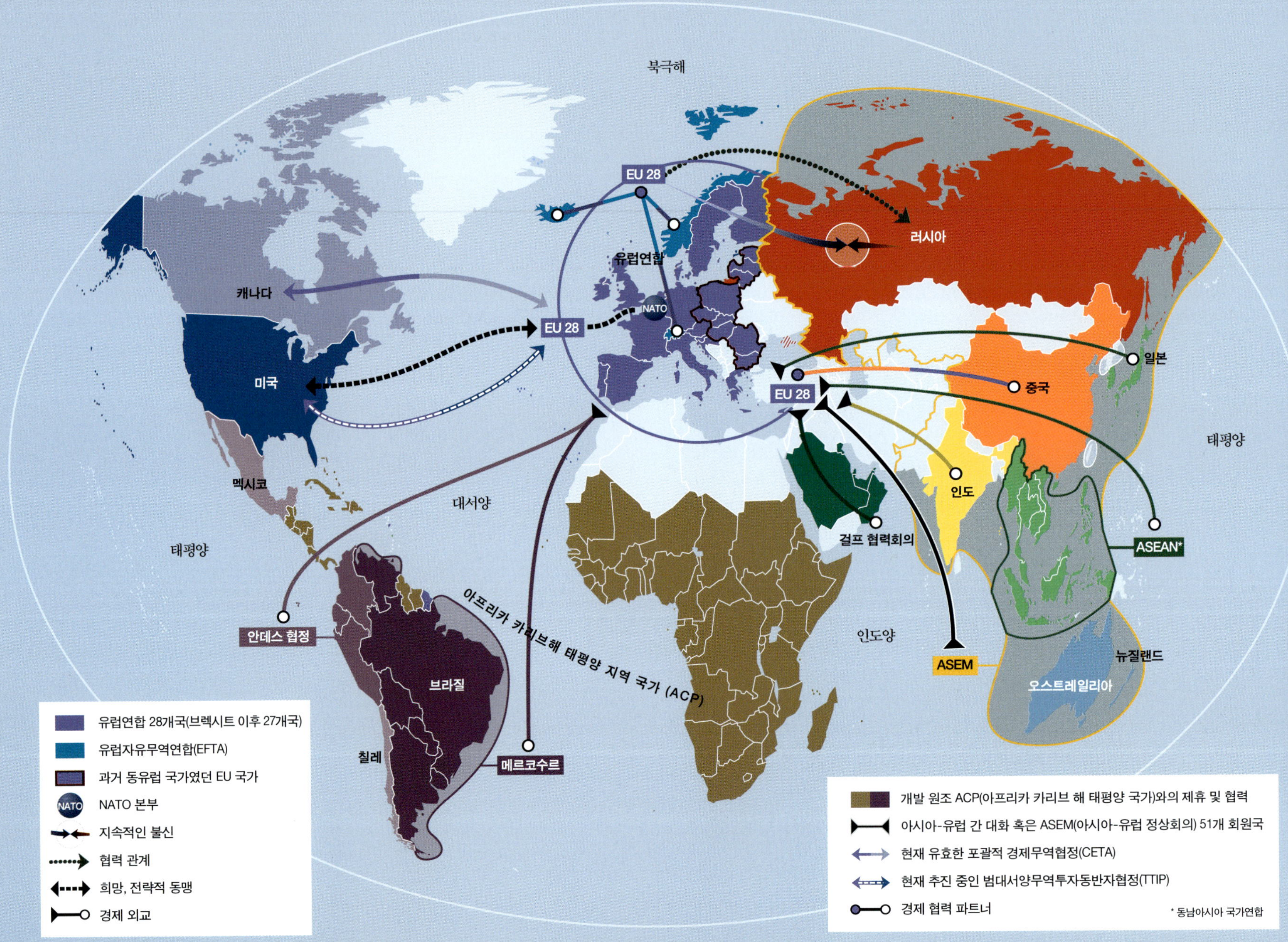
북극해
EU 28
러시아
유럽연합
캐나다
EU 28
NATO
일본
미국
중국
EU 28
태평양
멕시코
인도
대서양
인도
걸프 협력회의
ASEAN*
태평양
아프리카 카리브해 태평양 지역 국가 (ACP)
인도양
안데스 협정
브라질
ASEM
뉴질랜드
칠레
오스트레일리아
메르코수르
유럽연합 28개국(브렉시트 이후 27개국)
유럽자유무역연합(EFTA)
과거 동유럽 국가였던 EU 국가
NATO 본부
지속적인 불신
협력 관계
희망, 전략적 동맹
경제 외교
개발 원조 ACP(아프리카 카리브 해 태평양 국가)와의 제휴 및 협력
아시아-유럽 간 대화 혹은 ASEM(아시아-유럽 정상회의) 51개 회원국
현재 유효한 포괄적 경제무역협정(CETA)
현재 추진 중인 범대서양무역투자동반자협정(TTIP)
경제 협력 파트너
* 동남아시아 국가연합

유럽

제2차 세계대전 이후 서유럽은 소련이 유럽을 장악하는 상황을 막으려는 미국의 의지에서 비롯된 군사적, 경제적 혜택을 많이 받았다. 그 후에 유럽은 ECSC유럽 석탄철강공동체와 로마 조약을 통해 유럽 국가 간 평화를 확고히 다지고 공동 시장을 통해 삶의 수준을 개선하고자 했다. 심지어 2005년에 유럽 헌법이 가결될 때까지 미합중국처럼 일종의 연방 유럽 내에서 국가적 정체성을 뛰어넘는 것이 가능할 것이라고 믿었다. 1990년대 초, 프랑수아 미테랑, 헬무트 콜, 자크 들로르의 추진하에 십여 개의 국가가 자국 화폐를 버리고 유로라는 단일 화폐를 사용하기로 결정했다. 소련의 붕괴로 독일이 통일되고 새로운 유럽 국가들이 유럽연합에 가입하면서, 세계는 세계 시장 경제와 민주주의라는 이중 가치 아래 통일될 것이고 유엔이 주장하는 보편적 가치가 실현될 것이라고 믿었다. 유럽인들은 세상을 이롭게 하는 강한 유럽이 될 것이라고 생각했다.

그로부터 몇 년이 지나면서 의심이 싹트기 시작했다. 유럽인은 그들의 보편적인 가치가 있는 그대로 받아들여지지 않는다는 사실을 깨닫기 시작했다. 유럽인은 문명의 충돌 위험을 믿고 싶지 않았지만, 이슬람 내부의 과격한 소집단들이 유럽인의 보편적 가치에서

최악의 정책을 이끌어 냈고, 결국 이것이 서구 사회에 부정적인 영향을 끼치고 있다는 사실을 인정할 수밖에 없다. 유럽인은 이주민에 대해 인도주의를 실천하기를 원했다. 하지만 압력이 너무 강해져서 유럽 전역에서 이주민에 대해 보다 엄격한 규칙을 서서히 적용하고 있다. 가난한 국가들이 발전하도록 돕고 싶었지만, 그렇다고 자신들의 특별한 사회적 기득권을 포기하고 싶지는 않았다. 민주주의와 인권의 개념을 퍼뜨리는 데 있어서 조건 있는 간섭이나 원조를 통해 긍정적인 역할을 계속 수행할 수 있기를 원했다.

유럽인은 유럽연합에 집착한다. 하지만 리스본 조약유로 지역 제외 이상의 정치적 통합을 밀어붙이거나 확장을 계속하고 싶어 하지 않는 듯하다. 게다가 유럽인은 2000년대 초기에 그들의 비중을 상대적으로 줄어들게 만든 세계 인구 통계학과 관련된 충격이나 에너지 부족에 대해 걱정하고 있다. 하지만 위기에도 그들은 삶의 방식을 보존하고 싶어 한다.

유럽이 다시 한 번 세계에서 선도적인 역할, 예를 들면 27개국의 유럽연합 혹은 유로 지역이 야만적 세계화의 중심 조절 장치가 되는 데 성공할지는 유럽 국가들에 달려 있다. 하지만 유럽 내 의견 차이, 난민과 이민자 사태, 푸틴의 도발, 트럼프의 적대감 등 그 무엇도 순조롭지 않다. 브렉시트와 트럼프의 당선이라는 당면 과제를 잘 넘어선다면 이 문제는 유럽을 더욱 잘 정비할 도전이 될 수도 있다.

노르웨이
오슬로
스웨덴
스톡홀름
핀란드
헬싱키
탈린
레닌그라드
발트 해
리가
모스크바
북해
덴마크
코펜하겐
빌뉴스
민스크
더블린
아일랜드
칼리닌그라드
그단스크
소비에트 사회주의공화국연방
(USSR)
영국
네덜란드
암스테르담
베를린
비스와 강
오데르
런던
브뤼셀
본
독일민주공화국
1949년 10월
바르샤바
키예프
영국해협
벨기에
룩셈부르크
폴란드
파리
자르 보호령
1945~1957년
독일연방공화국
1949년 5월
프라하
크라쿠프
리히텐슈타인
체코슬로바키아
빈
베른
스위스
오스트리아
키시너우
대서양
프랑스
부다페스트
리옹
헝가리
루마니아
마르세유
모나코
트리에스테
베오그라드
부쿠레슈티
키시너우
오데사
얄타
흑해
스페인
아드리아 해
유고슬라비아
불가리아
로마
소피아
앙카라
이탈리아
티라나
알바니아
그리스
터키
지중해
티레니아 해
이오니아 해
아테네
에게 해

제2차 세계대전 이후 유럽
군사 점령 지역
합병된 영토
소련에 합병된 영토
세력권 분할에 관해 처칠과 스탈린의 뒷거래
대상이 된 지역(1944년 10월 모스크바 협정)
철의 장막

레이캬비크
아이슬란드
스코틀랜드
북아일랜드
더블린
아일랜드
웨일스
영국
런던
네덜란드
암스테르담
브뤼셀
벨기에
룩셈부르크
룩셈부르크
파리
프랑스
영국해협
노르웨이
오슬로
북해
스웨덴
스톡홀름
덴마크
코펜하겐
베를린
통일 1989년 11월
독일
리히텐슈타인
베른
스위스
발트 해
핀란드
헬싱키
탈린
에스토니아
리가
라트비아
리투아니아
빌뉴스
러시아
모스크바
러시아
벨라루스
민스크
바르샤바
폴란드
프라하
체코 공화국
슬로바키아
부다페스트
오스트리아
빈
헝가리
키예프
우크라이나
몰도바
키시너우
루마니아
부쿠레슈티
대서양
비스케이 만
포르투갈
마드리드
스페인
리스본
안도라
모나코
이탈리아
산 마리노
바티칸
로마
슬로베니아
류블랴나
자그레브
크로아티아
보스니아
헤르체고비나
사라예보
몬테네그로
포드고리차
티라나
알바니아
코소보
프리슈티나
스코페
마케도니아
세르비아
베오그라드
불가리아
소피아
흑해
코르시카 섬
사르데냐 섬
티레니아 해
지중해
지브롤터
세우타
멜리야
모로코
알제리
튀니지
시칠리아
몰타
발레타
아드리아 해
이오니아 해
그리스
아테네
에게 해
크레타 섬
터키
앙카라
이즈미르
키프로스
니코시아
레바논
시리아
이스라엘

1957~2015년
유럽연합 형성 과정
1957년 창립국
1973년 가입국
1981년 가입국
1986년 가입국
1995년 가입국
2004년 가입국
2007년 가입국
2013년 가입국
후보국
잠재적 후보국
유로존 회원국

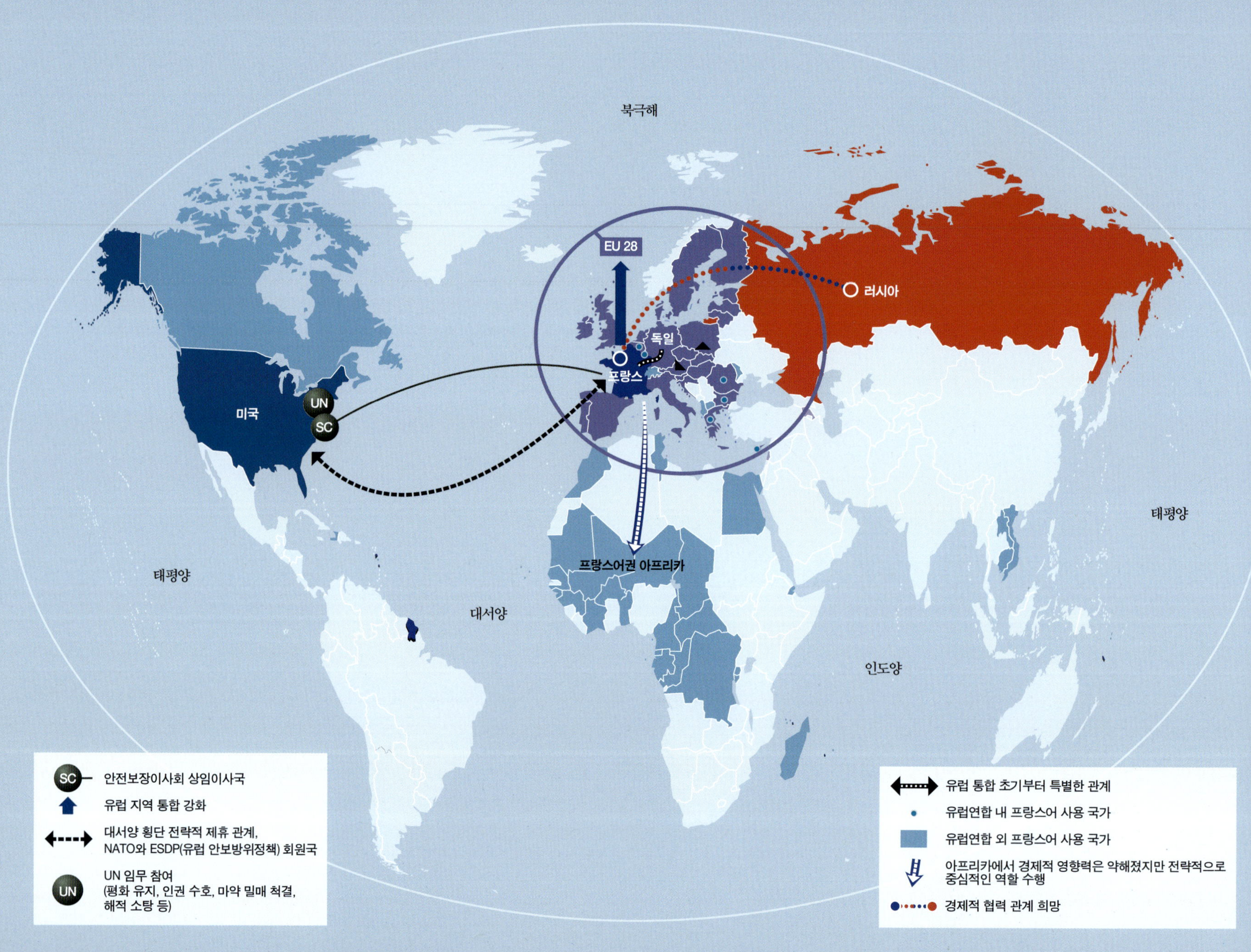

북극해
러시아
EU 28
독일
프랑스
미국
UN
SC
태평양
태평양
대서양
프랑스어권 아프리카
인도양
SC 안전보장이사회 상임이사국
유럽 지역 통합 강화
대서양 횡단 전략적 제휴 관계, NATO와 ESDP(유럽 안보방위정책) 회원국
UN 임무 참여 (평화 유지, 인권 수호, 마약 밀매 척결, 해적 소탕 등)
유럽 통합 초기부터 특별한 관계
유럽연합 내 프랑스어 사용 국가
유럽연합 외 프랑스어 사용 국가
아프리카에서 경제적 영향력은 약해졌지만 전략적으로 중심적인 역할 수행
경제적 협력 관계 희망

프랑스

리슐리외 추기경, 마자랭, 루이 14세 그리고 인구통계학적 비중 덕분에 프랑스는 유럽이 세계를 지배하던 17세기와 18세기 동안 문화와 언어로 유럽의 주요 국가 지위에 있었다. 프랑스 권력의 절정기였던 나폴레옹 제국이 몰락하면서 프랑스는 쇠퇴하기 시작했고, 이런 상황은 영국에게 유리하게 작용했다. 1871년 나폴레옹 3세의 패배는 리슐리외 이후의 프랑스 지휘자들이 늘 성공적으로 피해 왔던 독일 통일을 비스마르크가 이루도록 해 주었다.

당시 프랑스는 회의의 시기에 빠져 있었다. 프랑스는 처음에 차지했던 해외 소유지들을 소홀히 했지만, 특히 '문명화의 의무'라는 구실로 자행했던 아프리카와 아시아 식민지 정복은 새로운 지평을 열어 주었다. 제1차 세계대전으로 프랑스는 끔찍한 인명 피해를 입었으며, 국력이 상대적으로 약해졌다. 1940년 5월, 전쟁 패배와 함께 공화정 붕괴로 들어선 비시 정부는 국가 차원의 무의식 속에 있던 피로감을 나타냈다. 해방 이후에 수도로서의 명성이 약화되어 있던 바로 그 순간, 식민지 소유는 상징적으로 더욱 중요해졌다. 그렇기 때문에 식민지 해방에 맞서고자 이미 실패한 전쟁을 시작한 것이다. 당시 프랑스는 국력을 배가시켜 주고 유럽 국가 사이의 또 다른 전쟁 가능성을 막을 수 있을 것처럼 보였던 유럽 통합에 뛰어들었다. 프랑스와 독일의 화해는 일시적으로 유럽 통합의 동력이 되었다. 1962년 이후에 식민지 전쟁의 종식은 드골 장군의 프랑스로 하여금 국제 활동에서 더 큰 영향력을 허락해 주었다.

1956년 수에즈 전쟁의 굴욕과 더불어 식민지 전쟁에 대한 프랑스 측의 원조 요청을 미국이 거절하면서, 프랑스 지도자들은 전략적 자율성, 즉 핵 억제력을 개발해야만 한다고 결론 내렸다.

프랑스 제5공화정의 전략은 미국과 독립적인 동맹 관계를 맺으면서 행동반경을 넓히는 것이었다. 프랑스는 그 당시에 미국과 소련이라는 이분법적인 선택에 대한 대안을 찾고 싶어 했던 남반구 국가들에게 자연스러운 파트너가 되려고 했다.

오늘날 프랑스는 국제적으로 특별한 역할을 고수하려 하며, 주도적으로 나설 능력과 의지도 있다. 하지만 단지 다국적인 틀 안에서 그렇게 할 수 있다.

지나친 자만과 스스로에 대한 과소평가 사이에서 현재의 프랑스는 적절한 중용을 찾지 못하고 있다. 그러나 그 와중에도 세계적으로 영향력이 있는 10개 혹은 12개의 강대국 중 하나로 남아 있다. 프랑스는 G7, G8, G20의 영향력 있는 정회원국이며, 유엔 안전보장이사회 상임이사국이다. 하지만 경제력 약화와 자신감 부족으로 2010년대에 불리한 상황에 처해 있다.

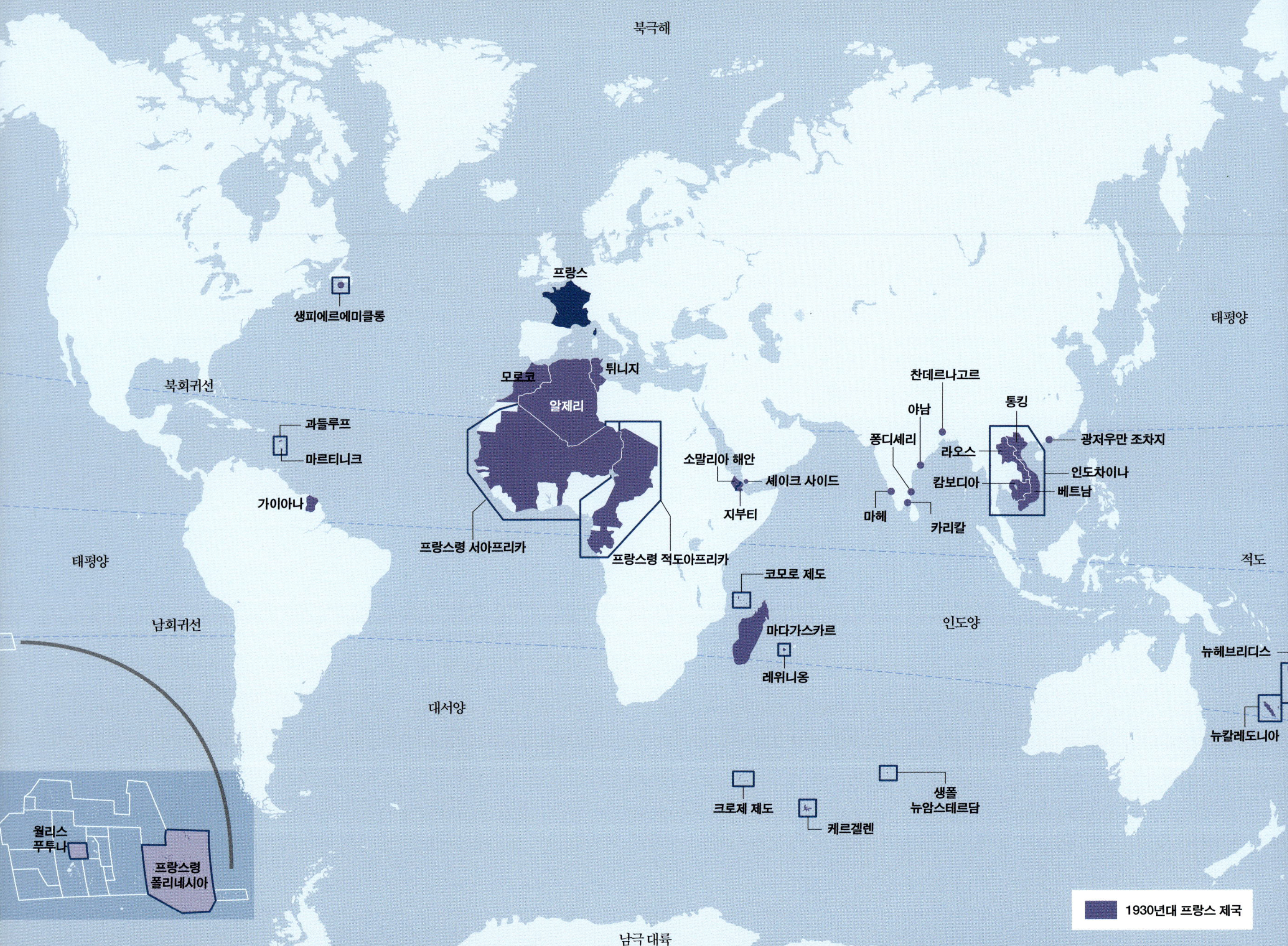

북극해
프랑스
생피에르에미클롱
태평양
북회귀선
모로코
튀니지
알제리
찬데르나고르
야남
통킹
과들루프
마르티니크
소말리아 해안
퐁디셰리
라오스
광저우만 조차지
셰이크 사이드
캄보디아
인도차이나
가이아나
지부티
마헤
카리칼
베트남
프랑스령 서아프리카
프랑스령 적도아프리카
코모로 제도
태평양
적도
인도양
뉴헤브리디스
마다가스카르
남회귀선
레위니옹
대서양
뉴칼레도니아
월리스
푸투나
크로제 제도
생폴
뉴암스테르담
프랑스령
폴리네시아
케르겔렌
1930년대 프랑스 제국
남극 대륙

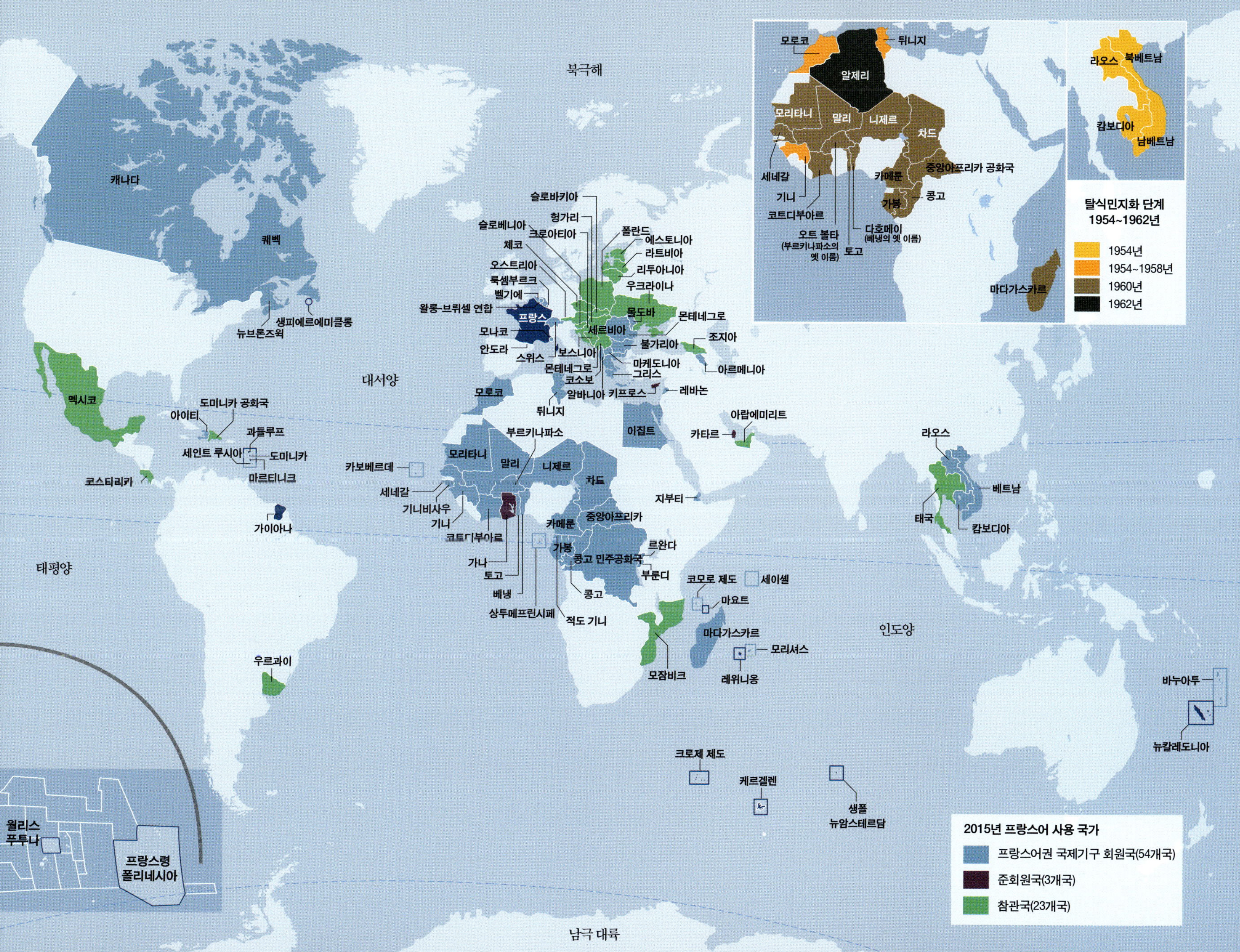
북극해
캐나다
퀘벡
뉴브룬즈윅
생피에르에미클롱
대서양
태평양
멕시코
도미니카 공화국
아이티
과들루프
세인트 루시아
도미니카
마르티니크
코스티리카
가이아나
우르과이
월리스
푸투나
프랑스령
폴리네시아
슬로바키아
헝가리
슬로베니아
크로아티아
체코
오스트리아
룩셈부르크
벨기에
왈롱-브뤼셀 연합
프랑스
모나코
안도라
스위스
모로코
튀니지
부르키나파소
폴란드
에스토니아
라트비아
리투아니아
우크라이나
몰도바
세르비아
보스니아
몬테네그로
코소보
알바니아 키프로스
몬테네그로
불가리아
마케도니아
그리스
조지아
아르메니아
레바논
이집트
카타르
아랍에미리트
모리타니
말리
니제르
차드
지부티
세네갈
기니비사우
기니
코트디부아르
가나
토고
베냉
상투메프린시페
적도 기니
카메룬
가봉
중앙아프리카
콩고 민주공화국
콩고
르완다
부룬디
코모로 제도
마요트
세이셸
마다가스카르
모리셔스
레위니옹
모잠비크
인도양
라오스
베트남
태국
캄보디아
바누아투
뉴칼레도니아
크로제 제도
케르겔렌
생폴
뉴암스테르담
남극 대륙

탈식민지화 단계
1954~1962년
1954년
1954~1958년
1960년
1962년
모로코
튀니지
알제리
모리타니
말리
니제르
차드
세네갈
기니
카메룬
중앙아프리카 공화국
콩고
가봉
코트디부아르
오트 볼타
(부르키나파소의
옛 이름)
다호메이
(베냉의 옛 이름)
토고
마다가스카르
라오스
북베트남
캄보디아
남베트남

2015년 프랑스어 사용 국가
프랑스어권 국제기구 회원국(54개국)
준회원국(3개국)
참관국(23개국)

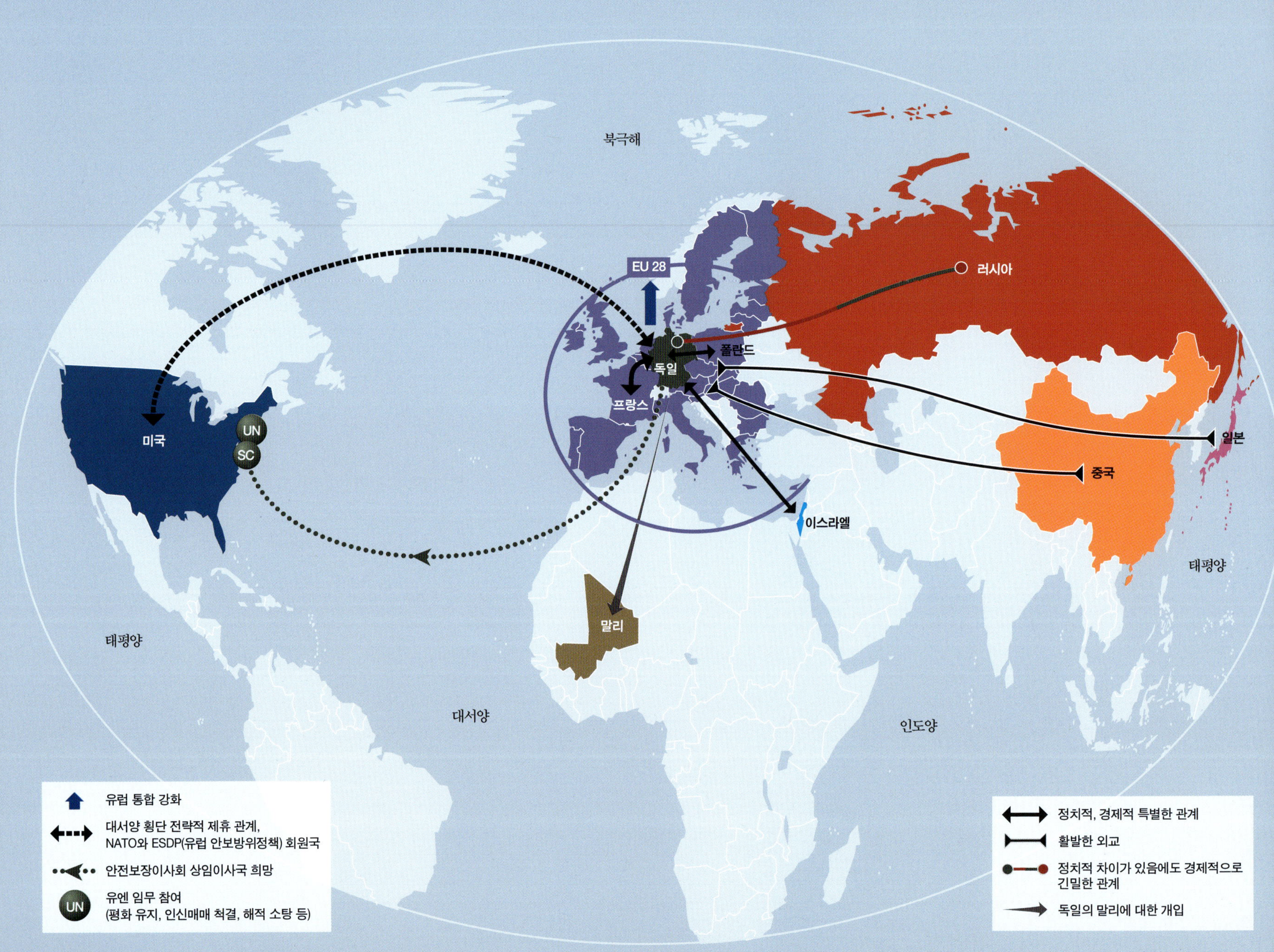
북극해
러시아
EU 28
독일
폴란드
프랑스
미국
UN
SC
이스라엘
중국
일본
말리
태평양
태평양
대서양
인도양
유럽 통합 강화
대서양 횡단 전략적 제휴 관계,
NATO와 ESDP(유럽 안보방위정책) 회원국
안전보장이사회 상임이사국 희망
UN
유엔 임무 참여
(평화 유지, 인신매매 척결, 해적 소탕 등)
정치적, 경제적 특별한 관계
활발한 외교
정치적 차이가 있음에도 경제적으로
긴밀한 관계
독일의 말리에 대한 개입

독일

독일은 수많은 왕국과 공국으로 나뉘어 있었기 때문에 오랫동안 주요 강대국으로 등장할 수가 없었다. 프랑스는 독일이 그 상태를 유지하도록 노력했다. 1871년에 프랑스와의 전쟁에서 승리한 뒤 9년 만에 통일을 이루고 독일 수상 자리에 오른 사람은 비스마르크였다. 그 뒤로 독일 제국은 인구통계학적인 면에서뿐만 아니라 산업적, 군사적인 면에서 유럽의 지배적인 강대국으로 인정받았다.

베를린이 강해지면서 1815년 빈 회의 이후 유지되어 왔던 19세기 유럽의 균형이 깨졌다. 유럽 내 경쟁과 동맹 강화는 제1차 세계대전으로 이어졌다. 독일은 전쟁에서 연합국에게 패했다. 하지만 전후 베르사유 조약으로 결정된 결과와 책임을 혼자 감당하는 것은 부당하다고 생각했다. 그러나 영국이 막 세계 제1 강대국 자리를 차지하려던 시점이었기 때문에, 독일은 배상금을 지불하고 식민지 영토를 몰수당할 수밖에 없었다. 또한 1929년 대공황 위기로 몰락할 수밖에 없었다.

아돌프 히틀러는 사회적 불안정으로 야기된 모욕감과 복수심을 이용했다. 1933년 선거에서 나치당과 함께 권력을 잡은 뒤 프랑스에 대한 복수를 시작하고, 반슬라브족과 반셈족이라는 인종 혐오를 바탕으로 특히 동방으로 '생존권'을 확장해 나가는 여정을 시작했다. 히틀러의 천년 제국은 1945년에 완전히 패했으며, 독일은 서구 진영과 소련에 의해서 동서로 분단되었다.

당시 미국은 서독에 대해 민주주의, 나치 범죄에 대한 인정, 전략적 권한 포기, 대서양 동맹과 유럽 통합에 참여, 소련의 위협으로부터 보호 등을 강요했다.

1989년 베를린 장벽 붕괴로 상징되는 독일의 재통일은 1990년에 공식적으로 이루어졌다. 이는 미하일 고르바초프의 정치와 소련의 약화, 이어진 소련의 붕괴로 가능했던 필연적인 결과였다. 독일 재통일은 독일에 부담을 안겨 주는 동시에 새로운 행동의 여지를 주었다. 그리고 유럽연합 안에서, 세계 속에서 새로운 관심을 보다 분명히 확인할 수 있게 해 주었다.

1991~2007년에 독일은 다양한 협상을 통해 유럽 의회785석 중 99석 차지와 유럽 이사회2017년부터 18%의 투표권에서 첫 번째 자리를 차지했다. 독일은 또한 27개 회원국들이 부결한 유럽 헌법을 대신하는 리스본 협약을 관철시키는 데 온 힘을 쏟았다. 프랑스를 비롯한 유럽연합의 다른 회원국이나 미국과의 관계에서, 독일은 카를스루에 법원이 정한 범위 내에서 유럽을 강화하려는 의지, 러시아와 중국과의 관계처럼 유로존 내에서 경제적, 에너지적, 산업적 이익을 지키겠다는 의지를 확고히 했다.

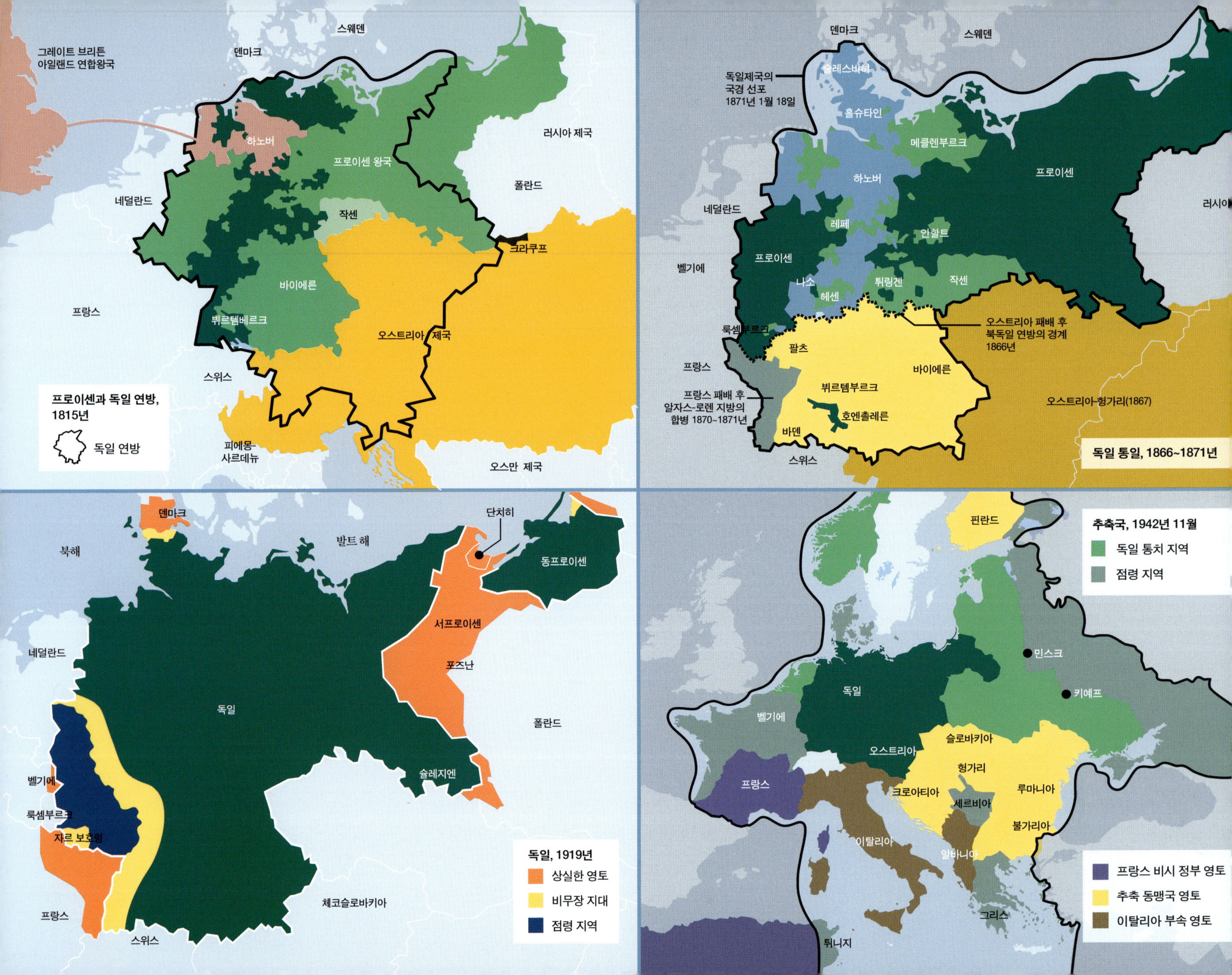
그레이트 브리튼
아일랜드 연합왕국
스웨덴
덴마크
하노버
프로이센 왕국
러시아 제국
네덜란드
작센
폴란드
크라쿠프
프랑스
바이에른
뷔르템베르크
스위스
오스트리아 제국
피에몽-
사르데뉴
오스만 제국
프로이센과 독일 연방,
1815년
독일 연방

덴마크
스웨덴
독일제국의
국경 선포
1871년 1월 18일
슬레스비히
홀슈타인
메클렌부르크
하노버
프로이센
러시아
네덜란드
레페
안할트
벨기에
프로이센
나소
튀링겐
작센
헤센
룩셈부르크
오스트리아 패배 후
북독일 연방의 경계
1866년
프랑스
팔츠
프랑스 패배 후
알자스-로렌 지방의
합병 1870~1871년
뷔르템부르크
바이에른
오스트리아-헝가리(1867)
바덴
호엔촐레른
스위스
독일 통일, 1866~1871년

덴마크
발트 해
단치히
북해
동프로이센
서프로이센
네덜란드
포즈난
독일
폴란드
벨기에
룩셈부르크
자르 보호령
슐레지엔
프랑스
독일, 1919년
상실한 영토
비무장 지대
스위스
체코슬로바키아
점령 지역

핀란드
추축국, 1942년 11월
독일 통치 지역
점령 지역
민스크
독일
키예프
벨기에
슬로바키아
오스트리아
헝가리
프랑스
크로아티아
루마니아
세르비아
불가리아
이탈리아
알바니아
그리스
프랑스 비시 정부 영토
추축 동맹국 영토
튀니지
이탈리아 부속 영토

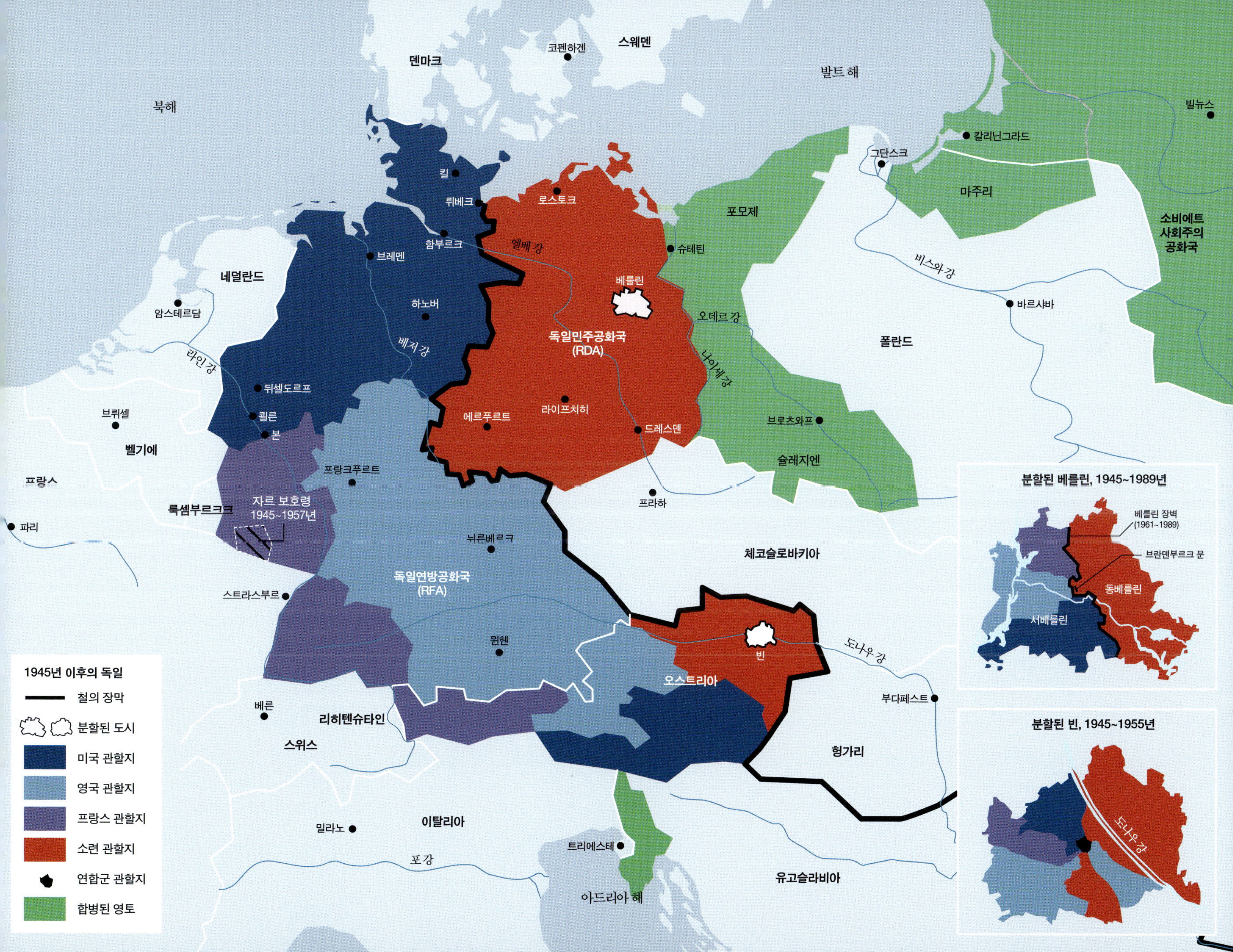

덴마크
스웨덴
코펜하겐
북해
발트 해
빌뉴스
칼리닌그라드
그단스크
마주리
소비에트
사회주의
공화국
킬
뤼베크
로스토크
포모제
함부르크
엘베 강
슈테틴
브레멘
베를린
비스와 강
네덜란드
하노버
바르샤바
암스테르담
베저 강
독일민주공화국
(RDA)
오데르 강
폴란드
라인 강
나이세 강
뒤셀도르프
브뤼셀
쾰른
본
에르푸르트
라이프치히
브로츠와프
벨기에
프랑크푸르트
드레스덴
슐레지엔
프랑스
자르 보호령
1945~1957년
룩셈부르크
프라하
파리
뉘른베르크
체코슬로바키아
독일연방공화국
(RFA)
스트라스부르
뮌헨
빈
베른
오스트리아
부다페스트
리히텐슈타인
스위스
헝가리
이탈리아
밀라노
포 강
트리에스테
유고슬라비아
아드리아 해
도나우 강

분할된 베를린, 1945~1989년
베를린 장벽
(1961~1989)
브란덴부르크 문
동베를린
서베를린

분할된 빈, 1945~1955년
도나우 강

1945년 이후의 독일
철의 장막
분할된 도시
미국 관할지
영국 관할지
프랑스 관할지
소련 관할지
연합군 관할지
합병된 영토

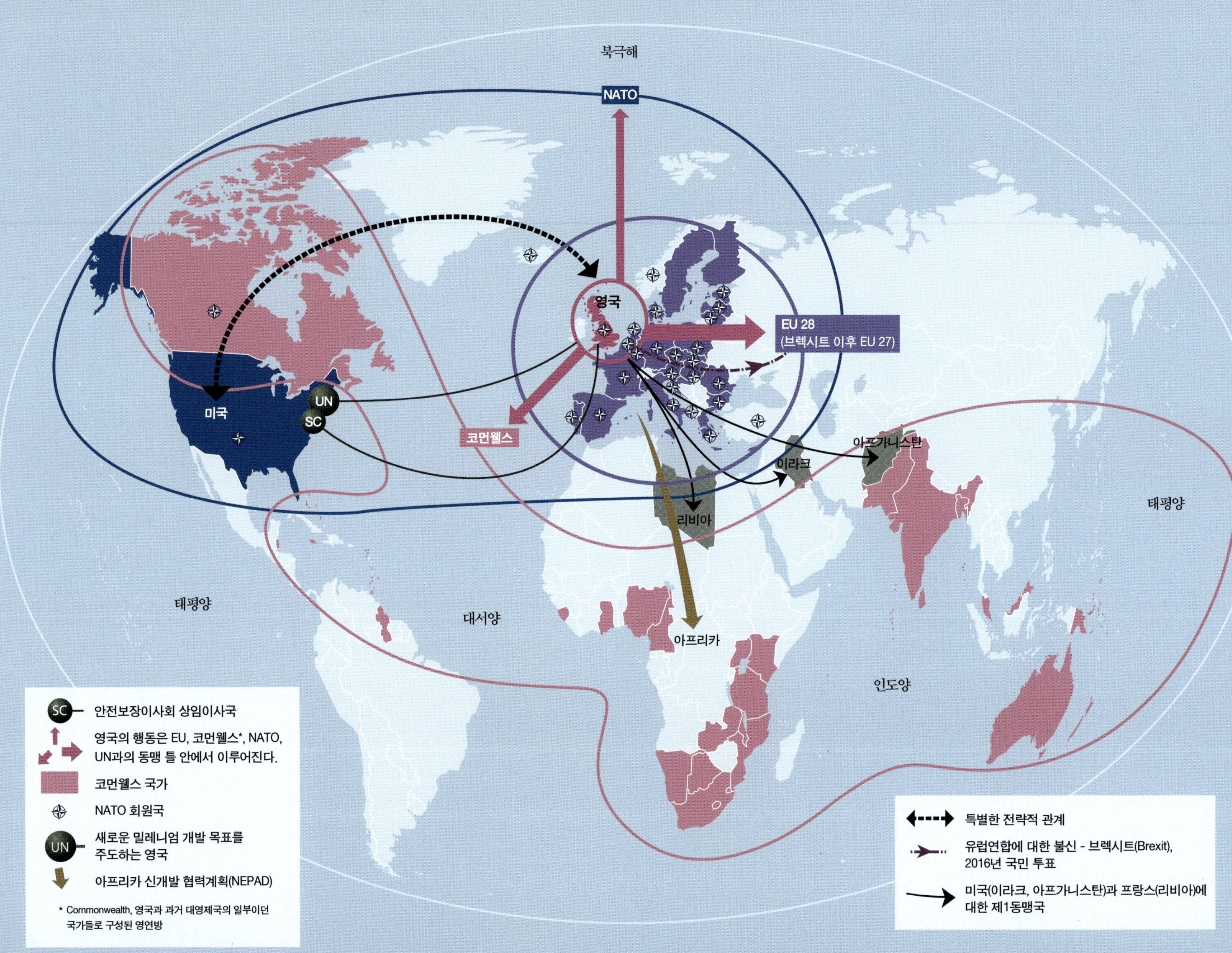

북극해
NATO
영국
EU 28
(브렉시트 이후 EU 27)
미국
UN
SC
코먼웰스
리비아
이라크
아프가니스탄
태평양
아프리카
대서양
태평양
인도양
SC 안전보장이사회 상임이사국
영국의 행동은 EU, 코먼웰스*, NATO, UN과의 동맹 틀 안에서 이루어진다.
코먼웰스 국가
NATO 회원국
UN 새로운 밀레니엄 개발 목표를 주도하는 영국
아프리카 신개발 협력계획(NEPAD)
* Commonwealth, 영국과 과거 대영제국의 일부이던 국가들로 구성된 영연방
특별한 전략적 관계
유럽연합에 대한 불신 - 브렉시트(Brexit), 2016년 국민 투표
미국(이라크, 아프가니스탄)과 프랑스(리비아)에 대한 제1동맹국

영국

15세기에 백년전쟁에서 패배한 영국은 더는 대륙을 소유할 수 없게 되었다. 그래서 아일랜드1541, 스코틀랜드1603, 1707, 해외로 세력을 확장하였으나, 프랑스 혁명이 일어나기 직전 미국 식민지를 잃음으로써 약해졌다. 섬나라라는 특징은 나폴레옹의 정복전쟁으로부터 영국을 보호해 주었고, 19세기 내내 영국은 가능하다면 개입하지 않은 채 유럽 대륙 강대국 중 누구도 지배 세력이 되지 못하도록 균형을 유지하고자 했다. 고립주의 정책과 더불어 영국은 세계 나머지 지역으로 식민지 및 무역을 확장해 나갔고, 19세기에는 세계 제1의 무역 및 산업 강대국이 되었다. 파운드화는 국제무역에서 통용되는 화폐가 되었다. 이것이 바로 영국의 세계화이다.

독일에게 위협을 느낀 영국은 1904년에 영-불 동맹을 체결하면서 프랑스와 가까워졌다. 제1차 세계대전 이후로 영국의 주도권은 미국으로부터 도전을 받았다. 제2차 세계대전 이후 지속적으로 힘이 약해진 영국은 식민지를 잃었고, 무역이나 해상에서의 우위를 잃었다. 소련의 위협 앞에 놓인 유럽 대륙의 새로운 균형을 회복하려고 처칠은 프랑스 편에서 독일 점령 지역을 차지하고, 유엔 안전보장이사회 상임이사국이 되었다.

1956년 수에즈에 대한 파병을 중단하라는 미국의 압력에 영국은 군대를 철수한다. 영국은 유럽 통합에 참여하는 것이 자국의 정체성과 이익을 약화시킬 위험이 있다고 생각했기 때문에 거리를 두었지만, 미국과는 '특별한 관계'를 유지하고자 했다. 사실상 두 나라의 역사적 관계나 철학적, 언어적 공통점, 영국 총리가 미국 대통령에게 끼칠 수 있는 영향력을 통해서 영국의 국가 영향력을 증대시킬 수 있기를 원했다. 영국은 결국 1973년에 코먼웰스 Commonwealth 국가들과 특별한 관계를 유지하는 동시에, 마지못해 수십 년 동안 파트너 관계를 유지하던 유럽 통합에 참여했다.

이라크 전쟁 동안 대영제국은 이 전쟁에 뛰어든 다른 나라들과 마찬가지로 신뢰를 잃었다. 하지만 항상 미국과 유럽 사이에서 중재자로서 핵심적인 역할을 해 왔다고 평가된다. 런던이 국제 금융의 허브이고, 2008년 금융 위기가 터진 후에도 그 역할을 계속하기를 원했기 때문이다. 2010년대에 스코틀랜드 독립, 유럽연합 탈퇴 여론 등 수많은 내부 문제로 영국은 2011년 리비아의 경우를 제외하고 국제무대에서 자세를 더 낮추고 있다. 2016년 6월 23일, 영국은 유럽연합 탈퇴브렉시트를 묻는 국민투표를 실시했고, 결과는 찬성이었다. 이로써 탈퇴 방법을 놓고 런던과 유럽연합 간 긴장이 시작되었고, 그 협상은 2019년까지 진행될 것이다. 유럽 내 불확실성이 커지고 있다.

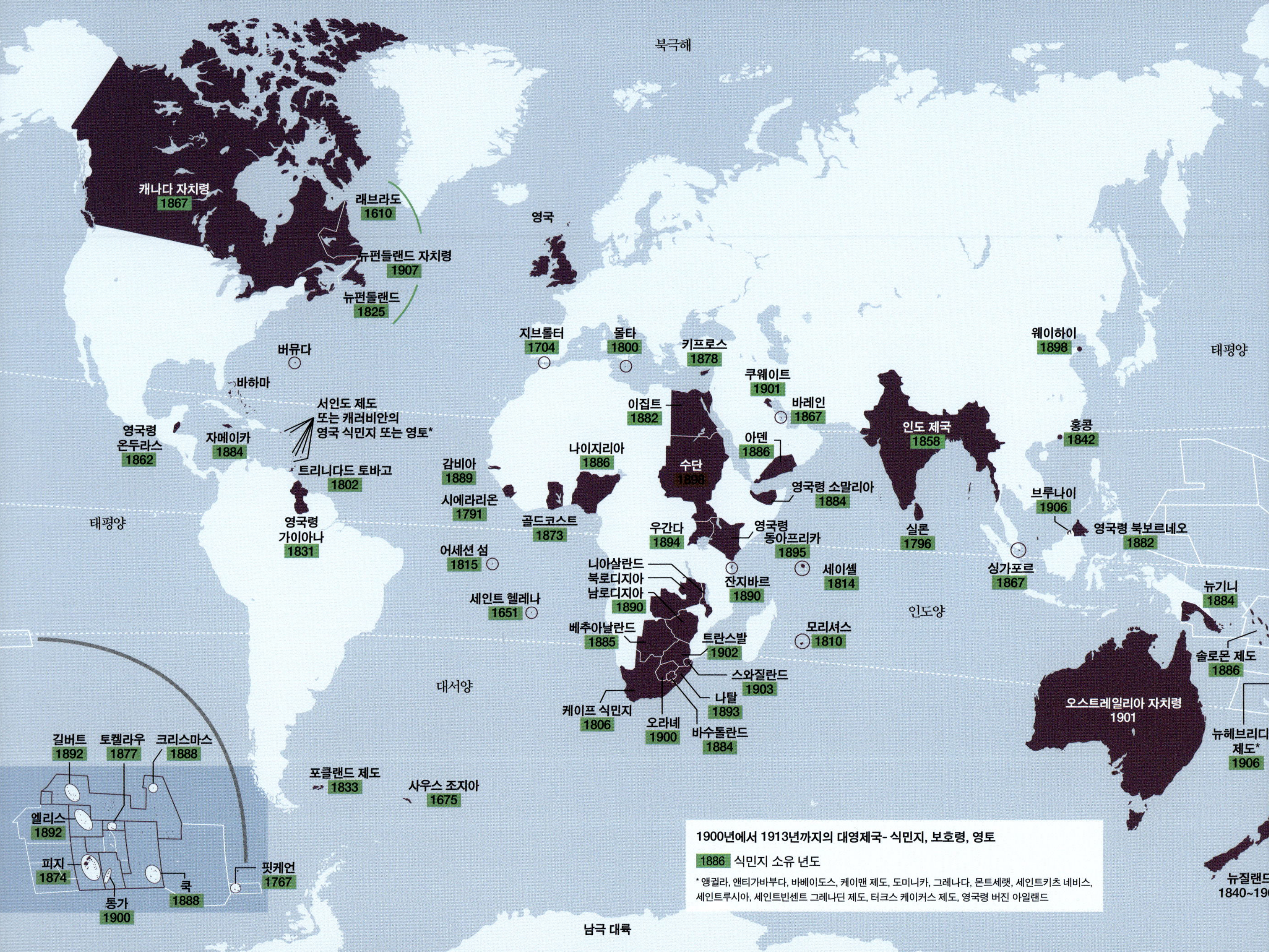

1900년에서 1913년까지의 대영제국- 식민지, 보호령, 영토

1886 식민지 소유 년도

* 앵귈라, 앤티가바부다, 바베이도스, 케이맨 제도, 도미니카, 그레나다, 몬트세랫, 세인트키츠 네비스, 세인트루시아, 세인트빈센트 그레나딘 제도, 터크스 케이커스 제도, 영국령 버진 아일랜드

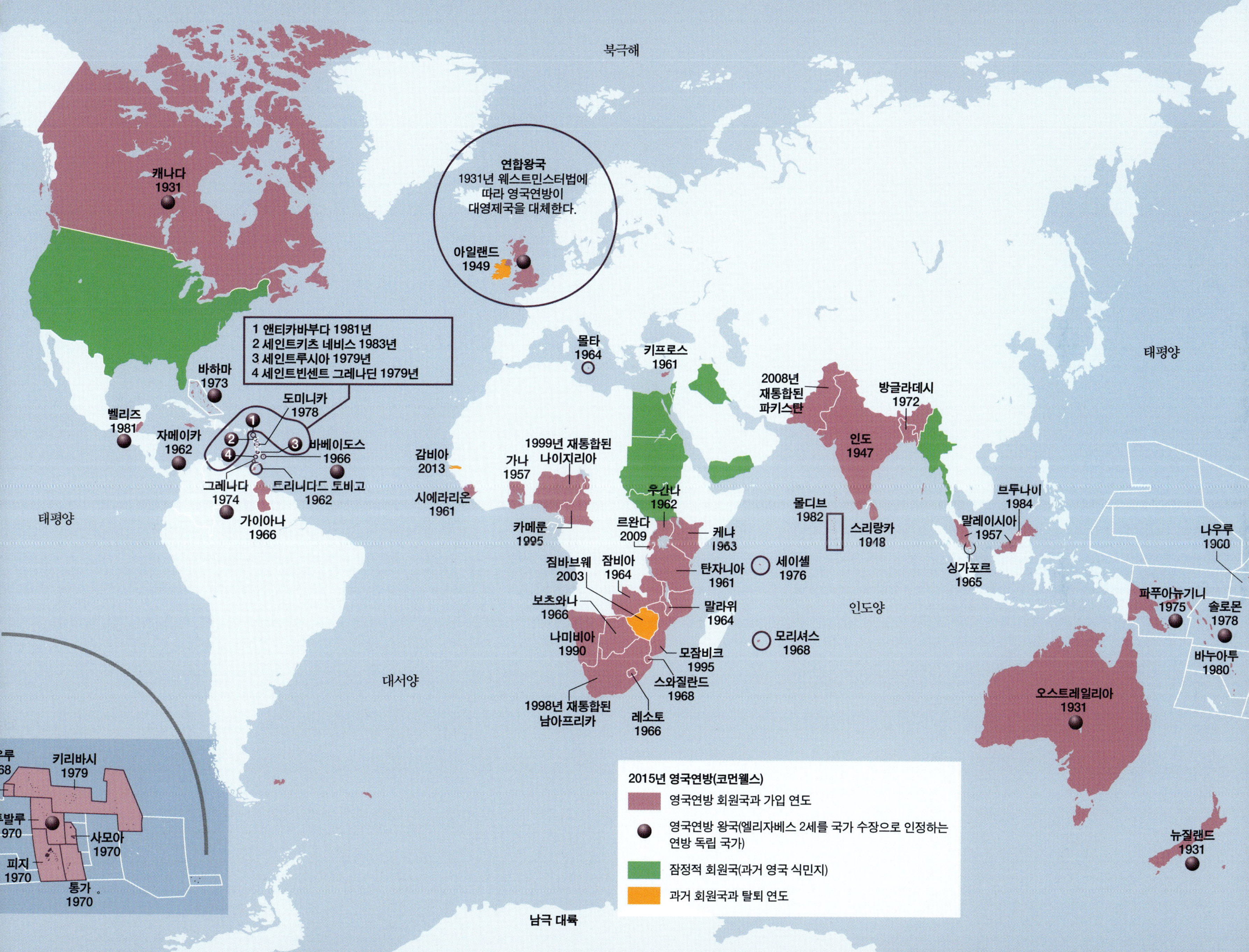

북극해
연합왕국
1931년 웨스트민스터법에 따라 영국연방이 대영제국을 대체한다.
아일랜드 1949
캐나다 1931
태평양
몰타 1964
키프로스 1961
2008년 재통합된 파키스탄
방글라데시 1972
바하마 1973
벨리즈 1981
자메이카 1962
1 앤티가바부다 1981년
2 세인트키츠 네비스 1983년
3 세인트루시아 1979년
4 세인트빈센트 그레나딘 1979년
도미니카 1978
바베이도스 1966
그레나다 1974
트리니다드 토바고 1962
가이아나 1966
감비아 2013
시에라리온 1961
1999년 재통합된 나이지리아
가나 1957
카메룬 1995
르완다 2009
우간다 1962
케냐 1963
몰디브 1982
스리랑카 1948
인도 1947
브루나이 1984
말레이시아 1957
싱가포르 1965
나우루 1900
짐바브웨 2003
잠비아 1964
탄자니아 1961
세이셸 1976
보츠와나 1966
말라위 1964
나미비아 1990
모잠비크 1995
스와질란드 1968
모리셔스 1968
인도양
파푸아뉴기니 1975
솔로몬 1978
바누아투 1980
1998년 재통합된 남아프리카
레소토 1966
오스트레일리아 1931
태평양
대서양
키리바시 1979
사모아 1970
투발루 1970
피지 1970
통가 1970
뉴질랜드 1931
2015년 영국연방(코먼웰스)
영국연방 회원국과 가입 연도
영국연방 왕국(엘리자베스 2세를 국가 수장으로 인정하는 연방 독립 국가)
잠정적 회원국(과거 영국 식민지)
과거 회원국과 탈퇴 연도
남극 대륙

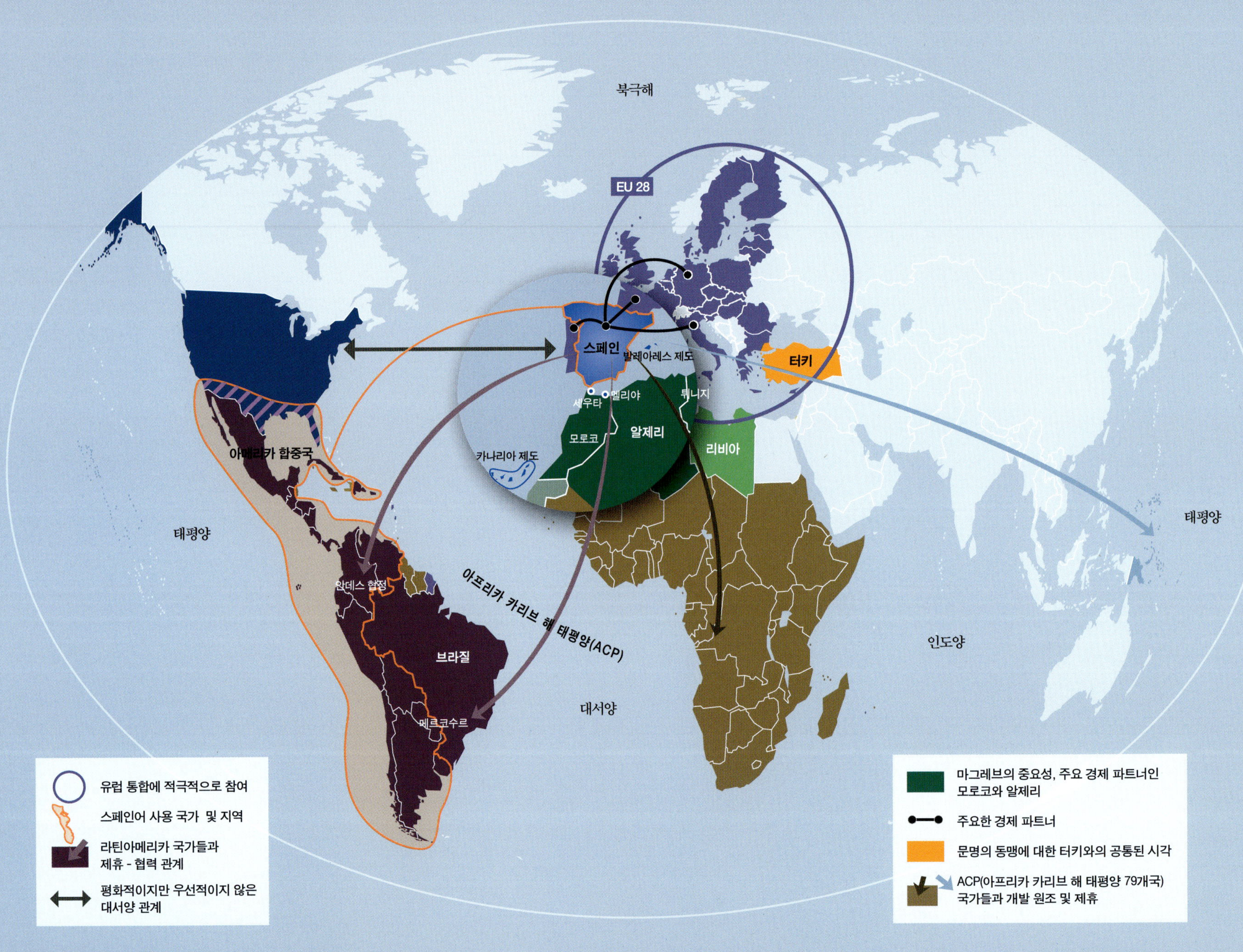
북극해
EU 28
스페인
발레아레스 제도
터키
세우타
멜리야
튀니지
알제리
카나리아 제도
모로코
리비아
아메리카 합중국
태평양
안데스 협정
아프리카 카리브 해 태평양(ACP)
브라질
메르코수르
대서양
인도양
태평양
유럽 통합에 적극적으로 참여
스페인어 사용 국가 및 지역
라틴아메리카 국가들과
제휴 - 협력 관계
평화적이지만 우선적이지 않은
대서양 관계
마그레브의 중요성, 주요 경제 파트너인
모로코와 알제리
주요한 경제 파트너
문명의 동맹에 대한 터키와의 공통된 시각
ACP(아프리카 카리브 해 태평양 79개국)
국가들과 개발 원조 및 제휴

스페인

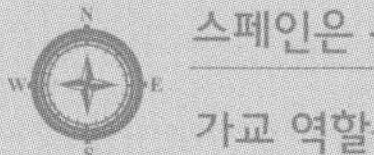

영토를 통일하고 아메리카 대륙 정복으로 엄청난 부를 얻었던 스페인은 한동안 유럽의 지배 세력이었으며, 16세기 세계 최고 강대국이었다. 이 시기에 '이베리아의 세계화'라는 말까지 생겨났다.

하지만 18세기부터 쇠퇴하기 시작한 스페인은 19세기에 라틴아메리카 식민지를 잃었고, 산업혁명에 적응하지 못하면서 더욱 쇠퇴했다. 1931년에 수세기 동안 지속되었던 군주제를 청산하고 공화제 정권이 들어섰다. 그로부터 5년 뒤인 1936년에 극우파는 인민전선의 승리를 인정하기를 거부하고, 50만 명 이상의 사망자가 발생하는 내전을 일으켰다. 그 결과 1939년, 프랑코 장군이 권력을 잡았다. 내전에서 승리하는 데 히틀러와 무솔리니로부터 도움을 받았지만, 프랑코 장군은 제2차 세계대전에 개입하지 않았다. 프랑코 장군의 독재정치는 1975년까지 지속되었으며, 그의 독재정치 때문에, 심지어 전쟁이 끝난 후에 미국과 반공 투쟁을 위한 양국 간 협정을 맺었음에도, 스페인은 유럽 대륙에서 고립되었다.

1978년에 국왕 후안 카를로스의 입헌군주제하에서 민주주의가 자리 잡으면서 스페인은 유럽 내에서 거의 배척받던 처지에서 벗어나 자신의 자리를 되찾았다. 1986년부터 유럽 경제공동체에 가입했고, 이를 시작으로 유럽 통합에 매우 애착을 보이면서 긴 발전을 시작했다. 또한 스페인은 미국이 프랑코의 독재 체제를 지지했던 것을 기억하고, 비록 NATO에는 가입했으나 워싱턴에 대해서는 일종의 독립을 유지하고자 노력했다.

스페인은 유럽적인 시각으로 적극적인 외교 정책을 펼치려고 노력했다. 포르투갈처럼 라틴아메리카와 밀접한 관계를 시도했을 뿐만 아니라, 유럽과 아랍 세계 사이에서 가교 역할을 할 수 있을 것이라고 생각했다. 2003년 이라크 전쟁에 대해 지지 의사를 밝힌 아스나르 정부는 국민 여론으로부터 엄청난 질타를 받았으며, 결국 2004년 3월 마드리드에서 벌어진 테러 사건들의 여파로 실각했다. 그의 뒤를 이어서 정권을 잡은 사회노동당의 사파테로는 스페인 내에서 계속 맹위를 떨치고 있는 바스크 분리 독립운동 테러 집단에 맞서고자 실시한 경제 및 사회 정책이 성공을 거두며 대중으로부터 지지를 받았다.

그러나 부동산 거품이 무너지면서 2007~2008년 금융 경제 위기로 매우 큰 시련을 당한 뒤 2013년부터 마리아노 라호이 정부의 과감하고 효율적인 동시에 사회적 비용이 지나치게 부담스러웠던 경제 긴축 조치 이후 서서히 경기를 회복하고 있다.

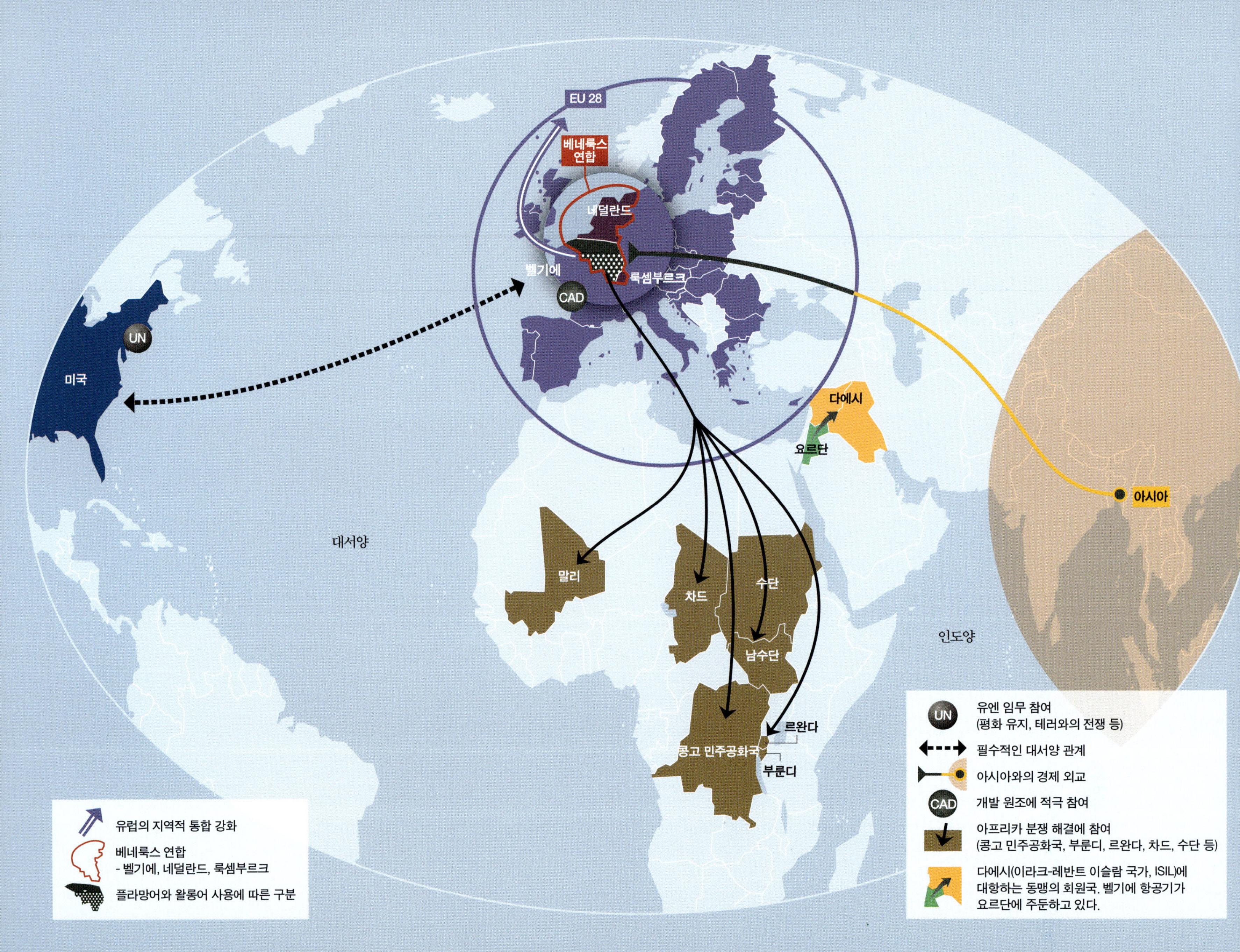
EU 28
베네룩스 연합
네덜란드
벨기에
룩셈부르크
CAD
UN
미국
대서양
다에시
요르단
아시아
인도양
말리
차드
수단
남수단
르완다
콩고 민주공화국
부룬디
유엔 임무 참여
(평화 유지, 테러와의 전쟁 등)
필수적인 대서양 관계
아시아와의 경제 외교
개발 원조에 적극 참여
아프리카 분쟁 해결에 참여
(콩고 민주공화국, 부룬디, 르완다, 차드, 수단 등)
다에시(이라크-레반트 이슬람 국가, ISIL)에
대항하는 동맹의 회원국. 벨기에 항공기가
요르단에 주둔하고 있다.
유럽의 지역적 통합 강화
베네룩스 연합
- 벨기에, 네덜란드, 룩셈부르크
플라망어와 왈롱어 사용에 따른 구분

벨기에

벨기에의 영토, 넓은 의미에서 베네룩스의 영토는 유럽 역사상 주요한 세력들이 충돌했던 곳이다. 나폴레옹은 벨기에를 점령함으로써 영국에 대해 금수 조치를 실시할 수 있었다. 독일 역시 두 차례의 세계대전 동안 프랑스 군대를 쳐부수는 데 우선 벨기에 점령을 기본 계획으로 삼았다.

1830년에 건설된 벨기에는 아프리카의 과거에 중요하게 관여했다. 현재 콩고 민주공화국은 1885년 벨기에가 세운 콩고 자유국에서 비롯되었다. 르완다와 부룬디는 1919년 독일 식민 제국이 붕괴된 이후에 벨기에에 위탁되었다. 독립하기 전까지 콩고는 벨기에에게 막대한 부의 원천이었다. 독립한 후에는 여러 심각한 문제의 원천이 되었을 뿐 아니라, 그 뒤를 이은 모부투 정권의 부패의 온상이 되었다.

벨기에는 유럽 통합에 매우 적극적이다. 유럽 통합을 통해서 벨기에를 보호하고, 영향력이 약한 벨기에가 국제무대에서 위상을 좀 더 높일 수 있다고 생각했다. 벨기에는 1948년부터 유럽연합 회원국이었고, 1957년 로마 조약의 창립 회원국 중 하나였다. 벨기에는 오늘날 유럽 공동체의 각 기관들과 NATO 본부가 자리 잡고 있는 곳이며, 유럽연합과 경제를 완전히 통합했다. 국가 내부 차원에서 국가의 통합을 위협하는 왈롱_{벨기에 남부 프랑스어 사용 지역}과 플랑드르_{벨기에 북부 네덜란드어(플라망어) 사용 지역} 사이의 분열은 어쩌면 유럽이라는 '한 지붕'이 주는 안정감이 없었다면 훨씬 더 진행되었을지도 모른다. 벨기에 사람들은 유럽이 세계화의 주체가 되기를 원한다. 브뤼셀의 중요성은 유럽연합 수도로서의 역할과 많은 연관이 있다.

1994년 르완다 대학살 사건을 어느 정도 정당화시키려는 논쟁은 과거 식민지 강대국으로서의 벨기에의 이미지에 흙탕물을 끼얹었다_{프랑스, 유엔, 아프리카 단결기구도 마찬가지이다.}

1990년대가 끝날 무렵에 벨기에 국회는 자국이 인권 침해에 대한 투쟁, 천연자원과 원료의 과도한 개발에 대한 처벌 등 국제 관계에 있어서 윤리를 바탕으로 하는 도덕적 외교의 챔피언 역할을 맡기를 원했다. 당시 벨기에에는 '보편적 사법권'이라는 법이 있었다. 이 법에 따르면, 모든 개인은 벨기에와 확인된 관계가 없더라도 범죄가 있는 국제적 인물에 대해 벨기에 법원에 고소를 할 수 있다. 이 성가신 사법적 입장은 수많은 나라의 긴장의 근원이 되기도 했는데, 곧 개선되었다.

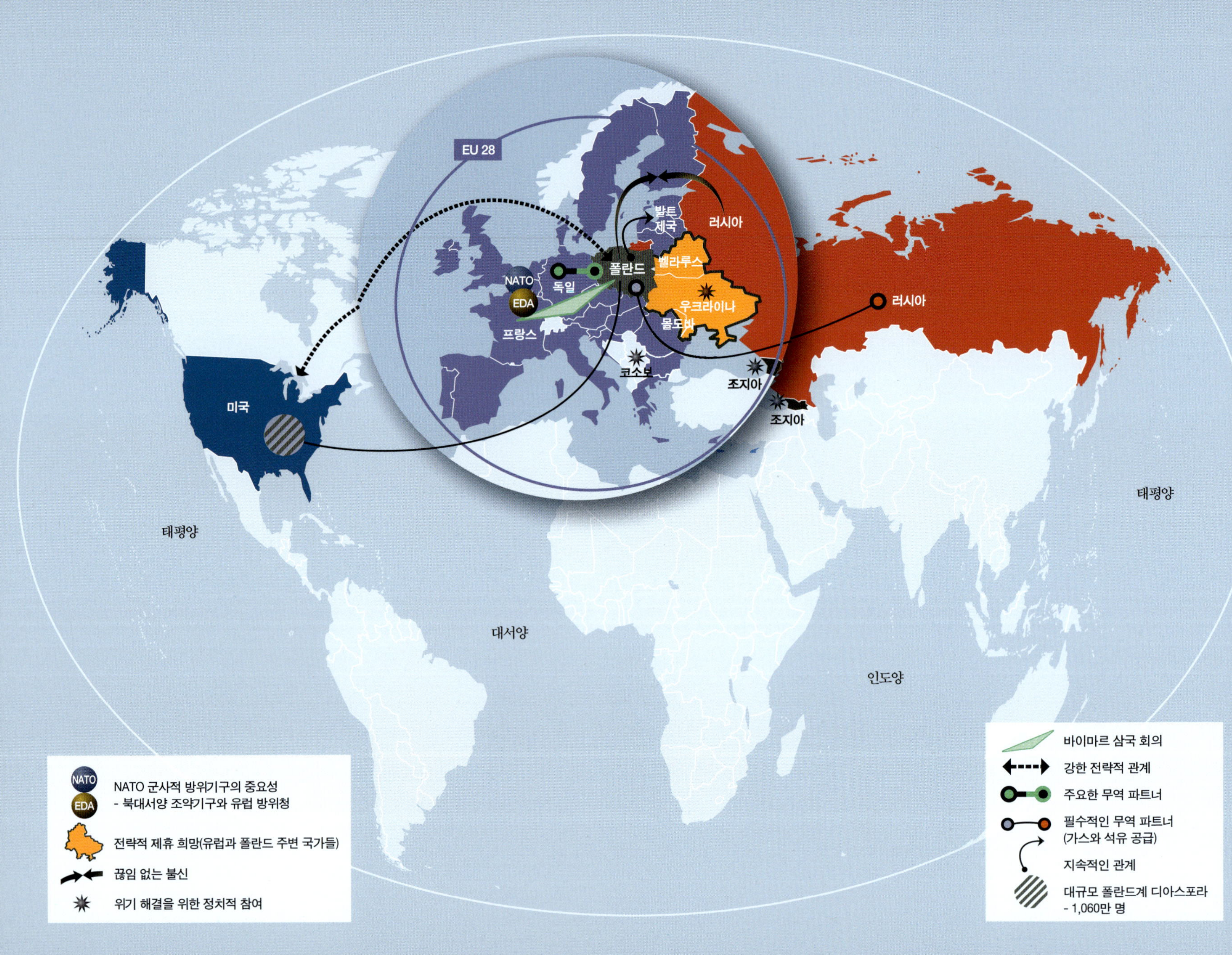
EU 28
러시아
발트
제국
벨라루스
폴란드
독일
NATO
EDA
우크라이나
프랑스
몰도바
미국
코소보
조지아
조지아
러시아
태평양
태평양
대서양
인도양
NATO 군사적 방위기구의 중요성
- 북대서양 조약기구와 유럽 방위청
전략적 제휴 희망(유럽과 폴란드 주변 국가들)
끊임 없는 불신
위기 해결을 위한 정치적 참여
바이마르 삼국 회의
강한 전략적 관계
주요한 무역 파트너
필수적인 무역 파트너
(가스와 석유 공급)
지속적인 관계
대규모 폴란드계 디아스포라
- 1,060만 명

폴란드

숱한 비극을 경험한 폴란드 역사를 살펴보면, 현재 폴란드인의 생각과 걱정을 이해할 수 있다. 이웃 나라, 특히 독일과 러시아의 욕망과 영향력에 끊임없이 휘둘리면서 폴란드 주권은 종종 논란의 대상이 되거나 심지어 부정되기도 했다.

18세기 말, 나폴레옹 1세가 폴란드를 바르샤바 공국이라는 이름으로 재건하면서 폴란드라는 나라는 지도에서 삭제되었다. 빈 회의에서 바르샤바 공국이 또다시 소멸되고, 폴란드는 러시아, 오스트리아, 프로이센에 의해서 분할되었다. 1919년 베르사유 조약으로 새롭게 탄생한 폴란드는 제2차 세계대전 동안 독일 나치에 점령당했다가 냉전이 종식될 때까지 소련의 지배를 받았다. 독일이 나치의 범죄를 인정하였고, 1945년에 폴란드가 할당받은 오데르-나이세 국경선 너머의 독일 영토를 통일 독일이 분명히 포기하였음에도, 폴란드는 오늘날까지 독일과 복잡한 관계를 맺고 있다.

폴란드는 에너지나 다른 분야에 영향력을 행사하거나 지배하려는 러시아의 모든 시도를 늘 두려워한다. 역사적 경험으로 국제 조직의 어떤 조약이나 보증도 믿을 수 없게 된 폴란드는 미국의 보호 안에서 러시아의 욕망을 포기시키고 독일과 프랑스의 영향력으로부터 균형을 찾을 수 있는 수단을 찾았다. 프랑스와 영국이 나치로부터 폴란드를 구하러 갔을 때, 또 프랑스가 냉전 시기에 유럽의 분열을 뛰어넘어야 한다고 호소했을 때도 폴란드는 오직 미국만이 나치나 공산주의로부터 자국을 구해 줄 수 있다고 생각했다.

이러한 역사적 유산 때문에 폴란드는 기탄없이 부시 행정부의 정책을 따르고 이라크 전쟁에 동조하였다. 유럽연합에 가입하기까지 길고 힘겨운 협상 과정을 거쳐야 했던 것과 비교할 때, 폴란드의 NATO 가입은 소련의 몰락 이후에 동맹국을 확장하려는 미국의 의지와 폴란드에 대한 미국의 지지 덕분에 훨씬 쉽게 이루어졌다. 이로써 폴란드는 경제 발전이 수로 유럽 통합 덕분에 이루어졌음에도 미국에 훨씬 우호적이다.

주권과 관련된 모든 문제에 대한 폴란드의 과민함이나 사회적 문제에 대해 시대에 역행하는 폴란드의 입장 때문에 유럽연합은 처음에 폴란드를 힘든 파트너로 여겼다. 이라크 전쟁의 참혹한 결과로 대중의 친미 정서가 다소 약해졌다가 우크라이나 위기로 다시 강해졌다. 폴란드는 러시아를 매우 경계하고 까다로운 파트너의 입장을 유지하면서, 유럽연합의 강대국으로서의 지위를 점점 더 주장하고 싶어 한다. 이와 같은 발전은 폴란드 총리 도날드 투스크가 2014년 유럽연합 정상회의 상임의장에 선출되는 것으로 확인되었다.

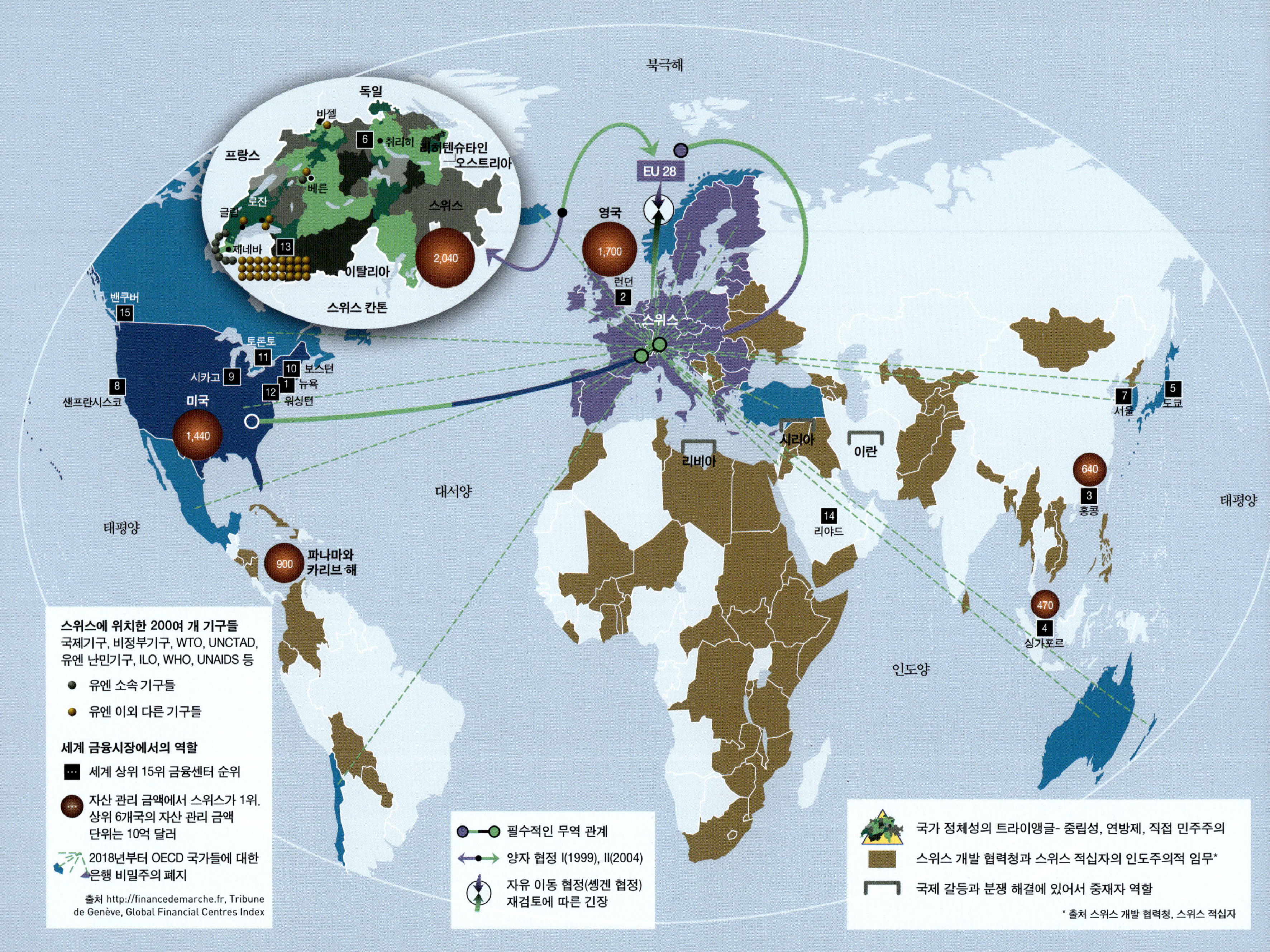
북극해
독일
비젤
6 취리히
리히텐슈타인
오스트리아
프랑스
베른
스위스
로잔
글랑
제네바
13
EU 28
영국
1,700
런던
2
이탈리아
스위스
2,040
스위스 칸톤
밴쿠버
15
토론토
11
10 보스턴
시카고 9
1 뉴욕
미국
8
12 워싱턴
샌프란시스코
1,440
5
7 도쿄
서울
640
리비아
시리아
이란
홍콩
3
14
리야드
470
파나마와
4
카리브 해
싱가포르
900
대서양
태평양
태평양
인도양
스위스에 위치한 200여 개 기구들
국제기구, 비정부기구, WTO, UNCTAD,
유엔 난민기구, ILO, WHO, UNAIDS 등
유엔 소속 기구들
유엔 이외 다른 기구들
세계 금융시장에서의 역할
세계 상위 15위 금융센터 순위
자산 관리 금액에서 스위스가 1위.
상위 6개국의 자산 관리 금액
단위는 10억 달러
2018년부터 OECD 국가들에 대한
은행 비밀주의 폐지
출처 http://financedemarche.fr, Tribune
de Genève, Global Financial Centres Index
필수적인 무역 관계
양자 협정 I(1999), II(2004)
자유 이동 협정(솅겐 협정)
재검토에 따른 긴장
국가 정체성의 트라이앵글- 중립성, 연방제, 직접 민주주의
스위스 개발 협력청과 스위스 적십자의 인도주의적 임무*
국제 갈등과 분쟁 해결에 있어서 중재자 역할
* 출처 스위스 개발 협력청, 스위스 적십자

스위스

스위스는 강력한 외교 활동을 펼치는 국가가 되기를 원한다.

스위스는 1515년에 중립을 선언했고, 1815년 빈 회의에서 유럽 강대국들로부터 인정받았다. 스위스의 중립은 고립주의나 국제무대에 대한 불참을 뜻하지 않는다. 오히려 스위스는 세계화 현상 이전에도 강력한 외교 활동을 펼치고 국제 문제에 개입하기를 원했다.

스위스는 중립성과 유럽 중앙에 위치하고 있다는 사실 덕분에 수많은 국제기구 본부를 유치할 수 있었다. 적십자 국제위원회는 1863년 창립 당시부터, 국제연맹은 1920년부터 스위스에 본부를 두고 있다. 현재 스위스에는 200여 개의 국제 조직 본부가 있으며, 170개국 대사관이 자리 잡고 있다.

제1차 세계대전 후 스위스의 특별한 국제적 위상은 '중립 지역'에서 이루어져야 하는 수많은 협상이나 외교적 만남에서 스위스를 주빈 국가로 만들었다. 중립 지역이라는 특징은 경쟁 관계에 있는 강대국이나 분쟁 당사자 간 접촉을 보다 쉽게 했기 때문이다. 사람들은 스위스의 외교적 수완 덕분에 제네바에서 체결되었던 제네바 협약에 대해 더는 생각하지 않는다. 하지만 스위스는 언제라도 국제 중재자로서의 역할을 수행할 준비가 되어 있다. 국제 적십자와의 관계를 통해서 스위스는 인도주의적 참여에 대한 오랜 전통을 만들 수 있었다.

중립성, 연방제, 직접 민주주의국민 제안을 통한 국민 투표는 스위스의 특징을 나타내는 국가 정체성의 트라이앵글이다.

유엔 가입을 오랫동안 거절하던 스위스는 2002년이 되어서야 국민투표에서 과반수가 살짝 넘는 찬성으로 가입하게 되었다.

스위스는 유럽 통합에서 고립되는 것이 두렵기도 하지만, 그렇다고 유럽 통합에 참여할 의사는 없다. 스위스인은 국가 주권을 침해하지 않는 경제 교류를 촉진하고, 정치적 통합 과정은 거부하는 '비결속 통합'에 대해서 말한다. 1961년에는 유럽 자유무역연합EFTA에 가입 협정을 체결했고, 1972년에 자유무역협정을 체결했다. 유럽연합의 성장은 스위스를 의문에 빠지게 했지만, 2001년 유럽연합 가입 협상을 묻는 국민 투표에서 국민 76%가 반대했다.

스위스는 유럽연합 국가들로부터 단절되지 않기 위해서, 2008년 경제 위기의 영향으로 인한 압력 및 탈세와 관련된 비리의 폭로로 인해서, OECD 국가들과 세금과 관련된 정보 교류를 허용하는 정도로 은행 비밀주의를 완화하는 것을 받아들였다. 오랫동안 은행 비밀주의는 스위스 국가 이미지에 부정적으로 작용했기 때문이다. 2014년, 스위스는 '대규모 이민'을 반대하는 국민투표를 실시했다. 대규모 이민은 유럽연합과 스위스 간의 자유로운 왕래 협정에 문제를 제기했다. 이 주제에 대한 협상은 여전히 진행 중이다.

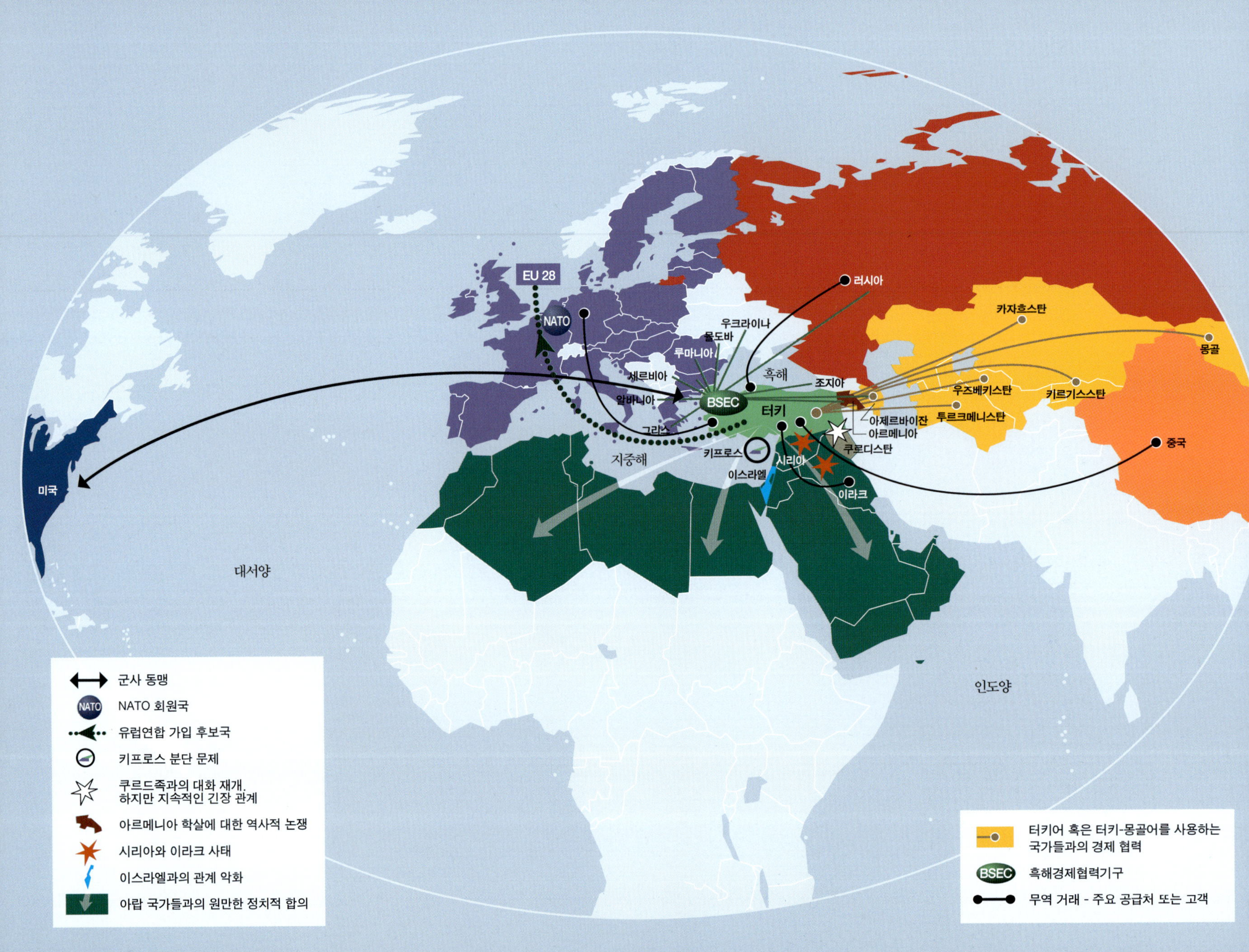
EU 28
NATO
미국
러시아
카자흐스탄
몽골
우크라이나
몰도바
루마니아
흑해
조지아
세르비아
BSEC
터키
알바니아
우즈베키스탄
키르기스스탄
아제르바이잔
아르메니아
투르크메니스탄
그리스
쿠르디스탄
중국
키프로스
시리아
지중해
이스라엘
이라크
대서양
인도양
군사 동맹
NATO 회원국
유럽연합 가입 후보국
키프로스 분단 문제
쿠르드족과의 대화 재개,
하지만 지속적인 긴장 관계
아르메니아 학살에 대한 역사적 논쟁
시리아와 이라크 사태
이스라엘과의 관계 악화
아랍 국가들과의 원만한 정치적 합의
터키어 혹은 터키-몽골어를 사용하는
국가들과의 경제 협력
BSEC
흑해경제협력기구
무역 거래 - 주요 공급처 또는 고객

터키

15세기에 세워진 오스만 왕조는 빈을 포위 공격했다가 실패했던 1529년에 전성기를 누리고 있었다. 프랑스 프랑수아 1세와 동맹 관계에 있던 술레이만은 당시 대륙의 주도권을 놓고 독일의 카를 5세와 다투었다. 1683년에는 오스만 제국이 또다시 빈 공격에 실패하자 오스트리아, 베네치아, 폴란드, 러시아가 오스만에 대한 신성동맹을 결성하였다. 오스만 제국은 서서히 힘이 약해졌고, 19세기 말에는 '유럽의 환자'로 불리며 유럽 강대국으로부터 잦은 간섭을 받게 되었다. 독일 편에서 가담했던 제1차 세계대전으로 오스만은 서부 트라키아를 제외하고 유럽에 대한 통제권을 모두 상실했다. 전쟁에 패배한 뒤 제국은 세브르 조약₁₉₂₀으로 분할되었고, 1923년 로잔 조약은 새로운 터키를 탄생시켰다. 터키 초대 대통령이 된 무스타파 케말은 터키가 쇠락하는 것을 막으려고 유럽에서 영감을 받은 정교 분리원칙과 서구화 정책을 실시하기로 결정했다.

제2차 세계대전 동안 중립을 지키던 터키는 1947년 마셜 플랜의 혜택을 받았고, 1952년에 NATO에 가입했다. 서쪽으로 소련과 가장 넓은 육지 국경선을 접하고 있던 터키는 대서양 수호에 적극적으로 참여했다. 1974년에는 키프로스를 사이에 두고 그리스와 충돌했지만, 곧 수그러들었다. 소련 붕괴는 공산주의로부터 NATO를 수호한다는 특별한 위치를 잃게 했지만, 캅카스와 중앙아시아에서 터키어를 사용하는 다른 국가들과 관계를 회복하게 했다. 1990~1991년 쿠웨이트 전쟁으로 중동에서의 역할을 확인했다. 1999년 12월에 헬싱키에서 있었던 유럽 위원회 합의에서 출발한 유럽연합 가입 과정은 터키에게 현대화 수단일 뿐만 아니라 터키가 완전히 서구 사회와 유럽 사회 소속이라는 정치적 인정이기도 했다. 이 주제는 유럽 여론을 분열시켰고, 협상은 앞으로도 오랫동안 지속될 것이다.

터키는 중요한 파트너인 미국으로부터 전략적이고 정치적인 지지를 얻었다. 하지만 이라크 전쟁 동안 미군 부대가 터키 영토를 자유롭게 왕래하는 것을 거절했다. 터키는 이라크 쿠르드족이 터키 쿠르드족에게 자율성과 독립성을 전파할까 두려웠던 것이다.

이웃 나라들과 문제도 일으키지 않겠다는 포부를 가졌던 터키는 지금 모두와 문제를 겪고 있다. 다에시의 확장과 시리아 내전으로 그 모순을 드러냈으며, 미국과도 긴장을 유지하고 있다.

터키는 여전히 1915년 아르메니아 학살에 있어 오스만 제국의 책임을 공식적으로 인정하고 싶어 하지 않는다. 쿠르드 족 문제는 분리 요구에 대한 두려움 때문에 극도로 민감하다. 유럽연합에 대한 가입 협상은 성공하리라는 큰 기대 없이 계속 이어지고 있다.

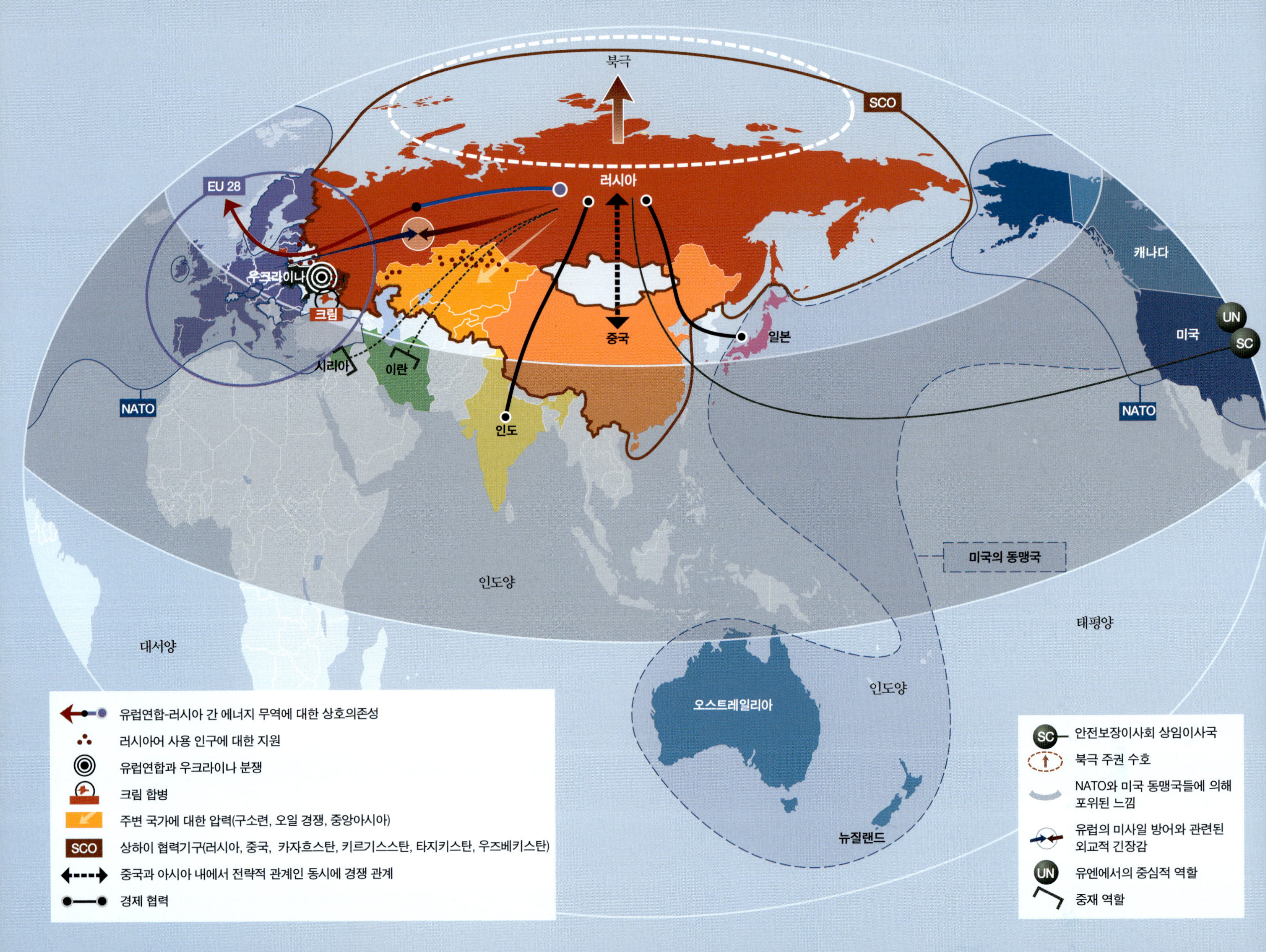
북극
SCO
EU 28
러시아
캐나다
우크라이나
크림
시리아
이란
중국
일본
인도
미국
UN
SC
NATO
NATO
미국의 동맹국
인도양
태평양
대서양
인도양
오스트레일리아
뉴질랜드
유럽연합-러시아 간 에너지 무역에 대한 상호의존성
러시아어 사용 인구에 대한 지원
유럽연합과 우크라이나 분쟁
크림 합병
주변 국가에 대한 압력(구소련, 오일 경쟁, 중앙아시아)
SCO 상하이 협력기구(러시아, 중국, 카자흐스탄, 키르기스스탄, 타지키스탄, 우즈베키스탄)
중국과 아시아 내에서 전략적 관계인 동시에 경쟁 관계
경제 협력
SC 안전보장이사회 상임이사국
북극 주권 수호
NATO와 미국 동맹국들에 의해 포위된 느낌
유럽의 미사일 방어와 관련된 외교적 긴장감
UN 유엔에서의 중심적 역할
중재 역할

러시아

9세기 키예프 공국이 세워지고, 1340년 모스크바 대공국이 설립되면서, 러시아는 두 대륙에 걸쳐 영토를 갖게 되었다. 이로써 심각한 내부 정치와 외부 습격에도 세계에서 가장 넓은 나라가 되었다. 1815년 빈 회의에서 유럽 초강대국으로 인정받았으며, 1917년 볼셰비키 혁명 이후 레닌은 자신의 체제를 구하려고 영토 포기를 감수하고 러시아의 다양한 민족국민의 절반 이상에게 짧은 기간 독립을 인정해 주었다.

제2차 세계대전 동안, 독일 부대는 모스크바 관문까지 진격했지만, 전세 역전으로 스탈린그라드에서 멈췄다. 러시아는 전후 얄타에서의 약속에 개의치 않고 동유럽에 영토 방위권을 구성하였다.

하지만 동유럽에 대한 독재 체제의 강요는 이데올로기를 바탕으로 한 제국주의의 확장 및 세계 정복의 의지를 드러냈다. 소련의 전진을 막으려고 미국은 동맹 시스템을 통해 소련을 복합적으로 포위하며 에워쌌다. 사방에서 위협을 느낀 소련은 핵무기와 재래식 무기로 더욱 위협적으로 움직였다. 하지만 미국과의 전략적 평등함은 냉전 기간에 국가 자존심의 근원이 되었다. 전성기의 모스크바는 동유럽을 통제하면서 전 세계에 동맹국과 앵커방어선의 주요 지점를

보유하고 있었다.

1985년, 고르바초프는 동유럽에서 공산주의 체제를 유지할 목적의 무력을 사용하지 않기로 결정했다. 고르바초프는 개혁을 원했지만, 소련은 이미 경제적, 정치적 실패, 아프가니스탄 파병으로 인한 대재앙, 정치에 대한 불신의 만연으로 회복할 수 없는 상태였다.

1991년 12월, 공산주의 체제의 종말은 러시아에 권력과 명성의 막대한 손실을 초래했다. 러시아 체제는 더 이상 전체주의도, 독재주의도 아니며, 세계 제2 강대국의 지위를 회복하기보다 단지 국익을 지키고 국제무대에서 존중받기를 원한다. 러시아는 석유와 가스 능 상당한 자원을 가지고 있기 때문에 더 이상 1990년대처럼 무시당하지 않으려 한다. 하지만 미국의 군사 능력을 두려워하며, NATO뿐만 아니라 유럽연합의 확대, 중국의 성장 앞에서 또다시 포위될지도 모른다는 콤플렉스를 키워 가고 있다.

2012년에 재선되어 세 번째 임기를 시작한 블라디미르 푸틴은 러시아 군대를 재편성하고, 러시아 정교회와 더불어 일종의 '친슬라브' 민족주의를 권장한다. 2014년에는 크림 공화국을 합병하였다. 친러시아 분리주의자들은 우크라이나 동부에서 자치권을 요구하다가 우크라이나 정부군과 충돌했다. 서구 사회는 제제를 가했고, 진퇴양난의 상황이 되었다. 이에 앙겔라 메르켈과 프랑수아 올랑드는 2015년에 민스크 평화협정을 통해서 합의를 시도했다.

러시아와 소련의 영토 형성

우크라이나
45,6
벨라루스
9,5
리투아니아
3
라트비아
2
에스토니아
1,3
발트 국가
칼리닌그라드
슬라브 공화국
몰도바
3,6
조지아
4,5
캅카스
아르메니아
3
아제르바이잔
9,3
러시아
143,5
중앙아시아 이슬람 공화국
카자흐스탄
16,8
투르크메니스탄
5,2
우즈베키스탄
29,8
키르기스스탄
5,6
타지키스탄
8
소련의 붕괴 (1991년 4~12월)
1990년 6월 12일 주권 선언
독립국가연합에 가입 거절, 2004년 5월 유럽연합 가입
독립국가연합 창설에 합의 서명, 1991년 12월 8일
스스로 공화국이라고 선포한 트란스니스트리아 몰도바는
러시아에 합병을 요구하고 있다.
나고르노카라바흐, 압하스, 남오세티야, 아자리야에서
다양한 충돌 발생
독립국가연합에 호의적
인구, 2012년 기준, 백만 명

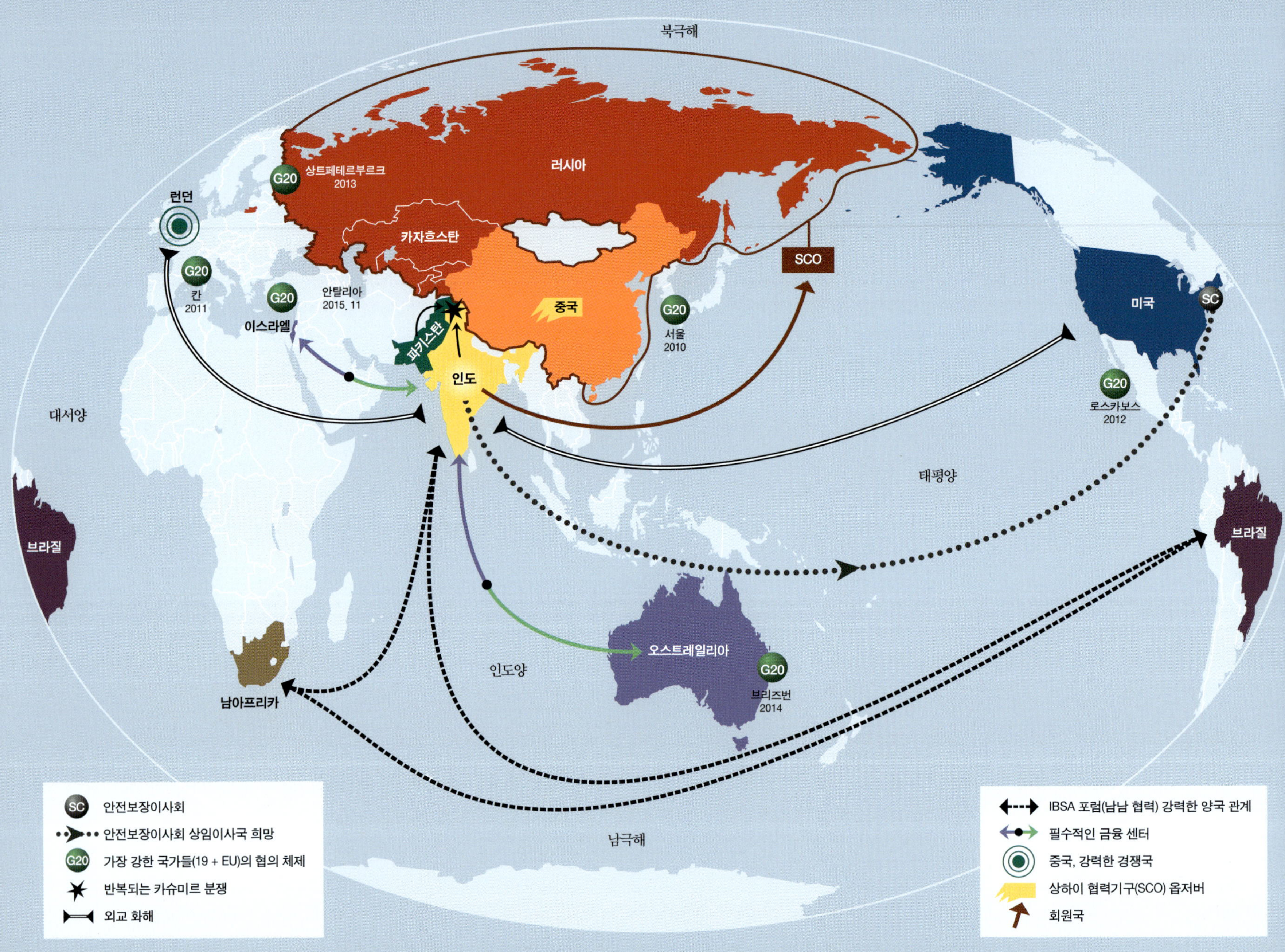
북극해
러시아
상트페테르부르크
2013
G20
런던
G20
칸
2011
카자흐스탄
안탈리아
2015. 11
G20
이스라엘
파키스탄
중국
SCO
미국
SC
G20
서울
2010
인도
대서양
G20
로스카보스
2012
태평양
브라질
브라질
인도양
오스트레일리아
G20
브리즈번
2014
남아프리카
남극해
SC 안전보장이사회
안전보장이사회 상임이사국 희망
G20 가장 강한 국가들(19 + EU)의 협의 체제
반복되는 카슈미르 분쟁
외교 화해
IBSA 포럼(남남 협력) 강력한 양국 관계
필수적인 금융 센터
중국, 강력한 경쟁국
상하이 협력기구(SCO) 옵저버
회원국

인도

냉전 시기에 인도는 비동맹 국가 중 리더 위치에 있었다. 이러한 위치는 국제무대에서 상대적으로 경제력이 약한 인도에 더욱 힘을 실어 주었다. 이 비동맹주의는 소련과의 군사적 합의에 따른 것이었다. 마하트마 간디의 영향으로 세계에서 가장 민주적인 국가로 소개되는 인도는 평화주의, 인간주의, 보편주의의 전통을 내세웠다. 국제적인 차원에서 인도는 비간섭주의, 주권 존중, 무장 해제를 지지했으며, 남반구 국가의 상징이자 대변인임을 자처했다. 인도는 이것이 핵무기 건설과 지역 차원의 권력 정치와 양립 가능하다고 판단했다.

인도에게는 주요한 두 경쟁국이 있다. 첫 번째는 파키스탄으로, 인도 민족주의 정당은 여전히 파키스탄의 분할 독립을 받아들이지 않고 있다. 이 때문에 파키스탄은 인도에 대해서 세 차례1948, 1962, 1971에 걸쳐 전쟁을 일으켰고, 1971년 전쟁으로 방글라데시의 독립을 이끌어 냈다. 두 번째 경쟁국은 중국으로, 인도는 1962년에 중국과의 국경 분쟁에서 패하여 큰 손실을 입었다. 시간이 흐르면서 인도와 파키스탄 사이의 경제력, 기술력, 군사력의 균형이 뉴델리의 장점을 돌아보게 했다. 각각 핵무기를 소유했다는 사실은 두 국가를 동등한 입장으로 만들어 주었으며, 신중하게 행동하도록 이끌었다. 반대로 중국의 경제 발전은 인도를 불안하게 하고 있다.

동서 간 대립이 사라지고 소련이 붕괴하면서 인도는 주요한 전략적 파트너를 잃어버렸기 때문에 외교 정책의 방향을 전환할 수밖에 없었다. 그때부터 인도는 파키스탄 문제에 대한 지렛대를 확보하고 중국에 대항할 수 있는 잠재적 동맹국을 얻겠다는 희망으로 워싱턴과 가까워지려고 노력한다. 인도는 이 협력 관계회교도와 좌파들에 의해 내부에서 논란이 많다를 통해서 강대국으로의 지위 상승을 가속화할 수 있는 수단을 얻고자 한다.

간디의 원칙을 늘 앞세우긴 했지만, 인도 민족주의자들의 목소리가 점점 더 커지고 있다. 과거에는 감추었던 핵 능력 역시 1998년 핵실험 이후로 공공연히 드러내고 있다. 인도는 세계 여섯 번째 강대국으로 유엔 안전보장이사회 상임이사국이 되기를 원한다. 한편으로 자국이 국제무대에서 충분히 인정을 받지 못하고 있으며, 스스로 생각하는 국가 이미지와 괴리가 심하다고 생각한다. 또한 아시아와 인도양에서의 중국의 권력 상승을 걱정하고 있다.

2014년 선거에서 민족주의당BJP이 승리했다. 유권자들은 인도의 능력을 확신하는 연설에 동조했고, 시대에 뒤쳐지고 부패로 비난받는 국민의회당을 거부했다. 민족주의자라고 선언한 나렌드라 모디가 총리가 되었다.

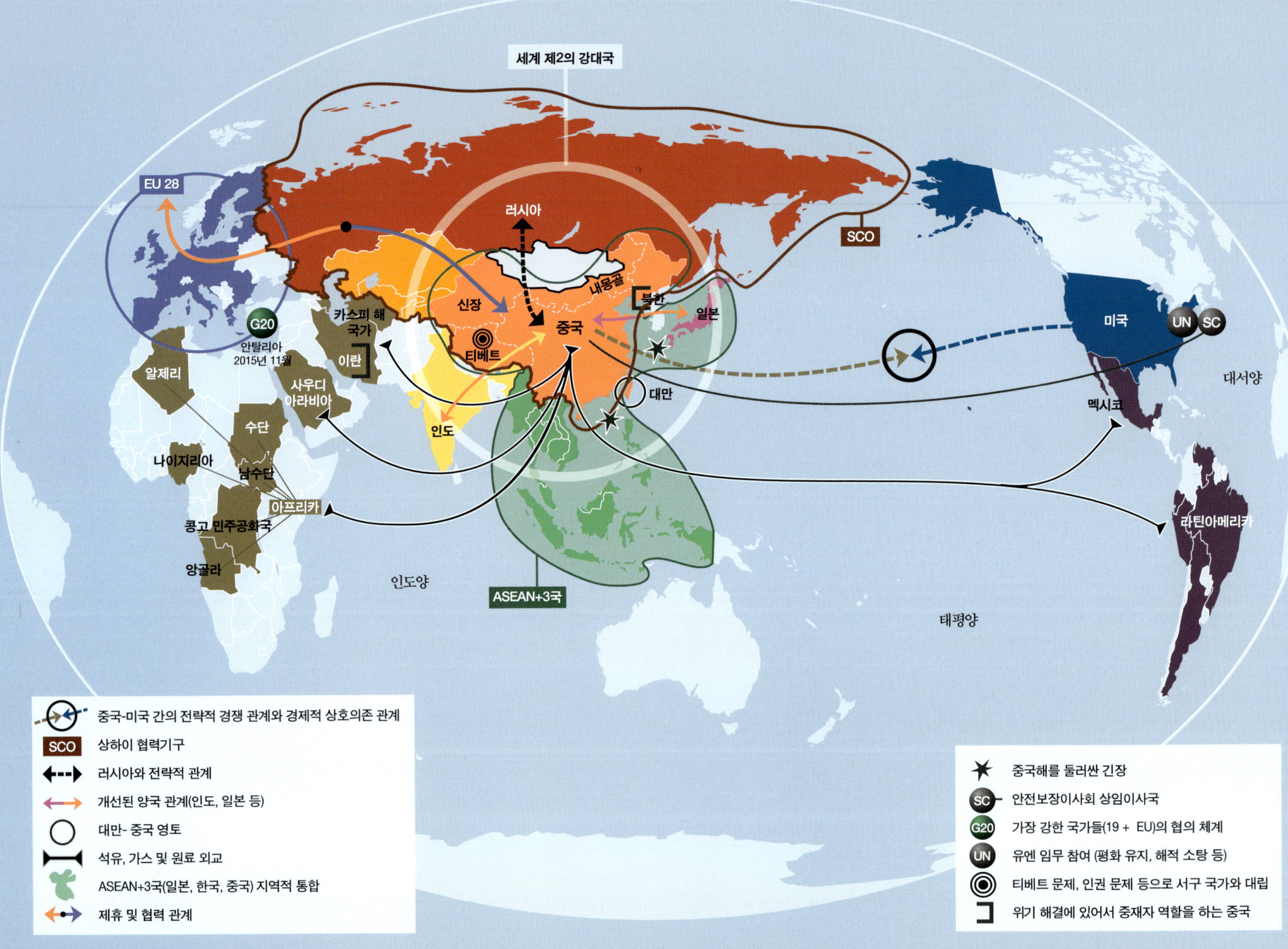
세계 제2의 강대국
EU 28
러시아
SCO
신장
내몽골
카스피 해
국가
중국
일본
북한
미국
UN SC
이란
티베트
알제리
G20
안탈리아
2015년 11월
사우디
아라비아
대만
멕시코
대서양
수단
인도
나이지리아
남수단
아프리카
라틴아메리카
콩고 민주공화국
앙골라
인도양
ASEAN+3국
태평양

중국-미국 간의 전략적 경쟁 관계와 경제적 상호의존 관계
SCO 상하이 협력기구
러시아와 전략적 관계
개선된 양국 관계(인도, 일본 등)
대만- 중국 영토
석유, 가스 및 원료 외교
ASEAN+3국(일본, 한국, 중국) 지역적 통합
제휴 및 협력 관계

중국해를 둘러싼 긴장
SC 안전보장이사회 상임이사국
G20 가장 강한 국가들(19 + EU)의 협의 체계
UN 유엔 임무 참여 (평화 유지, 해적 소탕 등)
티베트 문제, 인권 문제 등으로 서구 국가와 대립
위기 해결에 있어서 중재자 역할을 하는 중국

중국

수천 년의 역사를 가진 중국은 19세기까지 스스로 '천 년 제국'이라 자부했다. 세계 GDP의 30%를 차지했으므로 다른 나라와 관계를 맺을 필요성을 느끼지 않았던 것으로 추정된다. 하지만 유럽은 19세기 후반기부터 중국 내부의 충돌을 이용하고 있었다. 중국을 신탁 통치하면서 부분적 분할과 불평등 조약, 일부 지역 양도 등을 요구했다. 중국은 이에 대해 몹시 수치심을 느끼고 있었고, 1937년 일본의 잔인한 공격으로 그 수치심은 더욱 악화되었다.

공산주의자 마오쩌둥이 1949년에 권력을 잡을 수 있었던 것은 농민들의 지지를 받고 민족주의자들의 감정을 움직였기 때문이다. 1961년 소련과 관계를 끊었던 것도 바로 민족주의라는 명목 때문이었다. 베이징은 더 이상 공산주의 진영의 리더인 모스크바의 지배를 받지 않기로 했다. 마오쩌둥이 사망하고 1978년부터 중국은 덩샤오핑의 추진으로 공산당의 정치적 통제, 야생 자본주의, 경제 개방 등을 결합한 사회주의 시장경제라 불리는 정책을 채택했다. 홍콩과 마카오를 되찾은 오늘날 중국의 목표 중 하나는 대만을 재통합하거나 무슨 수를 쓰더라도 독립을 막는 것이다.

14억이라는 거대한 인구와 넓은 영토를 가진 중국은 35년 전부터 부단한 성장을 통해 그 비중이 점점 더 강화되고 있다. 2011년에는 이미 일본을 뛰어넘었고, 곧 미국을 뛰어넘을 수 있다. 중국은 세계화에 아주 잘 동화되어 있으며, 그를 통해서 규칙을 완전히 준수하지 않으면서 거대한 이익을 얻고 있다. 2008년 경제 위기에서 가장 빠르게 벗어난 국가도 바로 중국이다.

과거 일본이 저지른 범죄로 베이징과 도쿄의 관계는 여전히 힘들다. 냉전 시대 소련과 달리, 중국은 미국의 시장 경제 모델을 부인하지 않았다. 결국 중국이 원하는 것은 경쟁에서 우위를 차지하는 것이다. 러시아와의 관계에서는 모든 분야에서 러시아를 뛰어넘었다고 판단하고 열등감 없이 다가갔다. 또한 부족한 에너지와 원료를 확보하고자 아프리카와 라틴아메리카에 관심을 보이고 있다.

사회적, 생태적 긴장이 악화되고 있는데도 중국은 계속 앞으로 나아갈 수 있을까? 시민 사회의 발전6억 명의 인터넷 사용자은 체제의 속성 변화로 이어지지 않을까? 중국은 제1인자의 자리를 되찾은 것에 만족할 것인가, 혹은 정치적 지배력을 행사하려고 들 것인가?

2013년에 세 번째 국가 지도자가 된 시진핑 주석은 당과 국가에 대한 정치적 통제권을 강화하고, 경기 침체에도 높은 성장률을 유지하고, 환경오염 문제를 진지하게 다루며, 국제무대, 특히 아시아 무대에서 중국을 더욱 명확하게 표명하고 싶어 한다. 그리고 바로 이 점이 주변 국가들을 걱정스럽게 한다.

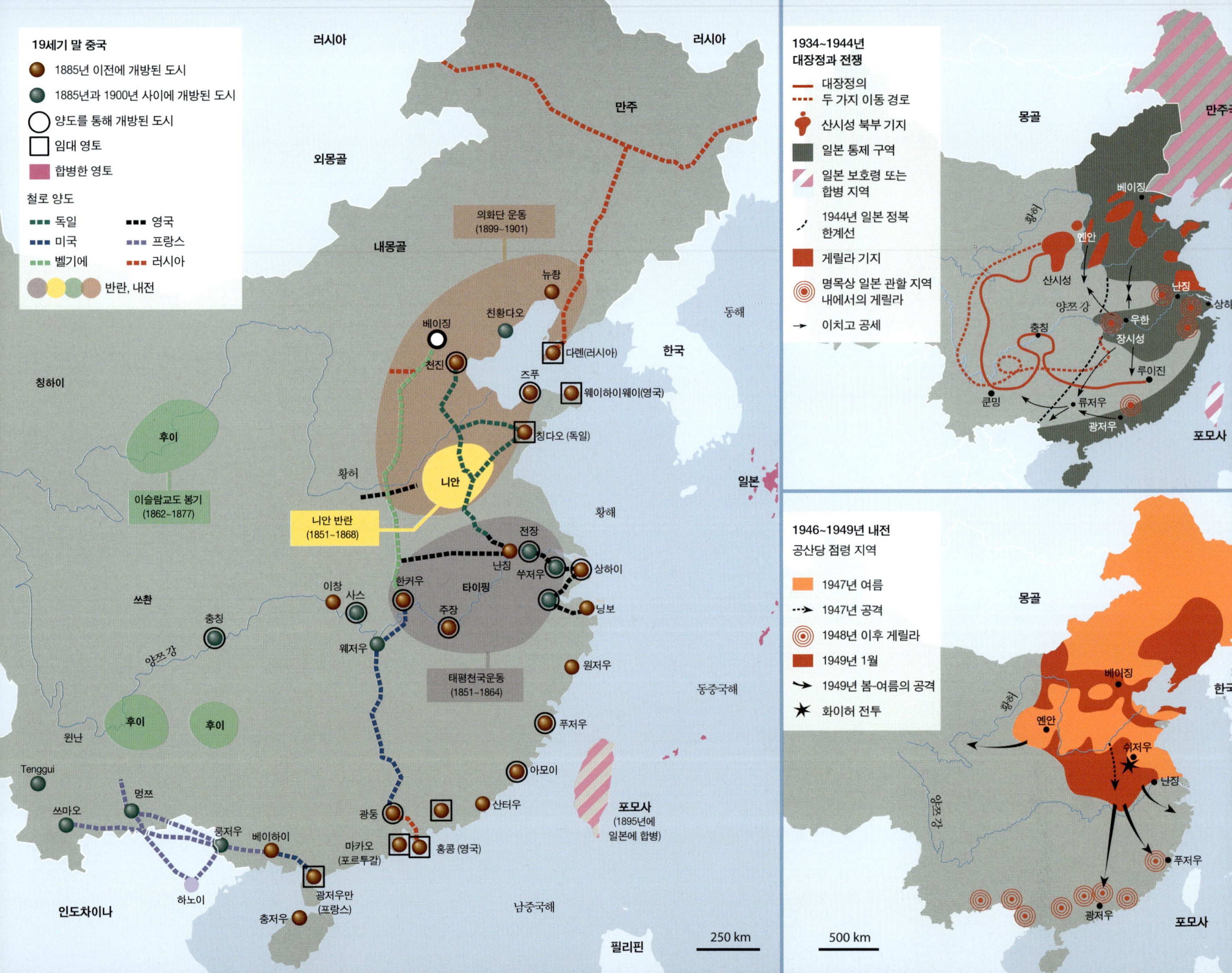
19세기 말 중국
1885년 이전에 개방된 도시
1885년과 1900년 사이에 개방된 도시
양도를 통해 개방된 도시
임대 영토
합병한 영토
철로 양도
독일
미국
벨기에
영국
프랑스
러시아
반란, 내전
러시아
만주
외몽골
내몽골
칭하이
쓰촨
후이
이슬람교도 봉기
(1862~1877)
충칭
윈난
후이
후이
Tenggui
멍쯔
쓰마오
쿵저우
베이하이
하노이
마카오
(포르투갈)
홍콩 (영국)
광저우만
(프랑스)
충저우
인도차이나
의화단 운동
(1899~1901)
뉴장
친황다오
베이징
다롄(러시아)
천진
즈푸
웨이하이웨이(영국)
칭다오 (독일)
황허
한국
동해
니안
니안 반란
(1851~1868)
황해
전장
난징
쑤저우
상하이
한커우
타이핑
주장
닝보
이창
사스
웨저우
원저우
태평천국운동
(1851~1864)
푸저우
동중국해
아모이
산터우
광동
포모사
(1895년에
일본에 합병)
남중국해
일본
필리핀
250 km

1934~1944년
대장정과 전쟁
대장정의
두 가지 이동 경로
산시성 북부 기지
일본 통제 구역
일본 보호령 또는
합병 지역
1944년 일본 정복
한계선
게릴라 기지
명목상 일본 관할 지역
내에서의 게릴라
이치고 공세
몽골
만주국
베이징
옌안
산시성
양쯔 강
충칭
우한
난징
상하이
장시성
루이진
쿤밍
류저우
광저우
포모사
황허

1946~1949년 내전
공산당 점령 지역
1947년 여름
1947년 공격
1948년 이후 게릴라
1949년 1월
1949년 봄-여름의 공격
화이허 전투
몽골
베이징
옌안
쉬저우
난징
한국
황허
양쯔 강
푸저우
광저우
포모사
500 km

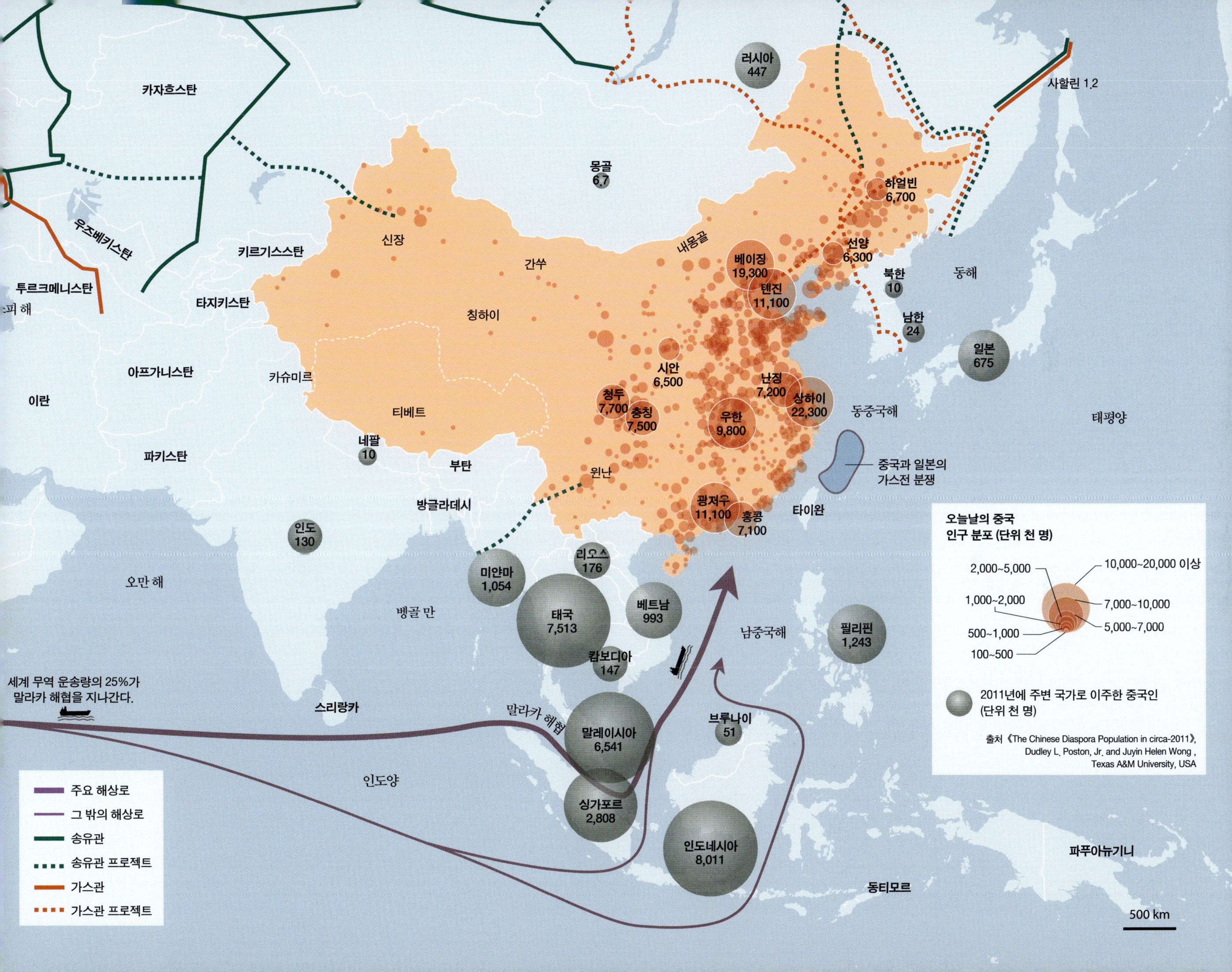

카자흐스탄
우즈베키스탄
투르크메니스탄
키르기스스탄
타지키스탄
아프가니스탄
이란
파키스탄
네팔
카슈미르
부탄
방글라데시
인도
130
스리랑카
오만 해
벵골 만
인도양
말라카 해협
세계 무역 운송량의 25%가
말라카 해협을 지나간다.
신장
간쑤
칭하이
티베트
윈난
몽골
6.7
내몽골
러시아
447
사할린 1,2
하얼빈
6,700
선양
6,300
베이징
19,300
톈진
11,100
북한
10
남한
24
동해
일본
675
시안
6,500
청두
7,700
충칭
7,500
우한
9,800
난징
7,200
상하이
22,300
광저우
11,100
홍콩
7,100
타이완
동중국해
태평양
중국과 일본의
가스전 분쟁
남중국해
미얀마
1,054
리오스
176
베트남
993
태국
7,513
캄보디아
147
말레이시아
6,541
싱가포르
2,808
브루나이
51
인도네시아
8,011
필리핀
1,243
동티모르
파푸아뉴기니
500 km

오늘날의 중국
인구 분포 (단위 천 명)
2,000~5,000
1,000~2,000
500~1,000
100~500
10,000~20,000 이상
7,000~10,000
5,000~7,000
2011년에 주변 국가로 이주한 중국인
(단위 천 명)
출처 《The Chinese Diaspora Population in circa-2011》,
Dudley L. Poston, Jr. and Juyin Helen Wong ,
Texas A&M University, USA

주요 해상로
그 밖의 해상로
송유관
송유관 프로젝트
가스관
가스관 프로젝트

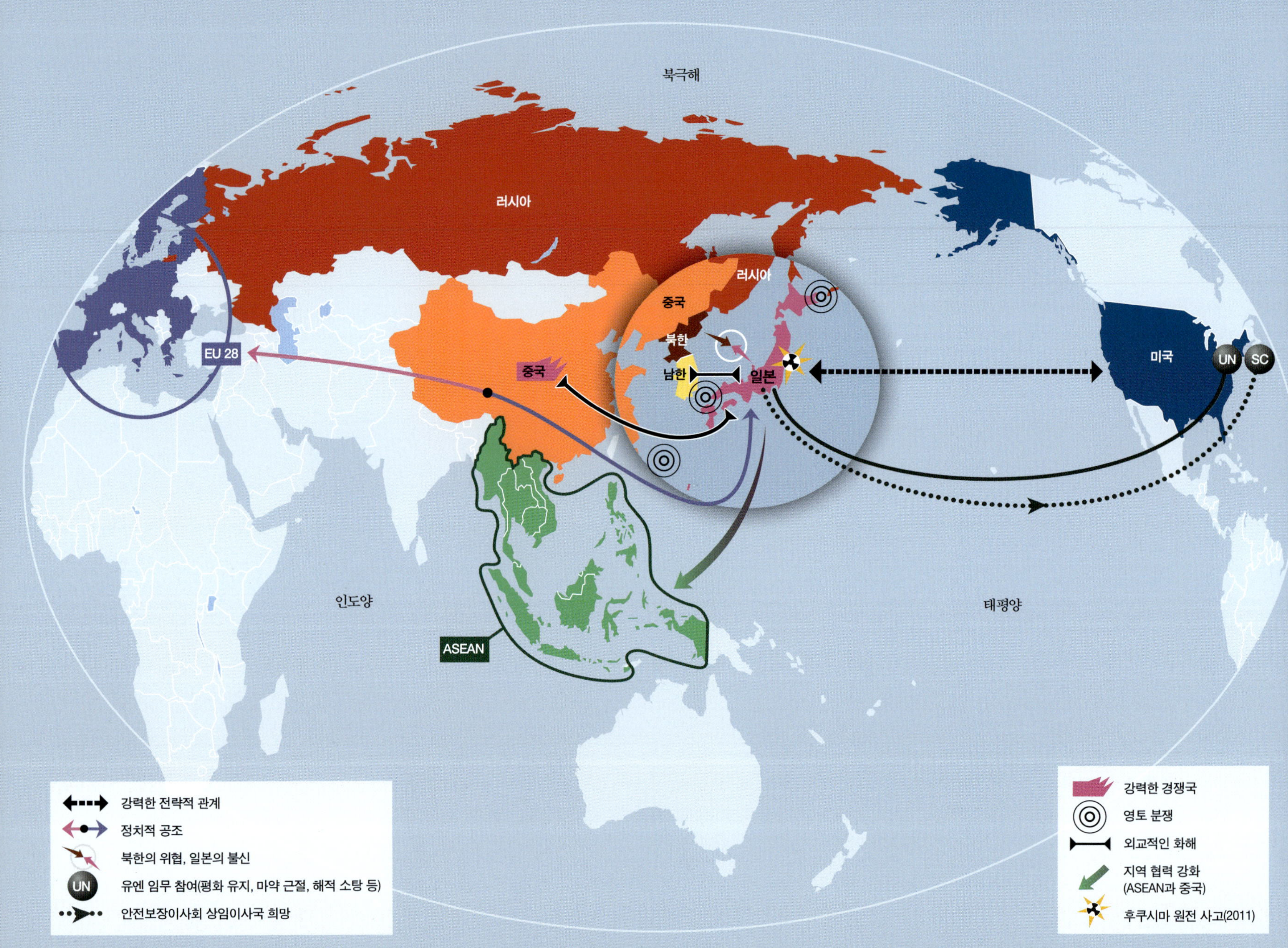
북극해
러시아
중국
러시아
북한
남한
일본
EU 28
중국
미국
UN
SC
ASEAN
인도양
태평양
강력한 전략적 관계
정치적 공조
북한의 위협, 일본의 불신
유엔 임무 참여(평화 유지, 마약 근절, 해적 소탕 등)
안전보장이사회 상임이사국 희망
강력한 경쟁국
영토 분쟁
외교적인 화해
지역 협력 강화
(ASEAN과 중국)
후쿠시마 원전 사고(2011)

일본

오랫동안 폐쇄적이었던 일본은 1864년 페리 제독의 포격을 앞세운 미국의 개항 요구에 문호를 개방했고, 메이지 유신1868~1912 동안 서구의 영향을 받아 근대화를 이루었다. 1905년에는 러시아에 처음으로 군사적 승리를 거두었고, 20세기 전반기에는 아시아 대륙에 대한 팽창 정책을 추진했다. 1910년 조선을 합병하고, 1931년 만주, 1938년 중국을 공격했다. 1941년 12월에는 미국 진주만을 공격하고 태평양을 차지했다. 일본은 농남아시아에서 유럽 식빈 상대국에 맞서 싸워야 한다고 주장했지만, 정작 냉혹한 탄압을 바탕으로 자국의 통치령으로 삼았다.

1945년 8월 6일과 9일 히로시마와 나가사키에 원자폭탄이 떨어지면서 패했고, 미국은 일본의 천황제는 유지하되 단지 상징적인 권한만을 남겨 놓았다. 그러나 일본인에게 독일인처럼 범죄 행위에 대한 양심 검사를 강요하지 않는다.

한국전쟁은 소련과 중국이라는 강대국 앞에서 일본을 그 무엇과도 대체할 수 없는 미국의 항공모함으로 만들어 놓았다. 공산주의 국가인 중국, 자본주의 국가인 한국과의 관계도 여전히 민감한 상태로 남아 있다. 일본이 과거, 전쟁, 잔인한 만행에 대해 분명하게 인정하거나 책임지지 않았기 때문이다. 동아시아 국가들은 일본과 밀접한 경제적인 관계를 맺고 있음에도, 군국주의가 되살아날지도 모른다는 두려움에 휩싸여 있다.

1950년대부터 놀라운 경제 발전을 이룬 일본은 세계 GDP의 3%에서 1980년대 초에 13%까지 차지하였다. 아무리 정치적인 제약이 있더라도 일본은 경제 대국이자 '미래의 세 번째 강대국'의 자격을 갖추고 있다. 일본은 경제 및 금융 강국에 전략적 강국이라는 타이틀을 덧붙이는 것의 장점과 단점을 가늠해 보고 있다. 2000년대 일본은 이런 이유로 안전보장이사회 상임이사국 자리에 지원했다.

아시아에서 냉선은 끝났지만, 국가 간 경쟁이 사라진 것은 아니다. 일본은 중국과 경제적으로 서로 의존하고 있음에도, 북한의 위협을 통제할 수 있는 것처럼 보임에도, 자국의 안보를 걱정하고 있다. 아직 해결되지 않은 영토 분쟁 역시 러시아와의 관계에 부담으로 작용하고 있다. 이 때문에 일본은 안보를 미국에 의존하고 있으며, 따라서 워싱턴에 대한 행농에 제한적이다.

일본이 어려워하는 문제는 점점 더 권한이 커지고 있는 중국과 러시아로부터 중요한 관심사에너지 안보를 지켜 내는 것이다. 자위대법 개정을 통해 해외에 무력행사가 가능해졌으나, 미국에서 허용하는 범위를 넘어서지 않고 아시아에서 불안을 야기하지 않기는 힘들 것이다. 중국과의 관계는 점점 더 긴장이 고조되고 있다.

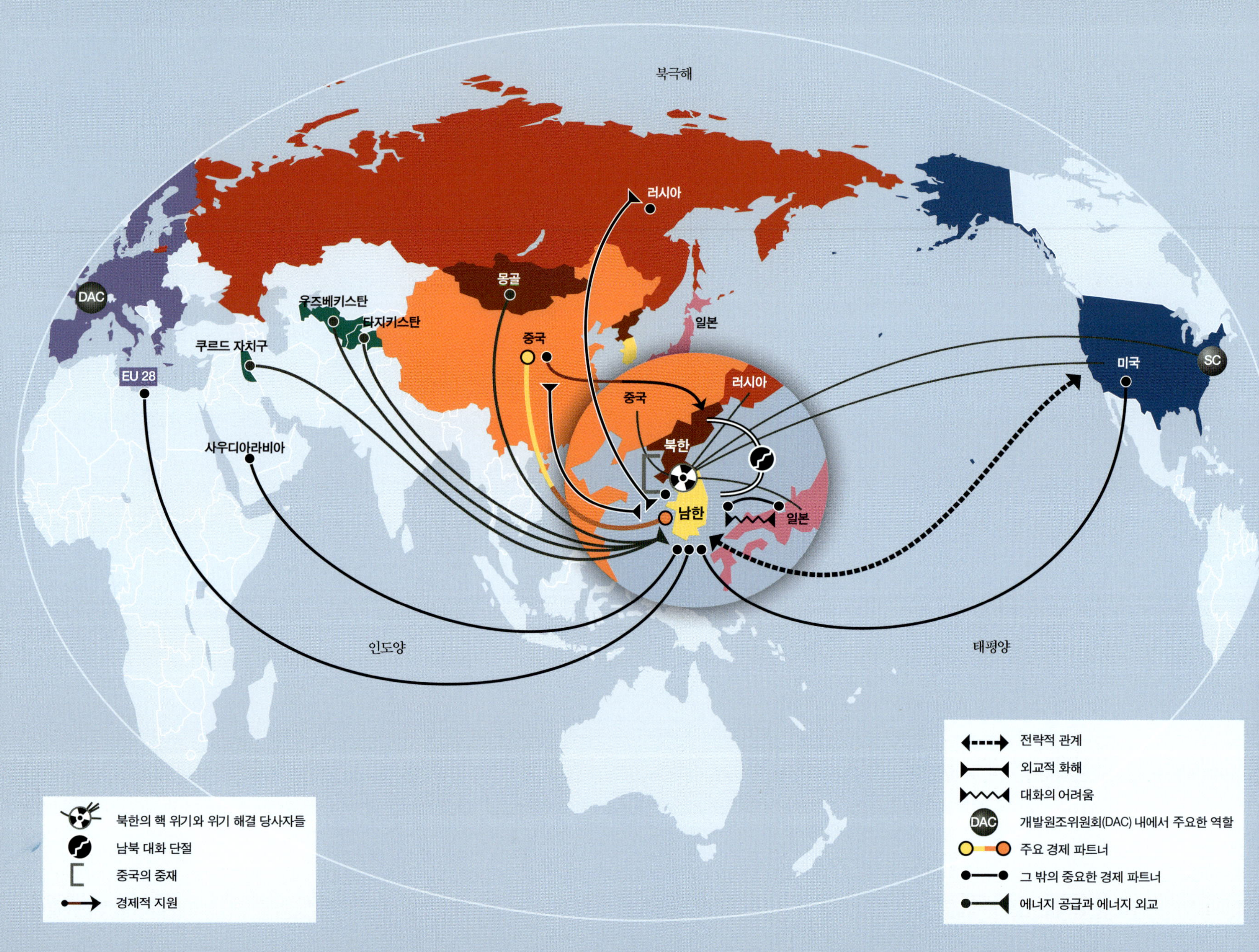

북극해
러시아
몽골
우즈베키스탄
다지키스탄
쿠르드 자치구
중국
일본
DAC
EU 28
사우디아라비아
러시아
중국
북한
남한
일본
미국
SC
인도양
태평양
북한의 핵 위기와 위기 해결 당사자들
남북 대화 단절
중국의 중재
경제적 지원
전략적 관계
외교적 화해
대화의 어려움
개발원조위원회(DAC) 내에서 주요한 역할
주요 경제 파트너
그 밖의 중요한 경제 파트너
에너지 공급과 에너지 외교

대한민국

대한민국은 오늘날 통일이 주요 목적인 분단국가이다. 제2차 세계대전 뒤 한국은 북위 38도선을 경계로 미국과 소련에 의해 각각 남과 북이 점령당했다. 1950년에 소련과 중국의 도움을 받은 북한은 미국의 원조를 받고 있는 남한에 대해 전쟁을 일으켰다. 냉전 시대에 가장 중요한 전쟁이었던 이 전쟁은 결국 현상 유지로 끝났다.

자본주의 남한과 공산주의 북한은 전쟁을 바탕으로 각각 독재 체제를 실시했다. 남한은 북한과 대조적으로 산업, 교육, 자본주의를 중심으로 급속한 경제 성장을 이루었다. 1980년대에 민주화를 이루었으며, 발달한 시민 사회 단체와 정치 단체를 탄생시켰다.

1990년대 이후 남한은 북한에 대해 더욱 온건한 정책을 채택했다. 남한은 정치적 분단을 넘어서 동일한 문화와 언어를 바탕으로 천 년 역사를 가진 한민족이라고 생각한다. 서울은 충돌을 두려워하지만, 감당하기 힘들 정도의 경제적, 사회적 비용을 요구할지도 모르는 통일을 너무 빨리 앞당길 수 있는 체제의 붕괴도 두려워한다. 북한 주민은 2,400만 명, 남한 주민 5천만 명이며, 발달 격차가 크다.

1895년에 일본이 침략하기 전까지 수세기 동안 중국이 한국에 영향력을 행사했지만, 서울과 베이징의 관계는 좋은 편이다. 중국은 경제 파트너이자 북한의 태도에 대한 중재자 역할을 하는 것으로 인식된다. 1895~1945년 재산을 약탈하고 국민을 노예로 삼으면서 한국을 대륙 진출을 위한 교두보로 삼고자 했던 일본의 경우는 이와 다르다. 일본의 뒤늦은 불충분한 사과는 두 나라의 화해를 방해하고 있다.

1988년 올림픽 개최와 2002년 월드컵 공동 개최는 특별한 방법으로 한국의 민족주의를 확인시켜 주었다. 한국인은 일본인과 마찬가지로 미국의 보호에 의존하고 있다. 하지만 한국에서는 중국에 대한 두려움이 더 강하고, 워싱턴에 대한 독립의 욕구가 훨씬 더 크다. 장년 세대와 반대로 청년 세대는 미국에 대해서 덜 긍정적인 시각을 가지고 있다. 2003년에 북한을 '악의 축'으로 규정하고 평양에 대해서 공격적이라고 판단되는 태도를 취했던 부시 대통령 역시 한국인들은 부정적으로 평가한다. 워싱턴과 서울 사이의 무역 소송이나 한국이 미국의 전략적 목적을 위한 도구로 사용되고 있다는 느낌은 두 나라의 관계를 복잡하게 만들고 있다.

21세기 남한은 국제무대에서 자율적인 방식으로 존재하고, 미국과 동맹 관계를 유지하면서 동시에 행동의 유연성을 얻고자 노력한다. 통일이 너무 비싼 대가를 치러야 하는 것으로 판단될수록 남한은 북한이 안정되기를 바라지만, 체제가 진보하리라는 환상은 품지 않고 있다.

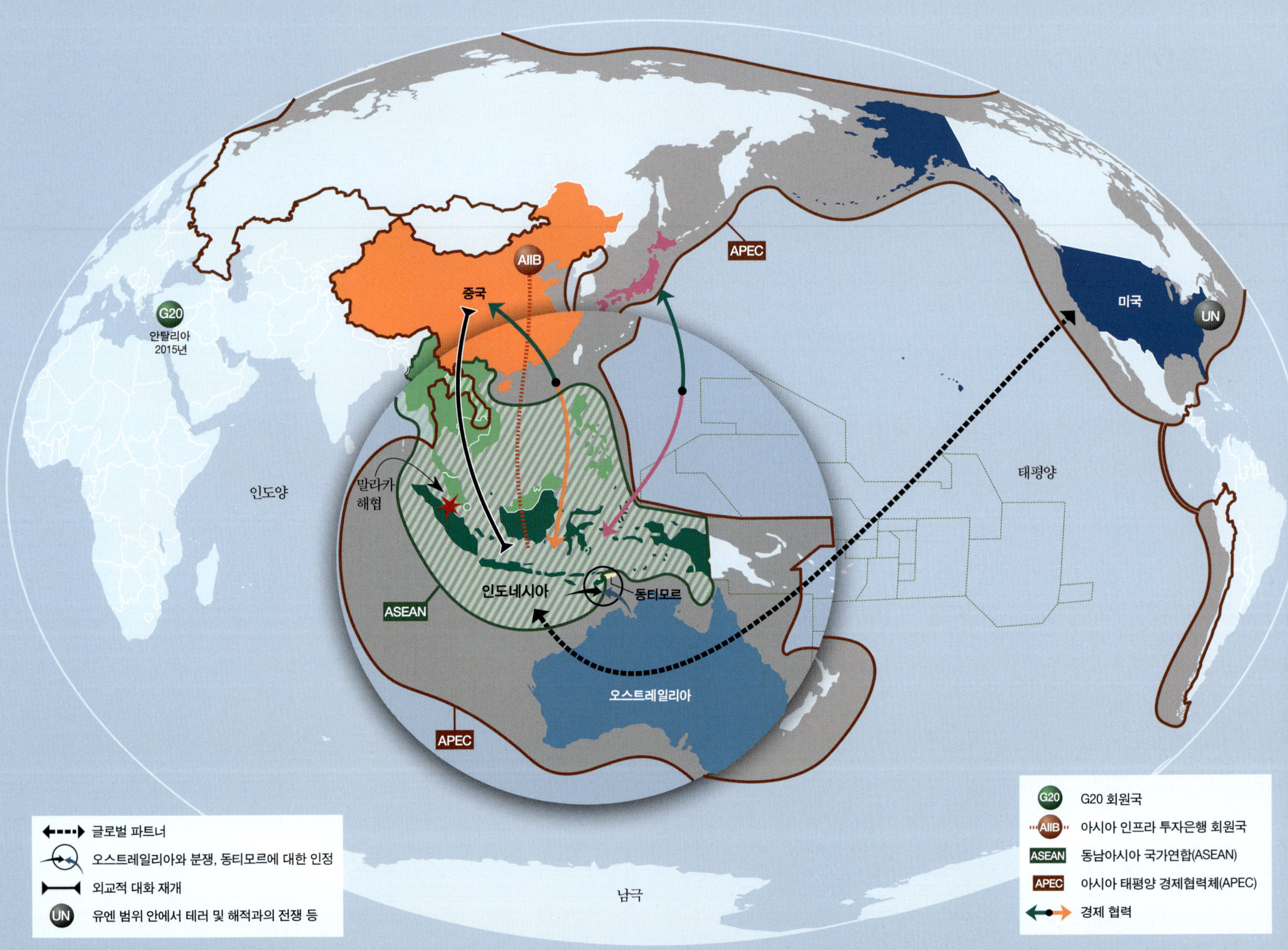

G20
안탈리아
2015년
AIIB
중국
APEC
미국
UN
말라카
해협
인도양
ASEAN
인도네시아
동티모르
APEC
오스트레일리아
태평양
남극
글로벌 파트너
오스트레일리아와 분쟁, 동티모르에 대한 인정
외교적 대화 재개
UN 유엔 범위 안에서 테러 및 해적과의 전쟁 등
G20 G20 회원국
AIIB 아시아 인프라 투자은행 회원국
ASEAN 동남아시아 국가연합(ASEAN)
APEC 아시아 태평양 경제협력체(APEC)
경제 협력

인도네시아

1만 3,466개의 섬과 서로 다른 300여 개의 민족으로 구성된 광대한 열도인 인도네시아는 이 나라 전체를 통합하는 데 200년이 걸린 네덜란드의 식민 지배를 받았다.

제2차 세계대전이 끝나자, 인도네시아는 독립을 선언했다. 1965년, 수카르노의 진보적인 정권은 공산주의에 맞서 싸운다는 명분으로 미국의 도움을 받은 수하르토 장군에 의해 전복되었다. 이 쿠데타 결과, 거의 50만 명이 사망했다. 그때부터 인도네시아는 제3세계의 적극적인 리더 역할을 그만두고 미국에 동조하였다. 1998년에 금융 위기는 거친 폭동으로 이어졌고, 이 폭동은 결국 민주주의 설립으로 끝이 났다. 그 후로 민주주의 정부가 유지되고 있다.

제3세계를 등장시킨 1955년 반둥 회의의 정신을 충실히 이어 가면서, 인도네시아는 남반구 국가들의 대변인임을 자처한다. 이 신생 민주주의 국가는 독립, 국민 자주, 불간섭주의라는 정치 원칙을 나름대로 충실히 지키며 성공한 예를 보여 준다.

인도네시아는 동남아시아 제일의 경제 대국이며, 세계에서 네 번째로 인구가 많고, 이슬람 인구가 세계 최대인 나라이다. 그리고 세계 최초의 해상 운송로인 말라카 해협이 열도를 관통하고 있다.

분쟁과 충돌의 시기가 지난 1999년, 인도네시아는 1975년에 수하르토 장군이 무력으로 합병한 티모르의 독립을 인정했다.

인도네시아는 동남아시아 국가연합ASEAN의 창립 회원국이자 가장 중요한 회원국이기도 하다. 인도네시아가 영향력을 발휘하고 있는 두 번째 모임은 1989년에 만들어진 아시아 태평양 경제협력체APEC이다. 인도네시아는 또한 이슬람 회의기구Organization of the Islamic Conference에도 가입하고 있다.

인도네시아는 미국과 전략적으로도 긴밀한 관계를 유지하고 있다. 동시에 '좋은 이웃 정책'이라는 이름으로 1990년부터 베이징과 관계를 발전시키고 외교 관계를 회복하고 있다. 2008년에 만들어진 G20 회원국이기도 하다.

2014년 조코 위도도의 대통령 당선이 보여 주듯이, 인도네시아에서 민주주의는 단단하게 뿌리내렸다. 그리고 이제 신흥 국가들 사이에서 보다 중요한 역할을 수행하기를 기대하고 있다.

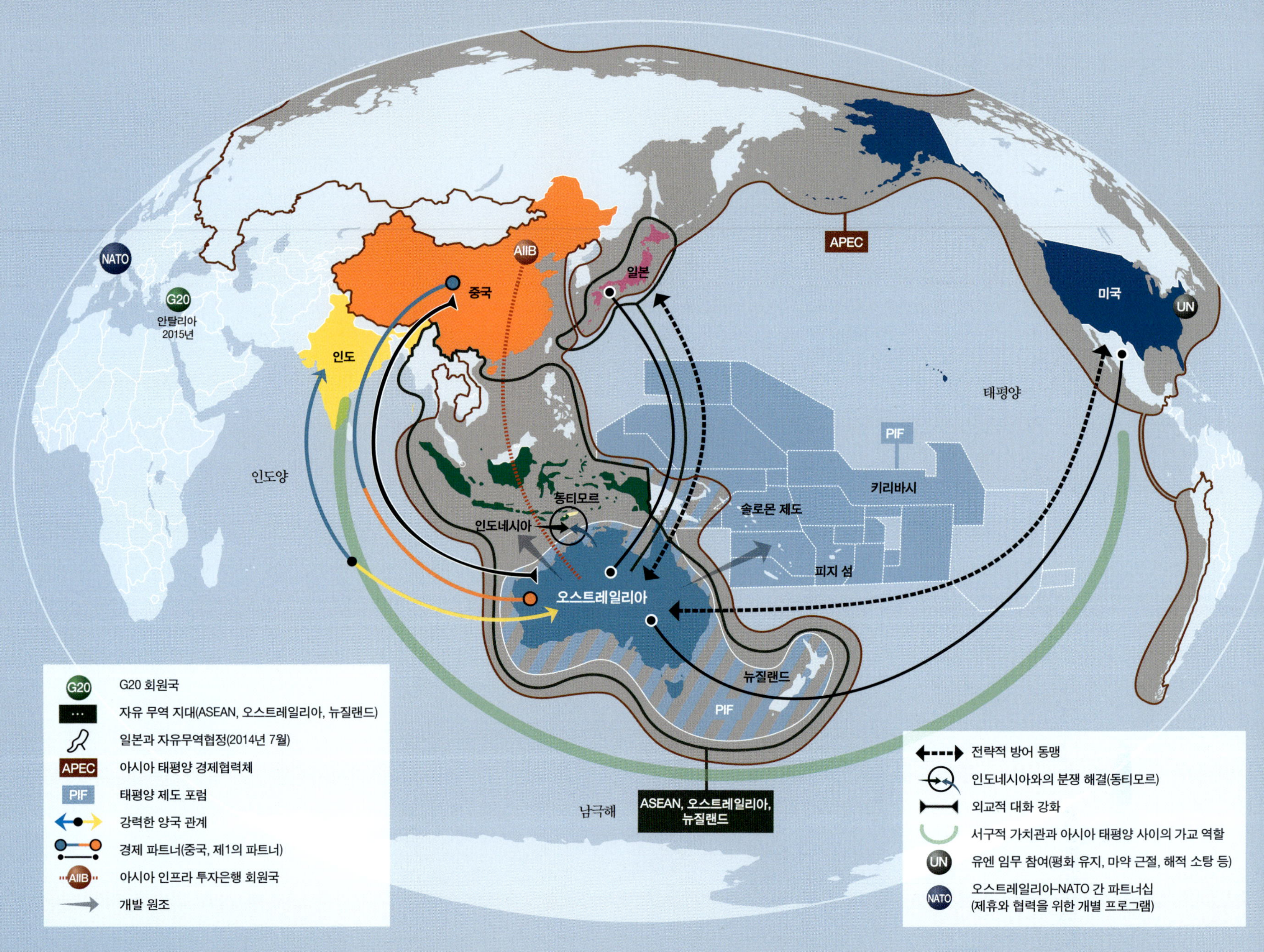
NATO
G20
안탈리아
2015년
인도
중국
AIIB
일본
APEC
미국
UN
인도양
태평양
PIF
키리바시
솔로몬 제도
동티모르
인도네시아
오스트레일리아
피지 섬
뉴질랜드
PIF
남극해
ASEAN, 오스트레일리아,
뉴질랜드
G20 회원국
자유 무역 지대(ASEAN, 오스트레일리아, 뉴질랜드)
일본과 자유무역협정(2014년 7월)
APEC 아시아 태평양 경제협력체
PIF 태평양 제도 포럼
강력한 양국 관계
경제 파트너(중국, 제1의 파트너)
AIIB 아시아 인프라 투자은행 회원국
개발 원조
전략적 방어 동맹
인도네시아와의 분쟁 해결(동티모르)
외교적 대화 강화
서구적 가치관과 아시아 태평양 사이의 가교 역할
UN 유엔 임무 참여(평화 유지, 마약 근절, 해적 소탕 등)
NATO 오스트레일리아-NATO 간 파트너십
(제휴와 협력을 위한 개별 프로그램)

오스트레일리아

영국이 오스트레일리아를 식민지로 삼은 것은 18세기 말로 거슬러 올라간다. 처음 이 섬 대륙에는 추방당한 죄수들이 거주했다. 유럽 강대국의 다른 식민지들처럼, 오스트레일리아에서 역시 원주민들의 토지 및 사회적 권리는 철저하게 무시되었다. 1901년 오스트레일리아는 독립했고, 연합군 편에서 두 차례의 세계전쟁에 참전했다.

오스트레일리아는 인구밀도가 아주 낮은 거대한 나라이다. 프랑스보다 40배나 더 넓은 면적을 자랑하지만, 인구는 3분의 1 수준이다. 강력한 농업국이며, 상당한 광산 자원 및 에너지 자원을 보유하고 있다. 해외 정책은 영국, 미국의 정책을 모방하고 있다.

오스트레일리아는 냉전 기간에 서방 국가들의 강력한 동맹국이었다앤저스 조약, 1957년. 1970년대 중반, 오스트레일리아는 태평양에서의 프랑스 핵실험에 아주 강력하게 반대했다. 2001년 이후에는 조지 부시 대통령의 '테러와의 전쟁'이나 이라크에 대한 전쟁을 지지했다.

그렇지만 오스트레일리아는 태평양 국가들에 대한 소속감이나 아시아 주변 국가들과 좋은 관계를 유지할 필요성을 잘 의식하고 있었다. 오스트레일리아는 APEC아시아 태평양 경제협력기구 회원국이기도 하다.

아시아 혹은 태평양 지역에서 서구 및 백인 문화를 가진 국가인 오스트레일리아는 원주민에 대한 약탈을 기반으로 건국되었으며, 적대적 요소가 잠재된 환경으로 이주해 온 유럽 이민자들의 국가이다. 하지만 아시아 태평양 지역에 서구적인 가치를 전달하는 대변인이 되기를 원한다. 동시에 인구밀도가 아주 낮으므로 종종 인구밀도가 높은 활기 넘치는 아시아에 잠식당할지도 모른다는 두려움을 느끼고 있다.

이제 오스트레일리아는 상대적으로 고립되어 있는 지리적 위치임에도 국제 문제에 아주 적극적으로 개입하고 있으며, 평화 유지와 관련된 수많은 임무에도 참여하고 있다. 또한 인도네시아가 1975년과 1998년 사이에 티모르를 점령하고 있는 동안에도 인도네시아를 관대하게 대했다. APEC 안에서 오스트레일리아는 앵글로 색슨족으로서의 뿌리미국과 캐나다도 거기에 참여한다, 지역적 소속감, 중국과의 대화 필요성을 잘 조정해 나갈 수 있기를 희망한다. 오스트레일리아는 현재 G20 회원국이다.

2013년 가을에 총리로 당선된 토니 애벗은 버락 오바마가 당선된 이후로 미국의 외교 정책에서 버려진 신보수주의 노선을 채택하고 있다.

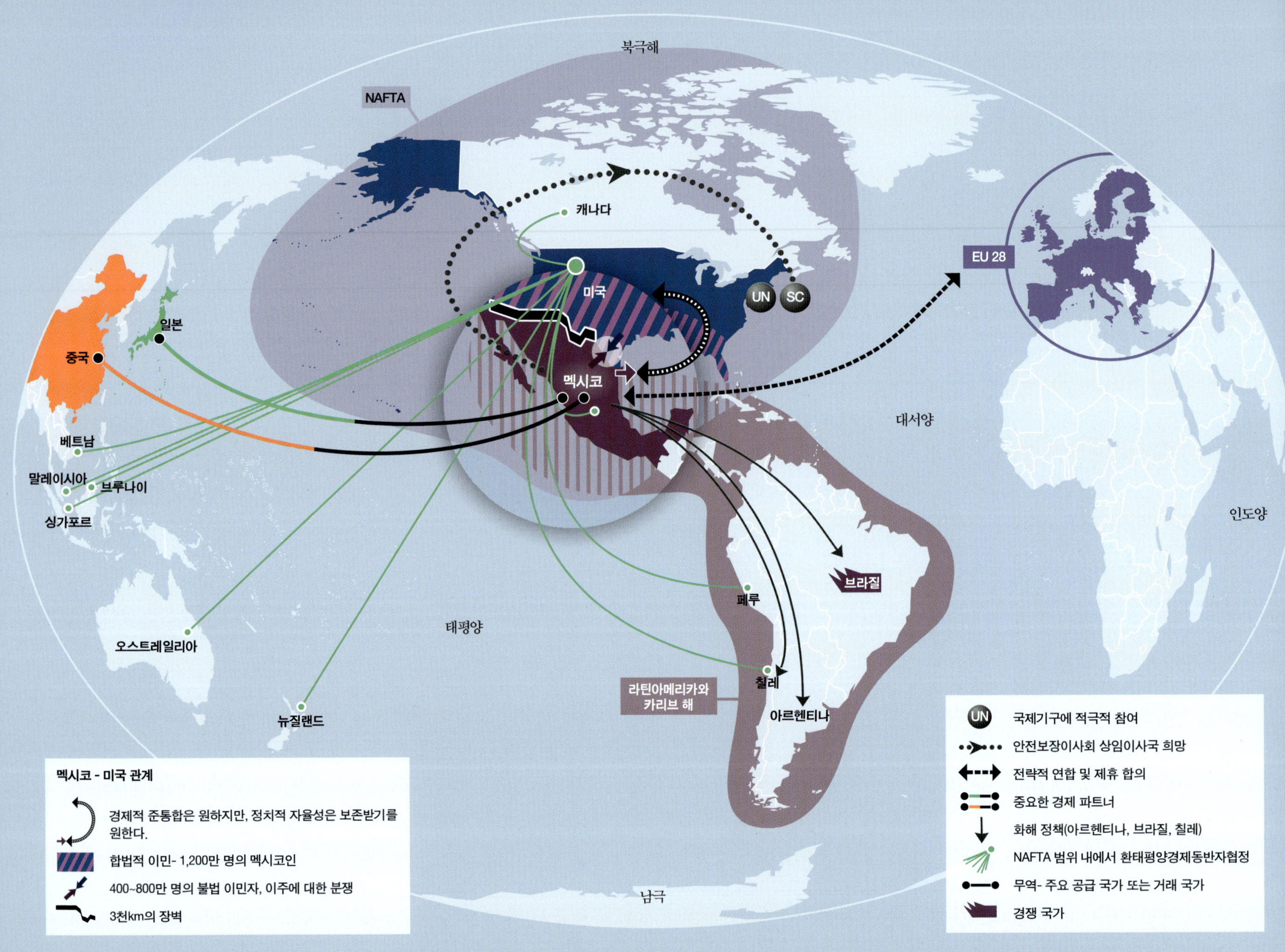
북극해
NAFTA
캐나다
미국
UN SC
EU 28
일본
중국
베트남
말레이시아
브루나이
싱가포르
멕시코
대서양
인도양
오스트레일리아
태평양
페루
브라질
뉴질랜드
칠레
라틴아메리카와
카리브 해
아르헨티나
남극

멕시코 - 미국 관계
경제적 준통합은 원하지만, 정치적 자율성은 보존받기를 원한다.
합법적 이민- 1,200만 명의 멕시코인
400~800만 명의 불법 이민자, 이주에 대한 분쟁
3천km의 장벽

UN 국제기구에 적극적 참여
안전보장이사회 상임이사국 희망
전략적 연합 및 제휴 합의
중요한 경제 파트너
화해 정책(아르헨티나, 브라질, 칠레)
NAFTA 범위 내에서 환태평양경제동반자협정
무역- 주요 공급 국가 또는 거래 국가
경쟁 국가

멕시코

1821년에 독립한 멕시코에게 미국과 지리적으로 가깝다는 사실은 늘 긍정적인 영향만 끼치는 것은 아니다. 1846년과 1848년 사이에 두 나라가 대립했던 유일한 전쟁에서 멕시코는 캘리포니아, 뉴멕시코, 애리조나, 텍사스를 잃었다. 1861년에는 프랑스의 군사적 개입도 받아야 했다. 1911년 멕시코 혁명 직후 베라크루스 항에는 미군 부대가 상륙했다. 멕시코가 국민 주권, 영토 보존, 내정 불간섭 원칙에 집착하는 이유는 이런 역사로 설명할 수 있다.

미국과의 관계는 멕시코 정치에 큰 영향을 끼친다. 1938년 석유 국유화는 사회 정의보다 국가 독립의 수단으로 더 인식되었다. 3천 *km*의 국경을 공유함으로써 양국은 서로의 존재를 무시할 수 없고, 역사와 불균형한 상황은 관계가 편안해지는 것을 막고 있다.

냉전 기간에 멕시코는 카스트로 정부와 좋은 관계를 유지하며 차이를 드러냈고, 라틴아메리카에 대한 미국의 다양한 간섭을 비난했다. 또한 워싱턴에 대한 재량권을 강화하기 위한 수단으로 비동맹 국가운동의 선도 국가 중 하나임을 자처한다. 1973년부터 1974년 이후에 석유 산업이 비약적으로 발전하면서 새로운 수단을 마련했지만, 독립에 대한 걱정이 석유수출국기구에 가입하는 것을 막고 있다.

멕시코는 불필요할지도 모르는 군사 도구를 개발하겠다고 주장하지 않는다. 북아메리카 이웃 국가들에 대해서 의미가 없으며, 중앙아메리카 중소강국들에 대해서는 필요 이상이기 때문이다. 1992년에 멕시코는 NAFTA북미 자유무역협정를 미국, 캐나다와 체결했다. 이로써 미국은 멕시코 수출량의 85%를 차지하게 되었지만, 멕시코는 미국 수출량의 단지 10%만을 차지하고 있다.

2003년 안전보장이사회 비상임국가로서 멕시코는 이라크 전쟁에 반대했다. 또한 국제형사재판에 대한 지지로 미국을 화나게 만들었다. 멕시코는 〈교토 의정서〉에도 가입했다. 미국이 자국으로 불법 이민자들이 넘어오는 것을 막고자 국경에 장벽을 설치하는 일은 두 나라 간에 불화를 일으키는 민감한 사안이다. 멕시코는 캐나다와 문화적으로 매우 다르지만, 미국이라는 초강대국과의 관계에 따라 스스로를 정의해야 하는 상황에 처한 것은 캐나다와 비슷하다.

멕시코는 라틴아메리카에서의 우위를 놓고 브라질과 경쟁하기를 원하며, 북아메리카와 남아메리카 사이의 가교 역할을 하고자 유엔 안전보장이사회 상임이사국 자리를 요청하고 있다. 2012년에 엔리케 페나 니에토가 펠리페 칼데론에 이어 대통령이 되었다.

멕시코 내부에서는 과격한 폭동이 계속되고 있으며, 마약 밀거래가 이루어지고 있지만, 매우 타락한 경찰은 거의 단속하지 않는다.

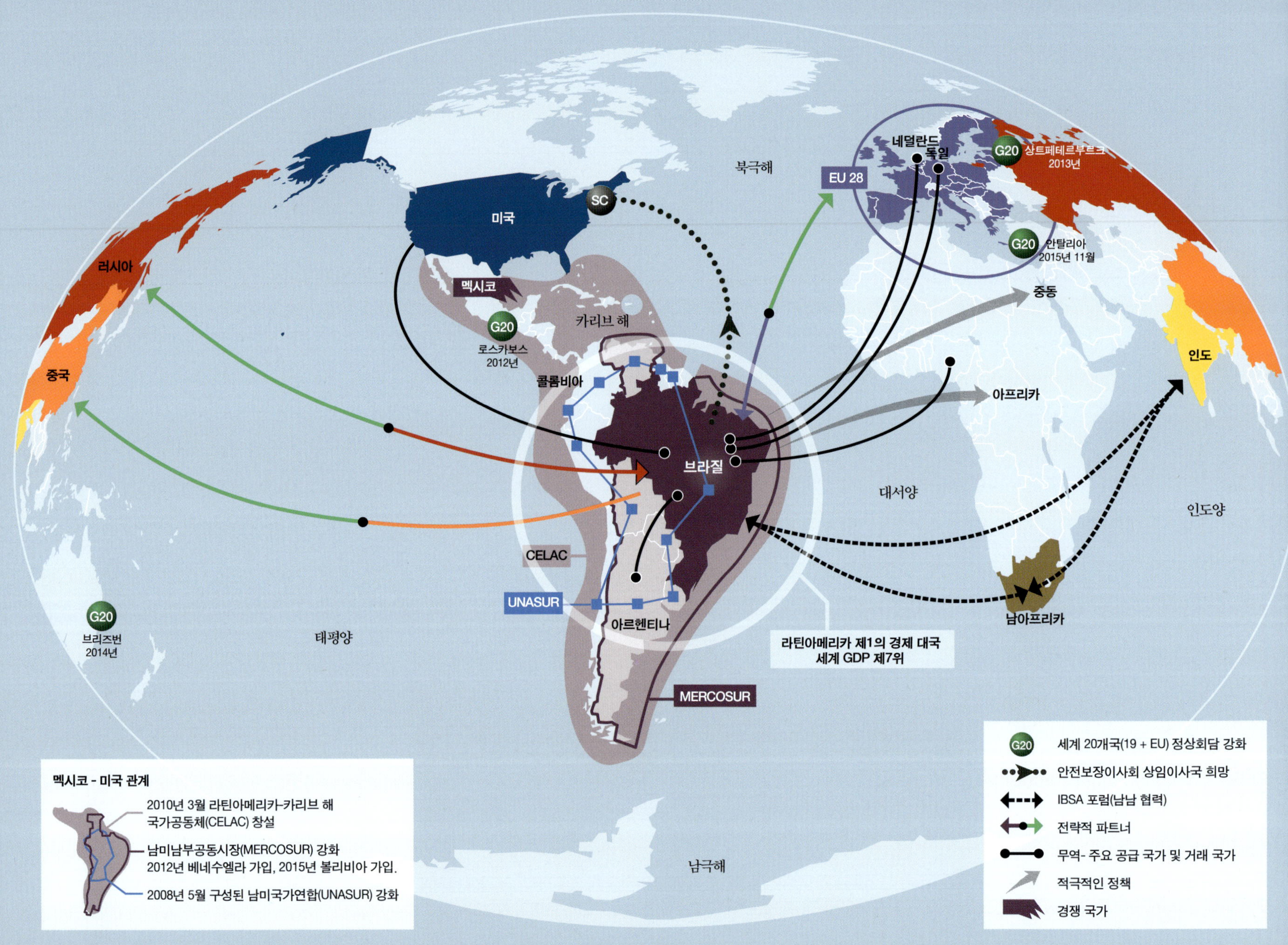

러시아
중국
인도
미국
멕시코
카리브 해
콜롬비아
브라질
아르헨티나
CELAC
UNASUR
MERCOSUR
네덜란드
독일
EU 28
G20 상트페테르부르크
2013년
G20 안탈리아
2015년 11월
중동
아프리카
SC
G20 로스카보스
2012년
G20 브리즈번
2014년
북극해
태평양
대서양
인도양
남극해
남아프리카
라틴아메리카 제1의 경제 대국
세계 GDP 제7위
멕시코 - 미국 관계
2010년 3월 라틴아메리카-카리브 해
국가공동체(CELAC) 창설
남미남부공동시장(MERCOSUR) 강화
2012년 베네수엘라 가입, 2015년 볼리비아 가입.
2008년 5월 구성된 남미국가연합(UNASUR) 강화
G20 세계 20개국(19 + EU) 정상회담 강화
안전보장이사회 상임이사국 희망
IBSA 포럼(남남 협력)
전략적 파트너
무역- 주요 공급 국가 및 거래 국가
적극적인 정책
경쟁 국가

지역 리더와 세계 강대국이 되겠다는 브라질의 야심은 저지당하고 있다.

라틴아메리카의 대국이자 잠재적인 세계 강국인 브라질은 지금까지 국제적인 역할을 거의 수행하지 않았다. 1817년에 먼로 대통령이 파견한 미국 사절단은 브라질을 미국과 경쟁할 만한 강대국으로 보았지만, 20세기 말까지 브라질은 클레망소가 브라질을 두고 말했던 "브라질은 오랫동안 그 상태로 남을 미래의 국가이다."라는 유명한 문장을 확인시켜 주는 데 그쳤다.

인구 통계학적인 규모와 비중 덕분에 브라질은 근접한 이웃 국가들의 표적이 되는 것을 피할 수 있었다. 먼 거리 역시 유럽 강대국과 북아메리카로부터 나라를 지킬 수 있게 해 주었다. 이 때문에 1822년 독립했을 때부터 라틴아메리카 국가들처럼 간접적인 방식으로만 국제 정치에 개입할 수 있기도 했다. 오랫동안 아르헨티나와 지역적으로 경쟁 관계에 있던 브라질은 라틴아메리카에서 스페인어를 사용하는 국가인 멕시코와도 비슷한 관계에 있다.

냉전 기간에 브라질은 서방 국가 편에 섰다. 미국은 1964년부터 억압적인 군사 정권을 지지했고, 이로써 브라질 대중은 미국에 대해서 부정적인 이미지를 가지고 있다. 냉전이 라틴아메리카에 끼친 영향력은 미미했지만, 이 시기에 브라질은 군사 독재와 게릴라를 겪어야만 했다. 더 나중에 민주주의를 회복하고 지역 경제 발전을 이루게 되자 브라질은 보다 유리한 입장을 점하게 되었다. 브라질은 미국의 욕망에 저항하고, 북미자유무역협정에 가입하는 것을 거절하고 이웃 국가들과 남미공동시장Mercosur, 메르코수르을 설립했으며, 이를 안데스 국가들까지 확대하고 싶어 한다.

2002년, 룰라가 대통령으로 당선되자 브라질은 미국과의 관계를 포함해 신중한 관리자인 동시에 진보적인 연설에 뛰어난 카리스마 넘치는 국가 원수를 갖게 되었다. 이후 브라질은 스스로를 지역 리더일 뿐만 아니라 신흥 강대국이라고 주장하고 있다. 브라질은 자유 무역과 강한 농업을 국가 발전에 이용하고 있으며, BRIC브라질, 러시아, 인도, 중국의 B이기도 하다. 세계무역기구에서 비중 있는 국가로서 유엔 안전보장이사회 상임이사국이 되고자 캠페인을 벌이고 있으며, 국제적으로 전략적 갈등 문제에 발언권을 행사하고 있다.

한편 브라질은 생태학적이지 않은 개발 방식과 거대한 아마존 산림 파괴에 대해서 비난을 받고 있다.

브라질의 역할은 외교 무대에서 점점 커지고 있다. 2010년, 2014년에 당선된 지우마 호세프는 룰루의 정책을 이어 가고 있다. 하지만 경제 성장은 둔화되었으며, 부패와 관련된 스캔들이 집권당인 노동자당과 브라질 국영석유회사인 페트로브라스 내부에서 터져 나오고 있다. 2015년에 이르러 대통령의 권력은 매우 약해졌다.

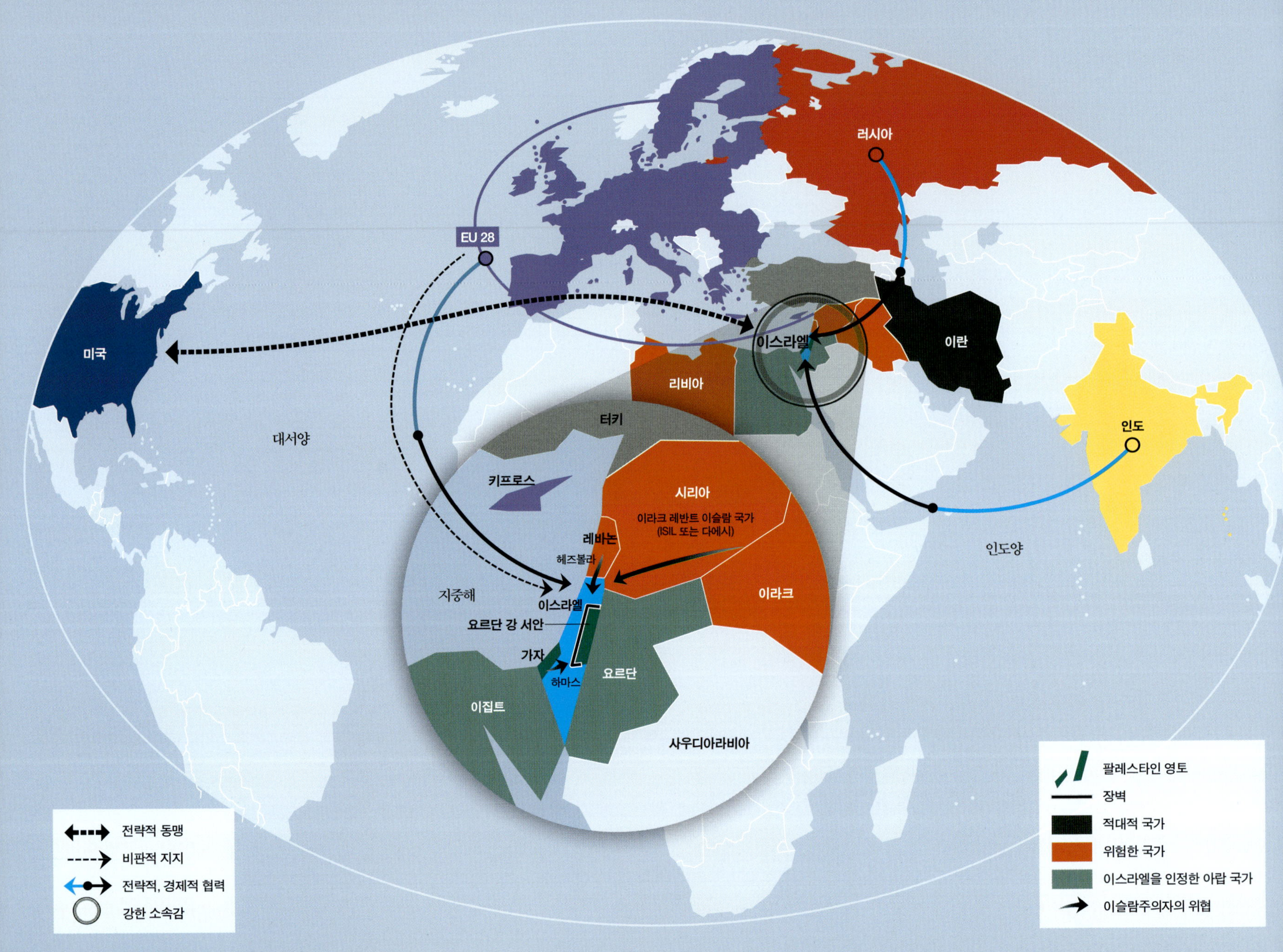

러시아
EU 28
미국
이스라엘
이란
인도
대서양
리비아
터키
키프로스
시리아
이라크 레반트 이슬람 국가
(ISIL 또는 다에시)
레바논
헤즈볼라
이라크
지중해
이스라엘
요르단 강 서안
가자
하마스
요르단
인도양
이집트
사우디아라비아
전략적 동맹
비판적 지지
전략적, 경제적 협력
강한 소속감
팔레스타인 영토
장벽
적대적 국가
위험한 국가
이스라엘을 인정한 아랍 국가
이슬람주의자의 위협

이스라엘

서기 1세기와 2세기에 로마에서 쫓겨난 유대인은 수세기 동안 많은 박해를 받았다. 1492년에 가톨릭교도인 이사벨라 여왕으로부터 스페인 왕국에서 추방당했으며, 19세기 러시아 제국 내에서도 차별과 박해를 받았다. 유럽 곳곳에서 유대인은 종종 폭력적인 방법을 동반한 반유대주의의 희생자가 되어야 했다. 19세기 유럽의 민족주의 운동과 같은 맥락에서 유대 민족을 인정받고 국가 수립을 목적으로 하는 시오니슴이 탄생했다.

1917년 영국 외무장관 밸푸어 경은 '땅이 없는 민족에게 민족 없는 땅'이라는 원칙으로 팔레스타인에 유대 민족의 조국을 건설하는 것을 지지한다는 선언을 했다. 이는 오스만 제국으로부터 완전한 독립을 보장해 주겠다고 아랍에게 했던 약속과 모순되는 것이다. 유럽의 두 전쟁 가운데 반유대주의의 전개는 유대인의 팔레스타인 대량 이주를 촉진시켰고, 또한 그 자체로 긴장을 유발했다.

하지만 유대인을 위한 국가 건설을 생각하게 된 것은 제2차 세계대전이 끝난 후, 집단 대학살에 대한 반응으로 일어났다. 유엔은 영국의 통치하에 있던 팔레스타인을 아랍인과 유대인에게 분할하는 팔레스타인 분할안을 내놓았다. 하지만 주변 아랍 국가들은 이 해결책을 거부했고, 새로운 국가인 이스라엘에 대해 첫 번째 전쟁을 일으키게 만들었다. 결과는 아랍 국가들의 패배였다. 이때부터 이스라엘은 팔레스타인 영토의 78%를 차지하게 되었다.

1967년 전쟁이 일어났을 때, 이스라엘은 팔레스타인 땅의 나머지 22%와 예루살렘 동부를 점령했지만, 이 땅은 미래의 팔레스타인 국가 영토의 토대가 된다. 드골 장군은 1967년에 이스라엘이 이 영토를 점령한 것을 비난했고, 이로써 이스라엘은 프랑스와 전략적 동맹을 단절하고 미국과 동맹을 시작하게 되었다.

당시 이스라엘은 스스로를 근동 지역에 위치한 서방 국가이자 민주주의 국가라고 생각했고, 수많은 사람들이 동서 경쟁에서 미국의 전진 기지로 보았다. 2001년 '테러와의 전쟁'이 새로운 유대감을 더해 주자, 두 나라 동맹은 깨뜨릴 수 없는 것처럼 보였다.

핵무기, 우수한 군사력, 전략적 우수성, 미국의 다양한 원조, 아랍 국가들의 반복된 평화 제안 등에도, 이스라엘은 늘 파괴될지도 모른다는 불안감에서 살고 있다. 이스라엘 정치 지도자 중 일부는 군사적 패권과 팔레스타인 영토 정복만이 필요하다고 생각한다. 또 다른 정치 지도자들은 주변 아랍국과 관계를 정상화하고 팔레스타인 국가의 수립을 인정할 때가 되었다고 생각한다. 그러나 이스라엘 유권자들은 극우파와 동맹관계를 맺은 베냐민 네타냐후의 리쿠드 당에게 2015년 3월 17일 선거에서 다수표를 몰아주었다.

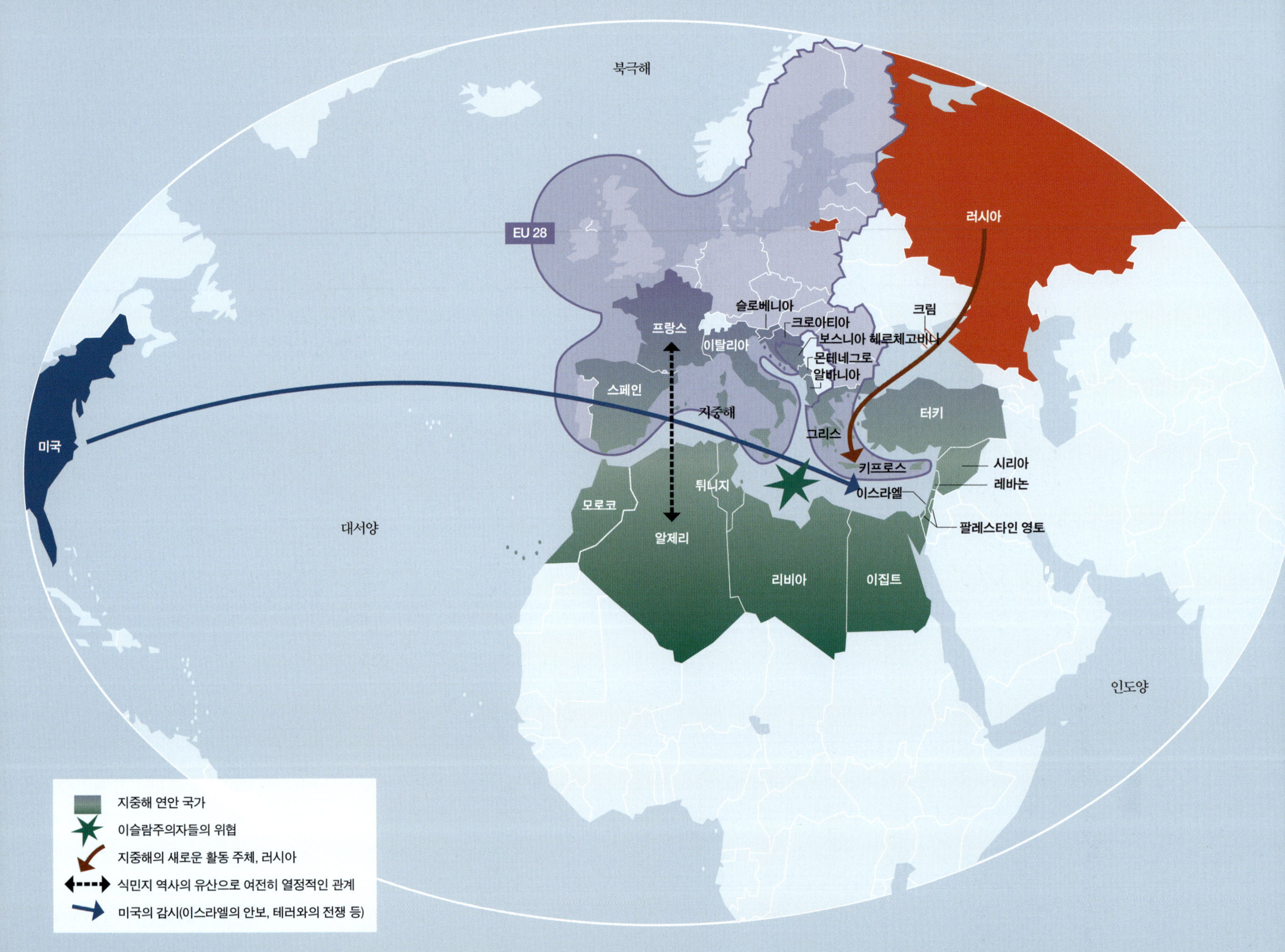
북극해
러시아
EU 28
슬로베니아
크로아티아
크림
프랑스
보스니아 헤르체고비나
이탈리아
몬테네그로
알바니아
스페인
터키
지중해
그리스
키프로스
시리아
레바논
이스라엘
미국
튀니지
팔레스타인 영토
모로코
알제리
대서양
리비아
이집트
인도양
지중해 연안 국가
이슬람주의자들의 위협
지중해의 새로운 활동 주체, 러시아
식민지 역사의 유산으로 여전히 열정적인 관계
미국의 감시(이스라엘의 안보, 테러와의 전쟁 등)

지중해 국가들

지중해 국가들을 해양학적 측면 혹은 기후나 지리적 측면에서 정의하거나 지중해에 인접한 국가들을 나열하는 것은 쉬운 일이다. 29개 국가이며, 아드리아 해나 흑해를 덧붙인다면 더 많아질 것이다.

하지만 정치, 종교, 언어, 문화적 측면에서는 로마 제국까지 거슬러 올라가지 않더라도 지중해 국가 사이에는 분명한 대립과 반목이 있었다. 7세기부터 수세기 동안 이슬람이 지중해 남부와 동부, 스페인 전역을 정복하면서 중요한 갈등이 싹트기 시작되었다. 지중해 이슬람 세계 내의 터키와 아랍 사이에도 중요한 차이가 생기기 시작했으며, 기독교 세계 내의 가톨릭과 정교회 국가 사이도 마찬가지이다. 1948년부터는 여기에 이스라엘 국가의 존재를 덧붙여야만 하는데, 이스라엘과 이웃 아랍 국가들의 관계는 정상화되지 않았으며, 팔레스타인 국가 수립에 종속되어 있다.

지중해 연안 북쪽의 유럽 국가들은 세계에서 가장 발달하고 부유한 나라들이다. 남쪽 국가들은 가스와 석유를 소유하고 있는지 여부에 따라 국민총생산이 아주 다양하다. 이를테면 알제리, 리비아, 일부 이집트는 가스와 석유를 소유하고 있다. 하지만 유엔 인간개발지수의 관점에서 이 국가들 역시 아직 개발 중인 국가이다.

과거 식민지 강국프랑스, 영국, 이탈리아, 스페인과 지중해 남쪽 국가들의 관계는 원칙적으로는 냉정을 유지하면서 미래를 지향하고 있다.

유럽과 지중해 사이 지역의 경제적, 인간적 상호의존성을 인정하는 유럽연합은 거의 30년 전부터 지중해 남쪽 국가들에 대해 원조 정책, 선린 정책, 다양한 정치적 합의를 개발하고 있으며, 1995년부터 '지중해 연안국 고위급 회의바르셀로나 프로세스'라고 불리는 야심 찬 협력 연합을 구상하고 있다. 지중해 남쪽 국가들은 이 회의와 관련된 재정적 도움을 고맙게 생각하지만, 그 도움에 대한 조건이 줄어들기를 기대한다. 이 국가들은 시장에 대한 접근성이나 이주에 대한 사유를 점점 더 많이 원하고 있다.

미국은 지중해를 특히 민감한 지역이스라엘의 안보, 테러와의 전쟁으로 보고, 제7함대를 배치했다. 15년 동안 쇠퇴했던 러시아 역시 이곳에 러시아 함대를 배치하고자 한다.

지중해를 보는 시각은 매우 다양하다. 본질적으로 유럽 국가, 특히 '지중해 정책'을 위해 싸우는 다양한 프랑스 단체들은 이러한 장애물과 차이를 뛰어넘어서 모두를 포용하거나 혹은 더 신중하게 서부 지중해에 우선적으로 관심을 가지고 있다. 2011년부터 '아랍의 봄'은 튀니지를 제외하고는 모두에게 재앙으로 변했다. 시리아 내전은 2015년에 20만 명 이상의 사망자를 냈으며, 중동 지역 전체를 분열시켰다.

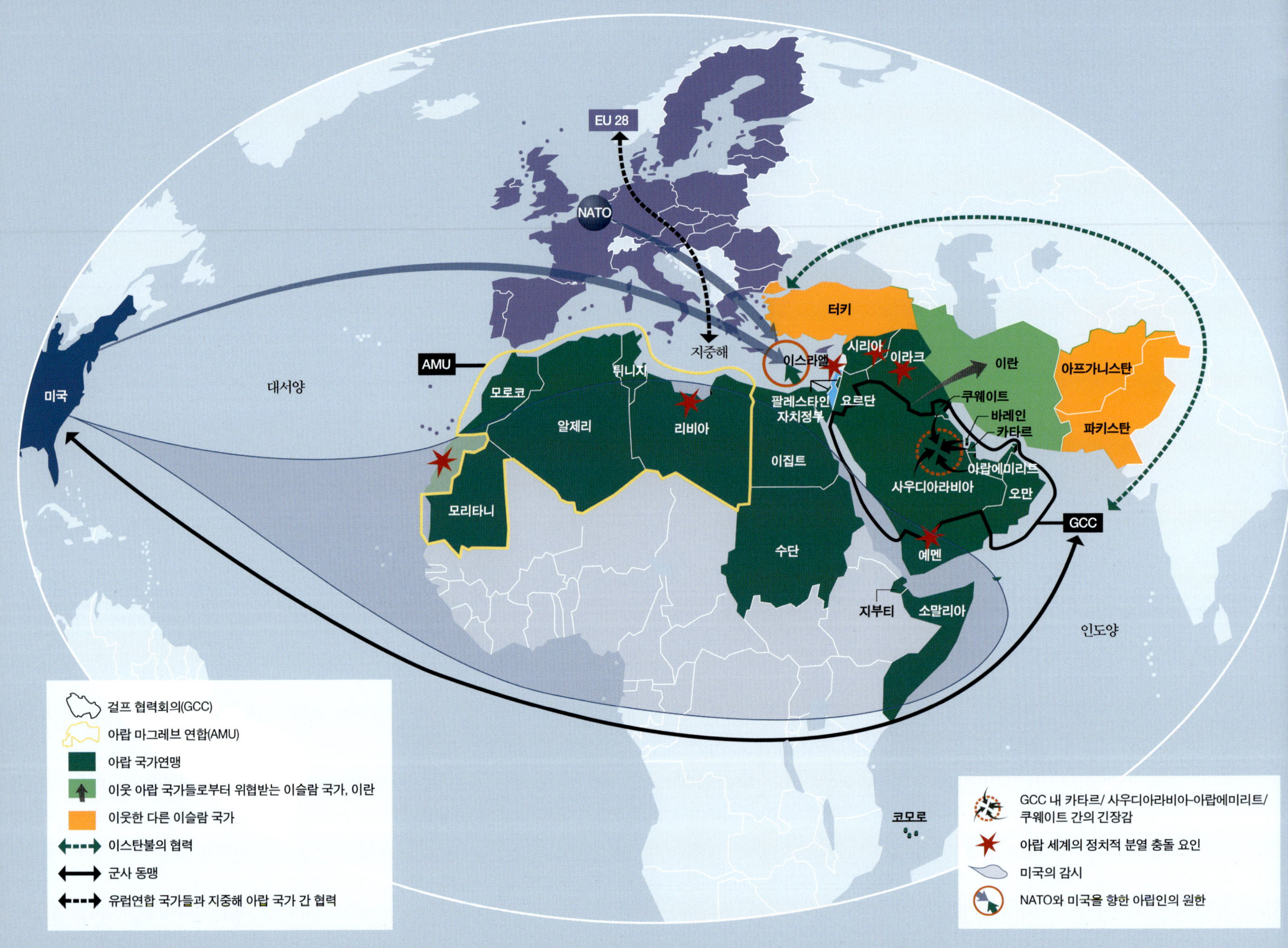

EU 28
NATO
AMU
터키
시리아
이라크
이란
아프가니스탄
이스라엘
쿠웨이트
바레인
카타르
파키스탄
지중해
모로코
튀니지
팔레스타인
자치정부
요르단
대서양
미국
알제리
리비아
이집트
아랍에미리트
사우디아라비아
오만
모리타니
GCC
수단
예멘
인도양
지부티
소말리아
코모로
걸프 협력회의(GCC)
아랍 마그레브 연합(AMU)
아랍 국가연맹
이웃 아랍 국가들로부터 위협받는 이슬람 국가, 이란
이웃한 다른 이슬람 국가
이스탄불의 협력
군사 동맹
유럽연합 국가들과 지중해 아랍 국가 간 협력
GCC 내 카타르/ 사우디아라비아-아랍에미리트/
쿠웨이트 간의 긴장감
아랍 세계의 정치적 분열 충돌 요인
미국의 감시
NATO와 미국을 향한 아랍인의 원한

아랍 세계

7세기에 등장해 8세기에 3개 대륙으로 세력을 넓히던 아랍 문명은 그와 경쟁하던 기독교 문명보다 더 역동적이고 강력했다. 하지만 15세기에 들어서 아랍인은 유럽에서 억압받았으며, 16세기부터 이후 4세기 동안 오스만 제국의 통치를 받았다. 제1차 세계대전 기간에 오스만 제국은 독일과 동맹을 맺었지만, 아랍 국가 대부분은 연합국을 지지하며 독립을 희망했으나 좌절되었다.

프랑스와 영국은 사이크스 피코 협정으로 근동 지역에서의 보호령을 서로 분할했다. 1917년 밸푸어 선언은 팔레스타인 지역에 유대 민족국가를 수립할 수 있는 길을 열어 주었다. 아랍 세계는 오스만의 통치에서 유럽의 통치로 넘어갔다. 배신감에 수치심이 더해졌다.

제2차 세계대전 후에 이스라엘 국가의 수립은 새로운 충격이었다. 아랍 국가들은 이스라엘에 대해서 전쟁을 일으켰으나1948~1949 패배함으로써 다시 한 번 수치심을 느꼈다. 범아랍 운동은 바로 그 순간부터 반서구 그리고 반이스라엘 운동을 전개했다.

1956년, 나세르 이집트 대통령이 수에즈 운하를 국유화하자, 운하에 대한 실질적인 소유권을 가지고 있던 프랑스와 영국이 수에즈로 군사를 파병했다. 미국의 강제 후퇴 명령으로 프랑스와 영국은 물러났지만, 이 일은 서방 국가들에 대한 복수로 여겨졌다. 1967년 6일 전쟁과 아랍군의 명백한 패배로 인한 새로운 굴욕감은 아랍 민족주의의 종말의 시작이었다. 그때부터 아랍 근본주의 운동은 민족주의의 패배, 사회와 정체성의 위기, 미국과 결탁한 엘리트들의 부패 등에 대한 비난을 바탕으로 퍼져 나갔다.

이슬람이 아닌 아랍 공동체는 오늘날에도 여전히 그 지역 주민 대부분이 강력하게 원하는 것이다. 하지만 이 국가들은 아랍 내부의 치열한 경쟁으로 극심한 정치적 분열을 겪고 있다. 또 다른 모순은 아랍 국가 대부분이 미국과 안보 협상을 맺고 있음에도, 미국이 이스라엘을 지원하고 점령한 팔레스타인 영토에 대한 식민지 정책과 이라크 전쟁을 지지한다는 이유로 아랍인 사이에 빈미 감정이 번지고 있다는 데 있다. 이스라엘-팔레스타인 간의 끝없는 충돌과 팔레스타인 정부의 부재도 아랍 세계의 여론을 움직이고 있다. 이런 이유들은 민주주의의 결함을 덮고 사회 내부적인 문제를 은폐하는 데 몇몇 정부에 의해서 오랫동안 도구로 이용되었다. 이슬람주의자들이 또 다른 방식으로 그러한 것처럼 말이다.

이라크 전쟁은 과격화와 좌절감에 대한 또 다른 이유를 제공했다. 외부로부터 강요되었던 민주주의는 불가능한 모험인 것으로 드러났다. 튀니지를 제외하고, 아랍의 봄은 짧게 끝나거나 재앙으로 변했다. 이라크, 시리아, 예멘, 이집트는 폭력 앞에 굴복했고, 각 정부는 대부분 권력을 잃어버렸다.

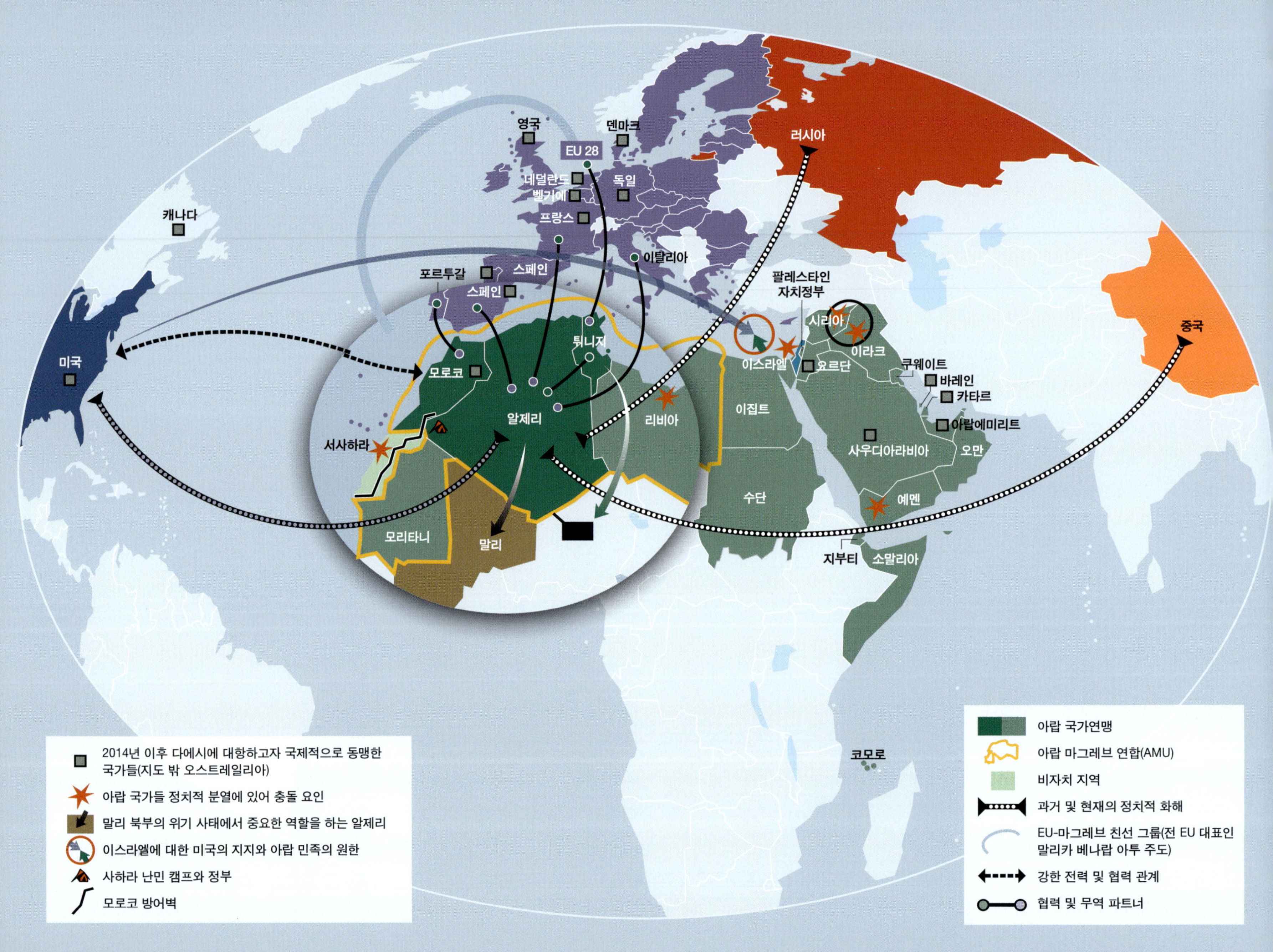
캐나다
영국
덴마크
러시아
EU 28
네덜란드
벨기에
독일
프랑스
이탈리아
포르투갈
스페인
스페인
팔레스타인
자치정부
시리아
중국
튀니지
이라크
쿠웨이트
미국
모로코
이스라엘
요르단
바레인
카타르
알제리
리비아
이집트
아랍에미리트
서사하라
사우디아라비아
오만
모리타니
말리
수단
예멘
지부티
소말리아
코모로
2014년 이후 다에시에 대항하고자 국제적으로 동맹한
국가들(지도 밖 오스트레일리아)
아랍 국가들 정치적 분열에 있어 충돌 요인
말리 북부의 위기 사태에서 중요한 역할을 하는 알제리
이스라엘에 대한 미국의 지지와 아랍 민족의 원한
사하라 난민 캠프와 정부
모로코 방어벽
아랍 국가연맹
아랍 마그레브 연합(AMU)
비자치 지역
과거 및 현재의 정치적 화해
EU-마그레브 친선 그룹(전 EU 대표인
말리카 베나랍 아투 주도)
강한 전력 및 협력 관계
협력 및 무역 파트너

마그레브는 '해가 지는', '서방'을 의미하는 아랍어 Al-Maghrib라는 단어에서 유래한다. 북아프리카는 7세기에 아랍 국가에게 점령당했으며, 15세기에 모로코를 제외한 나머지 국가들은 오스만 제국에 합병되었고, 그 후 프랑스의 식민지가 되었다알제리 1830년, 튀니지 1880년, 모로코 1912년. 1956년과 1962년 사이에 독립을 획득한 마그레브의 세 나라는 아랍 연맹의 회원국이다.

베르베르어를 사용하며 아주 강한 아랍-이슬람 정체성을 공유하고 있지만, 이 세 나라는 독립 이후로 대내적으로나 대외적으로 완전히 다른 정치적 발전을 이루어 왔다. 따라서 아랍 마그레브 연합이 존재함에도 정치적 공통점을 찾기 힘들게 되었다.

독립 이후에 알제리는 제3세계를 지지하는 진보주의 노선을 채택했고, 모로코는 이와 달리 친서구주의 왕정 체제를 채택했다. 게다가 알제리가 사하라에 대한 모로코의 주권을 인정하지 않으려는 폴리사리오 해방전선을 지지함으로서 양국 관계는 단절되었다. 두 나라 사이의 국경은 늘 닫혀 있다. 한편으로 튀니지는 부르기바 대통령, 그 뒤를 이은 벤 알리 대통령의 통치로 더욱 합법적으로 발전했다.

마그레브 국가 간의 무역은 그들의 국내총생산에서 단지 3%유럽연합 60%, ASEAN 22%, 메르코수르 20%인 것과 대조적이다를 차지하고 있다. 독립한 지 반세기가 지났지만, 마그레브 각국의 경제적, 인적 교류는 유럽에 우선순위를 두고 있다.

각국의 외교 정책 역시 서로 다르다. 오랫동안 소련과 밀접한 관계를 맺어 오던 알제리는 테러와의 전쟁에서 조지 부시 대통령의 미국과 가까워졌다. 모로코는 긴 시간 동안 프랑스뿐만 아니라 워싱턴의 전략적 파트너였다. 하지만 정부의 범대서양주의는 팔레스타인 분쟁의 원인에 매우 민감하고, 이스라엘을 지지하는 미국에 대한 국민들의 반미 감정과 대립된다.

아랍의 봄은 국민의 힘이 국제관계에 결정적인 역할을 할 수 있다는 사실을 보여 주었다. 모로코 국왕은 앞장서서 민주화를 위한 제안을 하고 있다. 수차례 도약을 거듭한 튀니지는 시민사회의 능력 덕분에 민주주의를 향해 안정적으로 나아가고 있다. 반면 변화에 대한 알제리 국민의 갈망은 90년대 내전에 대한 끔찍한 기억과 체제의 통제로 수그러들고 있다.

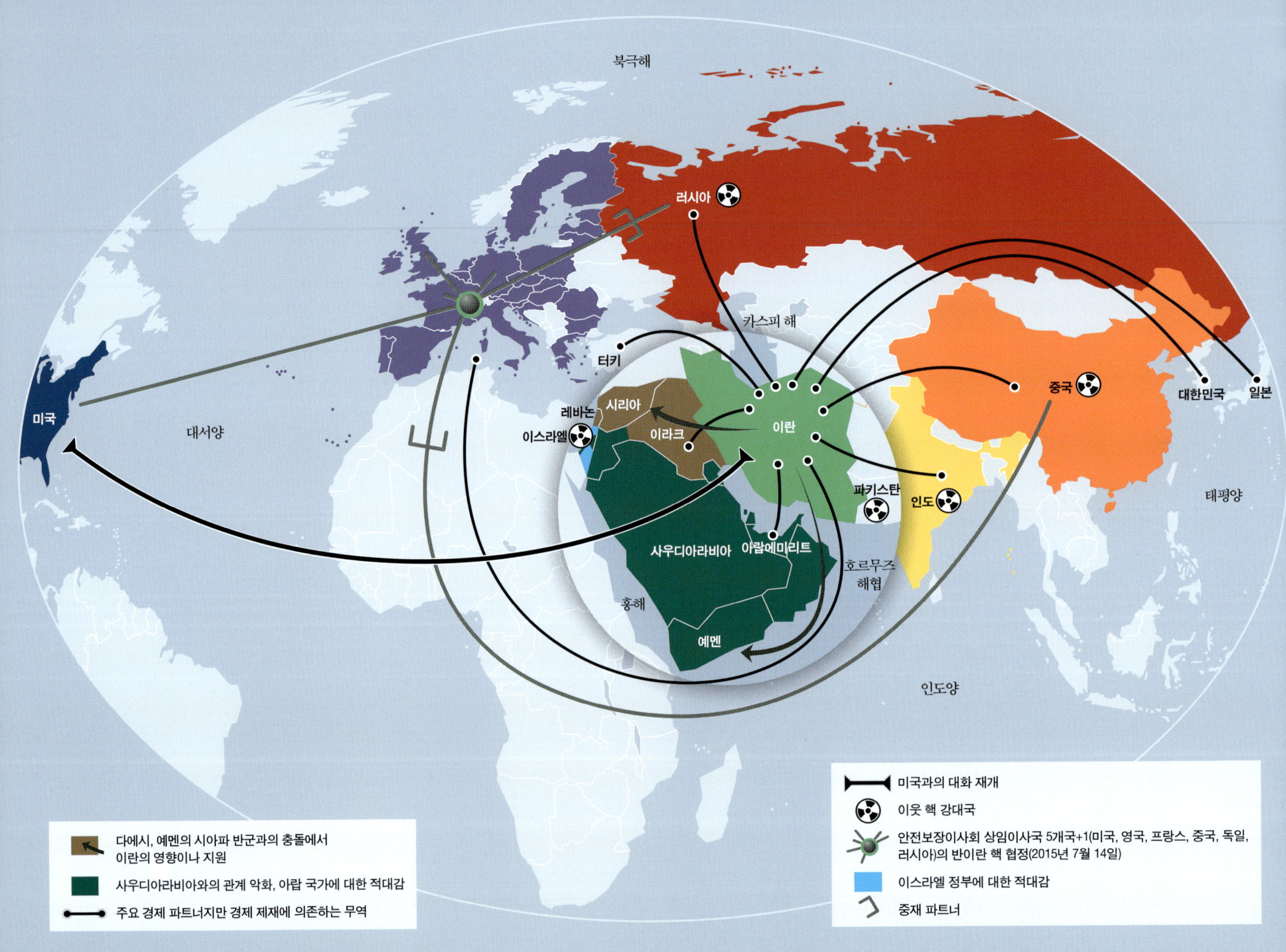
북극해
러시아
대서양
미국
터키
카스피 해
시리아
레바논
이스라엘
이라크
이란
중국
대한민국
일본
파키스탄
인도
사우디아라비아
아랍에미리트
호르무즈
해협
홍해
예멘
태평양
인도양
미국과의 대화 재개
이웃 핵 강대국
안전보장이사회 상임이사국 5개국+1(미국, 영국, 프랑스, 중국, 독일, 러시아)의 반이란 핵 협정(2015년 7월 14일)
이스라엘 정부에 대한 적대감
중재 파트너
다에시, 예멘의 시아파 반군과의 충돌에서 이란의 영향이나 지원
사우디아라비아와의 관계 악화, 아랍 국가에 대한 적대감
주요 경제 파트너지만 경제 제재에 의존하는 무역

이란

이란 사람들은 화려한 페르시아 제국에 대한 무의식적 기억, 해외 강국이나 이웃 국가의 침략 시도에 대한 생생한 기억과 함께 사방으로부터 끊임없는 위협을 느끼고 있다. 여기서 이슬람 투쟁이 더해진 과격한 민족주의가 탄생했다. 이란은 세상의 나머지를 두려워하지만, 정작 그 자신이 세계 나머지에 두려움을 주고 있다.

시아파는 16세기부터 페르시아 제국에서 우세한 종교로, 오스만 제국에서 우세하던 수니파와 대조적이다. 19세기와 20세기 전반기에 이란은 모스크바와 런던의 제국주의자들로부터 압력에 시달렸다. 1951년에 석유 산업을 국유화했던 모사데크 총리의 민주주의 정부가 1953년에 전복되고, 샤 독재 정권이 들어섰다. 미국의 지지를 받은 샤 정부는 근대화를 추진했고, 미국은 샤 정부를 통해서 페르시아 만의 질서를 잡고자 했다. 이란은 사실 비아랍 국가로서 부유한 편이며, 인구 통계학적으로 거대 국가이고, 미국이나 이스라엘과의 전략적 동맹으로부터 혜택을 누리고 있었다.

1979년에 아야톨라 호메이니는 종교적이고 사회적인 성향의 이슬람 혁명을 일으켜서 샤 정부를 전복시키고 정권을 잡았다. 국민 대부분이 시아파인 몇몇 국가들을 포함한 걸프 국가들과 그 밖의 모든 이슬람 국가들은 이 체제의 종교적, 정치적 확장과 그 영향력을 두려워했다. 그 후 이란이 테헤란 주재 미국 대사들을 인질로 잡으면서 두 나라의 외교적, 전략적 무역 관계는 단절되었다.

1980년, 사담 후세인의 이라크가 몇몇 서방 강대국과 아랍 국가들의 지지를 받으면서 이란을 공격했다. 전쟁은 8년 동안 지속되었고, 수백만 명의 사망자를 냈으며, 결국 무승부로 끝났다.

이란은 1990~1991년 걸프 전쟁에서 한걸음 물러나 있었으나 이를 계기로 미국과 화해를 했던 것은 아니다. 이란의 고립감, 다양한 위협, 주변국의 적대감아랍국, 아프가니스탄 탈레반, 이스라엘, 파키스탄, 터키, 미국은 깊었다. 2002년 1월, 부시 대통령이 이란, 이라크, 북한을 '악의 축'으로 지목하면서 이러한 감정이 더욱 강해졌다. 이라크 전쟁은 이란 국경에 미국 군사력을 강화시켰고, 동시에 적대적인 이라크의 능력을 무력화시켰다. 그 후로 아흐마디네자드 대통령의 이스라엘에 대한 위협과 점점 더 군사적 목적으로 개발된 것이 아닌지 의심받고 있는 핵 개발 프로그램은 세상의 나머지, 특히 서구 사회와 아랍 이웃 국가들을 불안하게 만들고 있다.

2013년에 중도파인 로하니가 이란 대통령으로 당선되었다. 그리고 핵 문제에 대한 해결책을 찾고, 이란에 대한 제재를 종료하기 위한 새로운 협상이 5+1개국안전보장이사회 5개 상임이사국과 독일 사이에서 이루어졌다. 아주 힘겨웠던 협상은 2015년 7월에 합의에 도달했다.

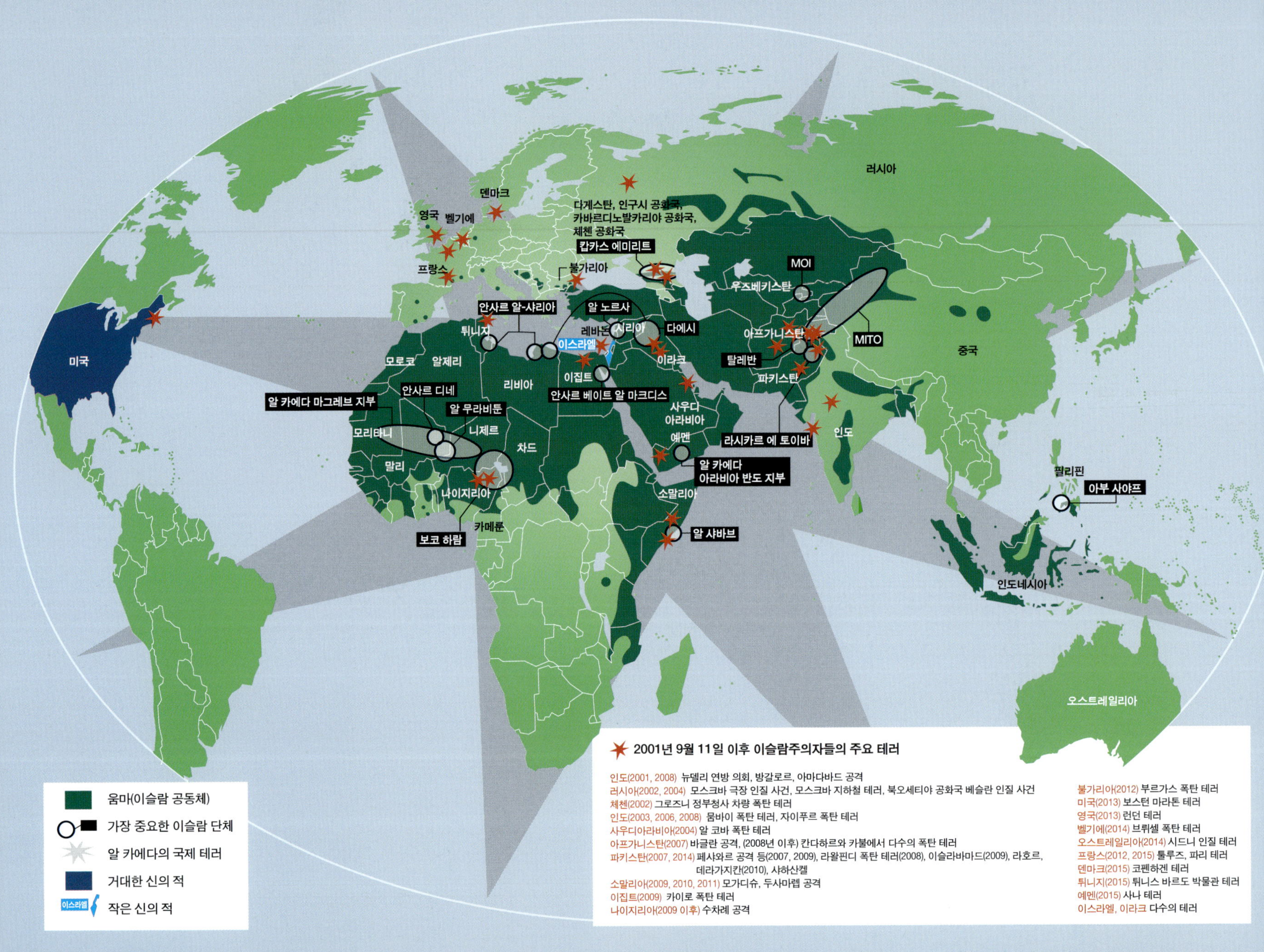

2001년 9월 11일 이후 이슬람주의자들의 주요 테러

인도(2001, 2008) 뉴델리 연방 의회, 방갈로르, 아마다바드 공격
러시아(2002, 2004) 모스크바 극장 인질 사건, 모스크바 지하철 테러, 북오세티아 공화국 베슬란 인질 사건
체첸(2002) 그로즈니 정부청사 차량 폭탄 테러
인도(2003, 2006, 2008) 뭄바이 폭탄 테러, 자이푸르 폭탄 테러
사우디아라비아(2004) 알 코바 폭탄 테러
아프가니스탄(2007) 바글란 공격, (2008년 이후) 칸다하르와 카불에서 다수의 폭탄 테러
파키스탄(2007, 2014) 페샤와르 공격 등(2007, 2009), 라왈핀디 폭탄 테러(2008), 이슬라바마드(2009), 라호르,
　　　　　　　　　　데라가지칸(2010), 사하산켈
소말리아(2009, 2010, 2011) 모가디슈, 두사마렙 공격
이집트(2009) 카이로 폭탄 테러
나이지리아(2009 이후) 수차례 공격

불가리아(2012) 부르가스 폭탄 테러
미국(2013) 보스턴 마라톤 테러
영국(2013) 런던 테러
벨기에(2014) 브뤼셀 폭탄 테러
오스트레일리아(2014) 시드니 인질 테러
프랑스(2012, 2015) 툴루즈, 파리 테러
덴마크(2015) 코펜하겐 테러
튀니지(2015) 튀니스 바르도 박물관 테러
예멘(2015) 사나 테러
이스라엘, 이라크 다수의 테러

이슬람주의자

지구상 15억 이슬람교도가 모두 이슬람주의자는 아니다. 이슬람주의는 이슬람 세계의 쇠퇴와 서구의 식민지 공격에 대한 반응으로 19세기에 탄생해 20세기에 발달한 현대의 정치-종교 이데올로기이다. 이슬람주의는 이슬람 세계가 최초의 가치관을 포기하여 쇠퇴하고 있다고 판단했고, 이슬람 근본주의는 여기서 비롯되었다.

사람들은 종종 이슬람교도, 이슬람주의자, 급진 이슬람주의자, 테러리스트지하디스트를 혼농한다. 샤리아를 준수하는 사우니아라비아는 종교적으로 와하브 운동을 일으켰지만, 지하디스트의 표적이 되었다. 이란은 민주주의와 교권주의를 혼합한 이슬람 국가로, 민족주의적인 목적으로 늘 중동의 시아파를 이용한다.

몇몇 이슬람주의 정당은 선거를 통해 자국 정치에 참여한다. 서방 국가들은 테러리스트로 간주하지만 하마스팔레스타인, 헤즈볼라레바논 등은 무장 운동 단체이자 정치적 다수당이며, 알 카에다, 보코 하람나이지리아 등은 테러로 정치에 참여한다. 또한 이라크와 시리아 일부 지역에 영토적 기반을 두고 그 세력을 확장하며 칼리파를 재건하자고 주장하는 자칭 다에시DAESH 운동을 통해서 각 국가의 정치에 개입하기도 한다.

시아파이건 수니파이건 간에, 이슬람주의자들은 이슬람 세계 전체에 움마umma, 즉 이슬람 공동체를 건설하고 싶어 한다. 따라서 그들에게 가장 우선적인 표적은 이슬람 세계이다. 가장 급진적인 이슬람주의자에게 표적은 안달루시아, 서유럽, 발칸 반도처럼 과거 이슬람교도들이 살다가 추방당했던 국가들과 현재 이슬람교도들이 대규모로 살고 있는 곳이다. 이슬람주의자들은 이슬람 공동체가 특히 꾸란의 규칙샤리아, 이슬람교 법을 철저하게 지키며 살아야만 하고, 서구의 규칙이나 법을 따라서는 안 된다고 생각한다.

그 결과 이슬람주의자들은 서구 사회가 아니라 그들이 보기에 꾸란을 존중하시 않고 세내로 지키지 않는 아랍 정부, 혹은 이슬람교도들과 먼저 싸운다. 팔레스타인을 억압하는 이스라엘도 여기에 포함된다. 그들은 또한 체첸을 이유로 러시아를, 카슈미르를 이유로 인도를, 위구르족을 이유로 중국을 겨냥할 수도 있다. 뿐만 아니라 서구에서 살고 있는 이슬람교도들이 그들의 신념을 지키며 사는 것을 막는 모든 사람들도 포함된다.

이슬람의 미래는 거대한 중심 세력을 통제하려는 소수 근대주의자와 이슬람주의자의 충돌에 좌우될 것이다. 이들은 자신의 신념이나 삶의 방식에는 집착하지만 비이슬람교도들에 대해서는 과격하거나 적대적이지 않다. 서구 사회의 정책은 이슬람주의자들에 대한 이슬람 중도파의 투쟁을 돕고자 하지만, 때로 장애물이 되기도 한다.

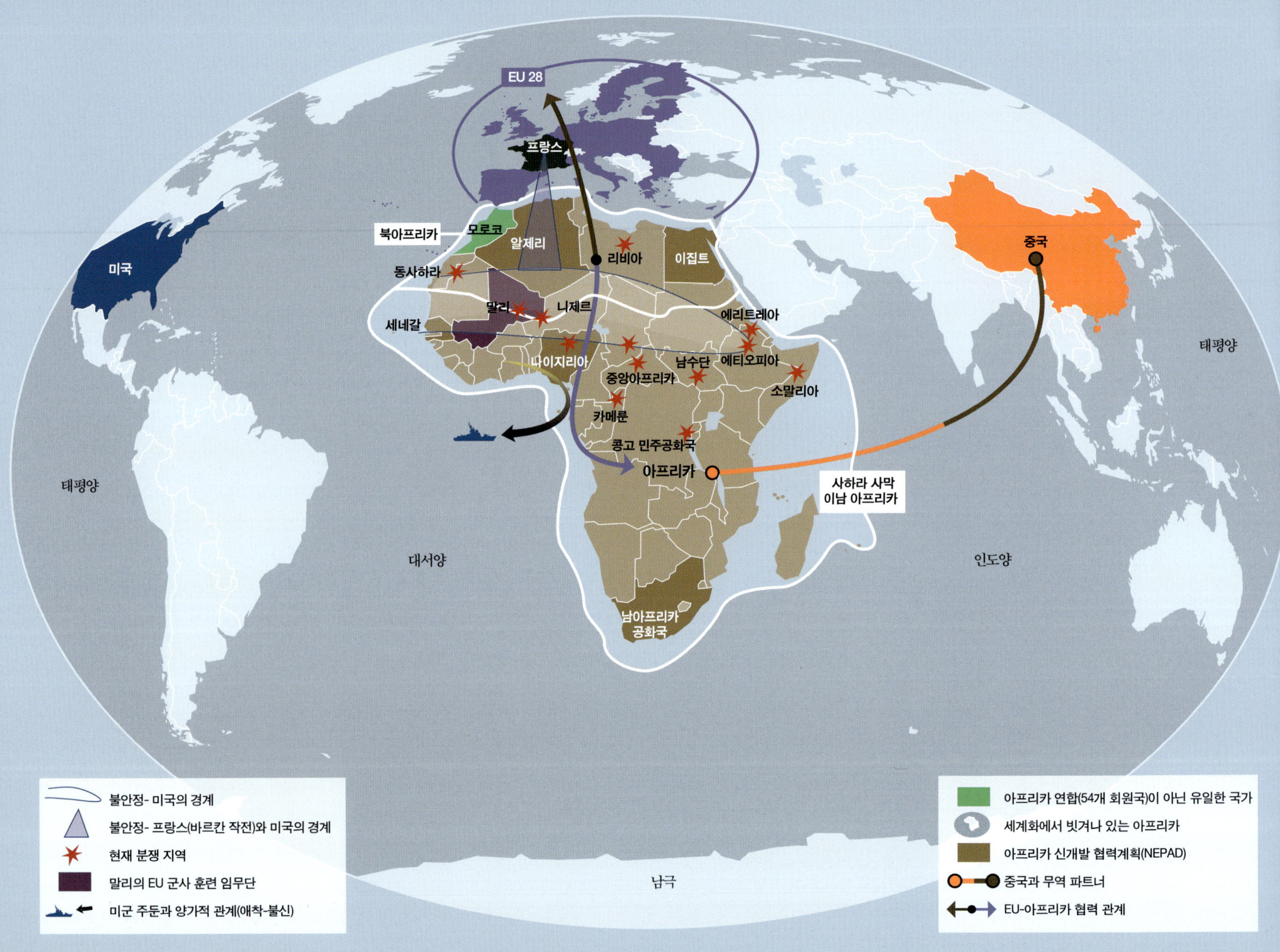
EU 28
프랑스
미국
북아프리카
모로코
알제리
리비아
이집트
중국
동사하라
말리
니제르
에리트레아
세네갈
나이지리아
남수단
에티오피아
중앙아프리카
소말리아
카메룬
콩고 민주공화국
아프리카
사하라 사막
이남 아프리카
태평양
태평양
대서양
인도양
남극
남아프리카
공화국
불안정- 미국의 경계
불안정- 프랑스(바르칸 작전)와 미국의 경계
현재 분쟁 지역
말리의 EU 군사 훈련 임무단
미군 주둔과 양가적 관계(애착-불신)
아프리카 연합(54개 회원국)이 아닌 유일한 국가
세계화에서 빗겨나 있는 아프리카
아프리카 신개발 협력계획(NEPAD)
중국과 무역 파트너
EU-아프리카 협력 관계

아프리카

수많은 서구인과 유럽인에게 아프리카는 비극다르푸르, 르완다, 콩고 민주 공화국, 전염병말라리아, 에이즈, 무장 폭동, 불법 선거, 기아의 대륙이다. 양심의 가책 때문에 혹은 관대하기 때문에, 부유한 유럽인들은 아프리카에 동정과 원조를 베풀어야 한다고 생각한다.

하지만 아프리카 사람들은 스스로에 대해 그렇게 생각하지 않는다. 21세기 초부터 아프리카 대륙은 몇몇 파산한 국가가 있음에도 전반적으로 해마다 5%씩 성장하고 있다. 아프리카 비관론을 아프리카 낙관론이 뒤잇고 있는 것이다.

원료에 대한 전 세계의 갈망은 국제 시장에서 원료 가격을 상승시키고 있다. 아프리카인은 더 이상 과거 식민지 대도시, 즉 파리, 런던, 브뤼셀, 리스본 등과의 관계에 갇혀 있지 않다. 특히 빈곤한 몇몇 국가들저개발국은 지속적으로 공적개발원조ODA나 부채 경감 등을 통한 우선 원조를 요청하고 있다. 이 국가들은 그들이 약간의 비중을 차지할 수 있는 유일한 환경인 국제연합과 그와 비슷한 수많은 국제 공동체, 다국적 조직, 혹은 유럽연합에 많은 것을 기대하고 있다. 아프리카 국가들은 도움을 주는 서방 국가나 국제기구들이 정치적, 경제적 조건을 점점 더 무겁게 내거는 것에 대해 항의한다.

그렇기 때문에 아프리카 국가들은 아프리카 원료에 대한 중국의 새로운 관심, 일본이나 브라질의 존재, 미국의 관심을 좋은 기회로 받아들인다.

아프리카는 동등한 입장에서 세계화를 시작하고 있으며 많은 구애를 받고 있다. 대부분의 아프리카 국가들은 세계 경제를 이용하기 위해서 그 속으로 기꺼이 비집고 들어갈 용의가 있으며, 그리고자 유럽 중심국들의 원조 정책이나 오래된 관계로부터 얻을 수 있는 혜택을 포기하지도 않는다. 아프리카 국가들은 까다로운 정치적 조건을 내세우는 관계에 굴복하려 하지 않으며, 가장 역동적인 젊은 국가들은 유럽에서 기회를 얻을 수 있는 모든 가능성을 간직하고 싶어 한다. 아프리카 통일기구Organization of African Unity, OAU의 뒤를 잇는 아프리카 연합Africa Union, AU은 이런 모순되는 열망을 조화롭게 이루기 위한 시도이다.

아프리카는 인구 성장이 가장 빠른 대륙이다. 처음에 모든 면에서 그러했던 것처럼 성장은 불평등하게 진행되고 있으며, 인구 대부분을 비켜 가고 있다. 그럼에도 아프리카의 성장 잠재력은 서로 상반되는 효과를 가져올 수 있는 많은 것들을 점점 더 끌어들이고 있다.

카르타고
지중해
마리니드
이집트
테크루르
가나
송가이
카넴
보르누
쿠시(메로에)
다르푸르
악숨
Foung
월로프
말리
요루바
바기르미
에티오피아
아산티
코로파
카파
키타라
르완다
쿠바
콩고
룬다
루바
로지
고니
킬와
모노모타파
줄루
메리나
인도양
대서양
수 세기에 걸친
주요 왕국 또는 제국

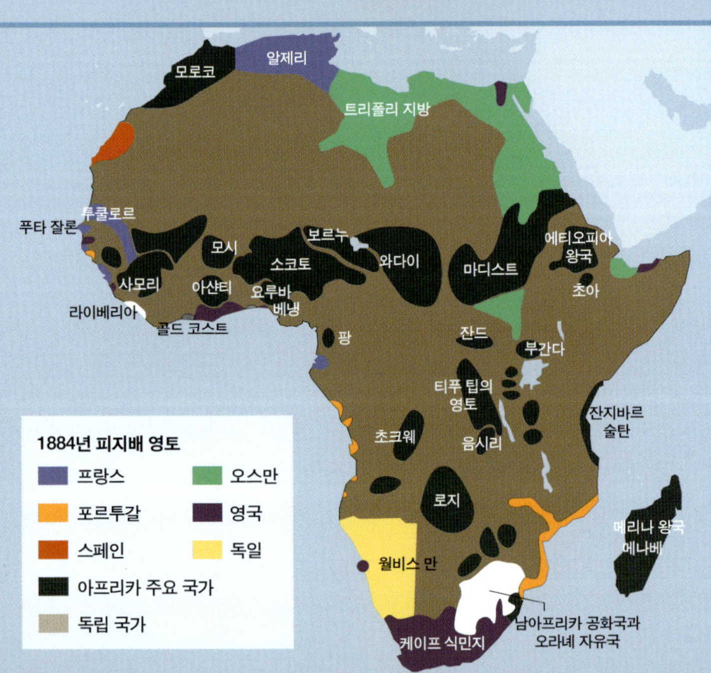
모로코
알제리
트리폴리 지방
푸타 잘론
투쿨로르
모시
보르누
와다이
에티오피아
왕국
사모리
아샨티
요루바
소코토
마디스트
초아
라이베리아
베냉
골드 코스트
팡
잔드
부간다
티푸 팁의
영토
음시리
잔지바르
술탄
초크웨
로지
월비스 만
메리나 왕국
메나베
남아프리카 공화국과
오라녜 자유국
케이프 식민지

1884년 피지배 영토
프랑스
오스만
포르투갈
영국
스페인
독일
아프리카 주요 국가
독립 국가

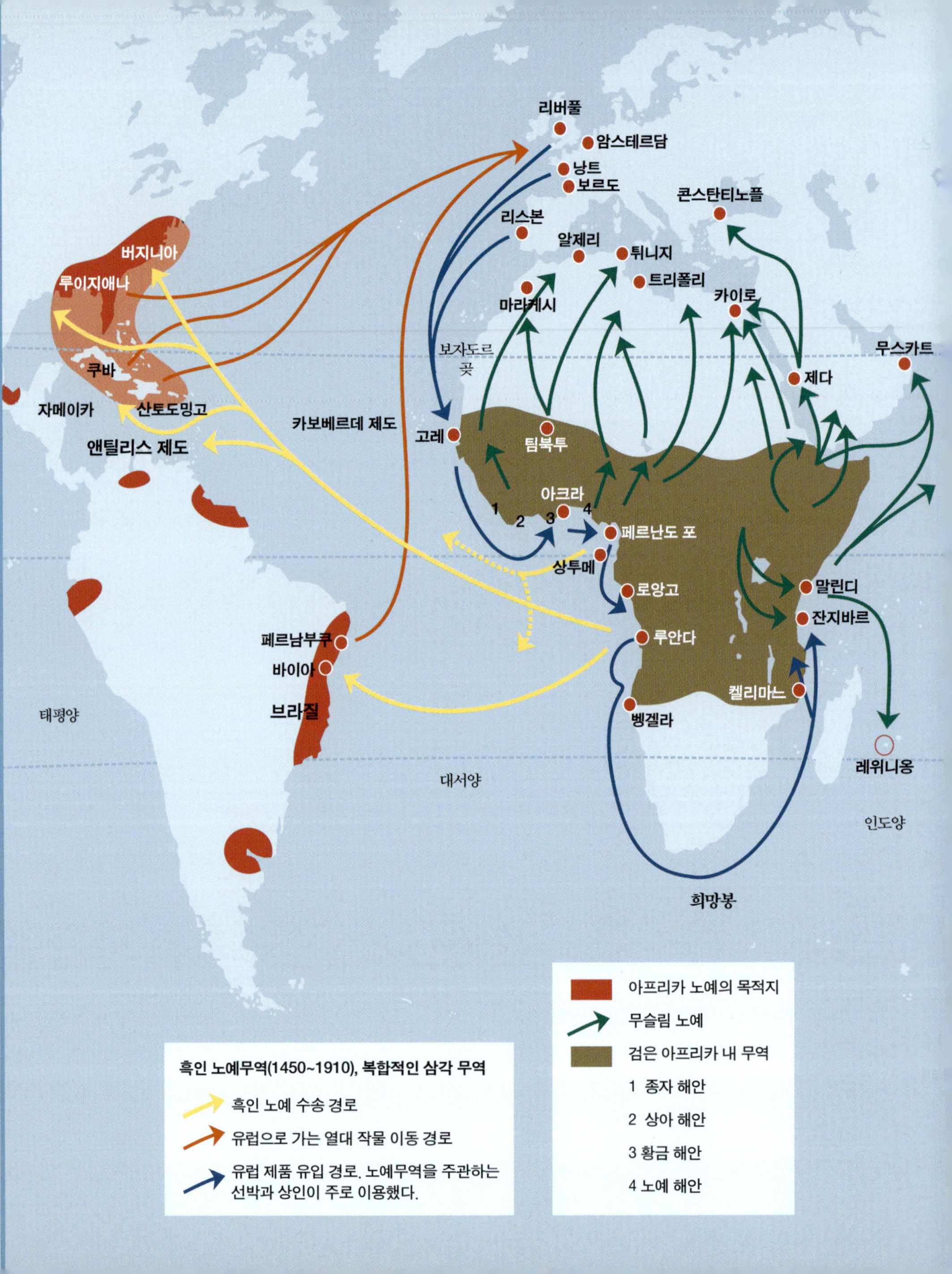

리버풀
암스테르담
낭트
보르도
콘스탄티노플
리스본
알제리
튀니지
마라케시
트리폴리
카이로
무스카트
버지니아
제다
루이지애나
보자도르
곶
쿠바
자메이카
산토도밍고
카보베르데 제도
고레
팀북투
앤틸리스 제도
아크라
1 2 3 4
페르난도 포
상투메
로앙고
말린디
루안다
잔지바르
페르남부쿠
바이아
켈리마느
브라질
벵겔라
레위니옹
태평양
대서양
인도양
희망봉

아프리카 노예의 목적지
무슬림 노예
검은 아프리카 내 무역
1 종자 해안
2 상아 해안
3 황금 해안
4 노예 해안

흑인 노예무역(1450~1910), 복합적인 삼각 무역
흑인 노예 수송 경로
유럽으로 가는 열대 작물 이동 경로
유럽 제품 유입 경로. 노예무역을 주관하는
선박과 상인이 주로 이용했다.

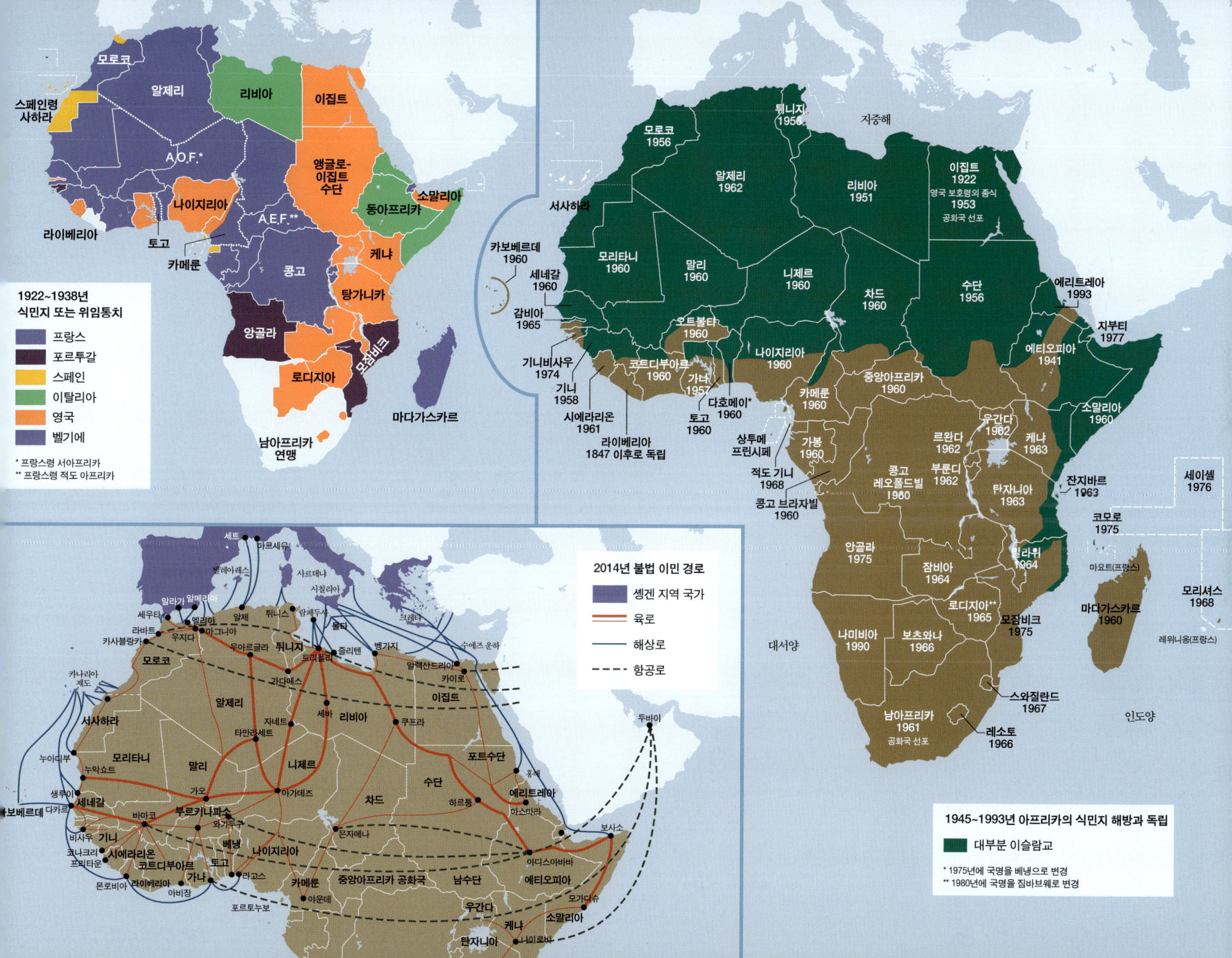
1922~1938년
식민지 또는 위임통치
프랑스
포르투갈
스페인
이탈리아
영국
벨기에
* 프랑스령 서아프리카
** 프랑스령 적도 아프리카

모로코
알제리
리비아
이집트
스페인령 사하라
A.O.F.*
나이지리아
A.E.F.**
라이베리아
토고
카메룬
콩고
앵글로-이집트 수단
동아프리카
소말리아
케냐
탕가니카
앙골라
모잠비크
로디지아
남아프리카 연맹
마다가스카르

1945~1993년 아프리카의 식민지 해방과 독립
대부분 이슬람교
* 1975년에 국명을 베냉으로 변경
** 1980년에 국명을 짐바브웨로 변경

지중해
모로코 1956
튀니지 1956
알제리 1962
리비아 1951
이집트 1922
영국 보호령의 종식 1953
공화국 선포
서사하라
카보베르데 1960
모리타니 1960
말리 1960
니제르 1960
차드 1960
수단 1956
에리트레아 1993
세네갈 1960
감비아 1965
오트볼타 1960
지부티 1977
에티오피아 1941
기니비사우 1974
기니 1958
시에라리온 1961
라이베리아 1847 이후로 독립
코트디부아르 1960
가나 1957
토고 1960
다호메이* 1960
나이지리아 1960
상투메 프린시페
적도 기니 1968
카메룬 1960
가봉 1960
콩고 브라자빌 1960
중앙아프리카 1960
콩고 레오폴드빌 1960
우간다 1962
르완다 1962
부룬디 1962
탄자니아 1963
케냐 1963
소말리아 1960
잔지바르 1963
세이셸 1976
코모로 1975
마요트(프랑스)
모리셔스 1968
앙골라 1975
잠비아 1964
말라위 1964
로디지아** 1965
모잠비크 1975
마다가스카르 1960
레위니옹(프랑스)
나미비아 1990
보츠와나 1966
남아프리카 1961
공화국 선포
스와질란드 1967
레소토 1966
대서양
인도양

2014년 불법 이민 경로
셍겐 지역 국가
육로
해상로
항공로

세트
마르세유
발레아레스
사르데냐
시칠리아
람페두사
몰타
크레타
세우타
멜리야
알제
튀니스
벵가지
알렉산드리아
카이로
카나리아 제도
라바트
카사블랑카
우지다
마그니아
우아르글라
튀니지
가다메스
트리폴리
즐리텐
수에즈 운하
두바이
모로코
알제리
자네트
세바
리비아
쿠프라
이집트
타만라세트
누아디부
누악쇼트
생루이
세네갈
모리타니
말리
가오
아가데스
니제르
차드
수단
포트수단
홍해
에리트레아
하르툼
아스마라
보사소
다카르
비사우
기니
코나크리
프리타운
시에라리온
코트디부아르
부르키나파스
와가두구
바마코
베냉
토고
나이지리아
라고스
가나
아비장
몬로비아
라이베리아
포르토누보
카메룬
야운데
중앙아프리카 공화국
남수단
은자메나
아디스아바바
에티오피아
모가디슈
소말리아
우간다
케냐
나이로비
탄자니아
서사하라

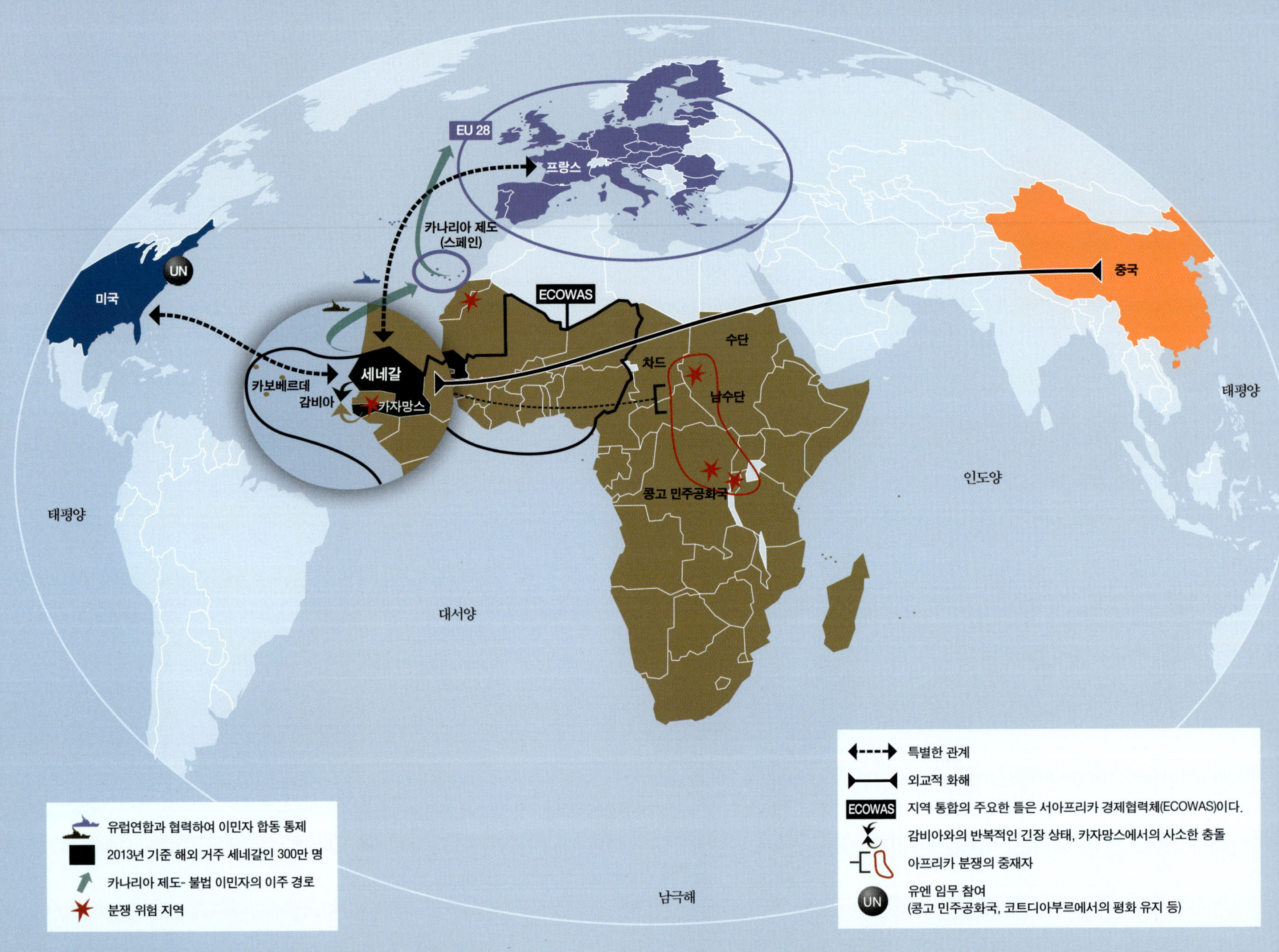

EU 28
프랑스
카나리아 제도
(스페인)
UN
미국
세네갈
카보베르데
감비아
카자망스
ECOWAS
차드
수단
남수단
콩고 민주공화국
중국
태평양
인도양
태평양
대서양
남극해
유럽연합과 협력하여 이민자 합동 통제
2013년 기준 해외 거주 세네갈인 300만 명
카나리아 제도- 불법 이민자의 이주 경로
분쟁 위험 지역
특별한 관계
외교적 화해
ECOWAS 지역 통합의 주요한 틀은 서아프리카 경제협력체(ECOWAS)이다.
감비아와의 반복적인 긴장 상태, 카자망스에서의 사소한 충돌
아프리카 분쟁의 중재자
UN 유엔 임무 참여
(콩고 민주공화국, 코트디아부르에서의 평화 유지 등)

세네갈

1659년, 프랑스는 세네갈 생루이에 첫 번째 해외 상관을 설치했다. 19세기까지 세네갈은 노예, 상아, 금 거래로 부유했다. 전략적인 위치에 자리 잡은 세네갈은 프랑스령 서부 아프리카AOF에서 식민지 권력의 중심지로 선택되었다.

1960년에 독립한 후, 세네갈 공화국은 모범적인 민주주의와 안정적인 제도를 보여 주고 있다. 이웃 국가들과는 달리 세네갈에서는 쿠데타가 일어나지 않았으며, 상고르 조대 대통령과 압두 디우프 대통령 치하에서 군사 정권이나 독재 정권도 없었다. 2000년 사회당이 패배하고 정권이 교체되면서, 세네갈에서 민주주의는 더욱 견고해졌다. 세네갈은 대통령이 살아 있는 동안 정권이 교체된 아프리카 최초의 국가이며, 디우프 대통령에 이어서 대통령에 당선된 와데는 개헌을 망설이다가 결국 2012년에 대통령직에서 물러나는 것을 받아들였다.

세네갈 인구의 95%는 이슬람교도이다. 이 나라는 부족이나 민족 간에 긴장이 없으며, 내전 또한 일어난 적이 없다. 카자망스 지역 분리주의자들과의 산발적인 충돌은 아주 약하게 늘 있었지만 말이다. 세네갈에는 대부분 월로프 족이 살고 있지만, 수력 발전 잠재력이 풍부한 카자망스 지역에는 졸라 족이 거주하고 있다.

좋은 이미지 덕분에 과거 세네갈 대통령이었던 압두 디우프가 2014년까지 총장직을 맡았던 프랑코포니Francophonie, 프랑스어를 사용하는 국가들로 구성된 국제기구에서와 마찬가지로, 세네갈은 유엔에서 아프리카 대표 역할을 수행할 수 있으며, 아프리카에게 할당될 안전보장이사회 상임이사국 후보이다. 2003년에 와데 대통령은 음베키 남아프리카 공화국 대통령과 함께 아프리카인이 만든 최초의 개발계획인 아프리카 신개발 협력계획NEPAD, 네파드을 시작했다.

세네갈은 프랑스와 아주 긴밀한 관계를 유지하는 동시에 미국, 중국과의 관계 역시 발전시키고 있다. 또한 경제적으로 중요한 역할을 아주 적극적으로 수행하고 있다. 세네갈의 분산된 민족 집단은 약 300만 명인 것으로 추정된다.

평화롭고 민주주의가 안정되었지만 경제적으로 빈곤한 세네갈은 실질적인 존재감에 비해서 국제적으로 보다 중요한 역할을 인정받아 왔다.

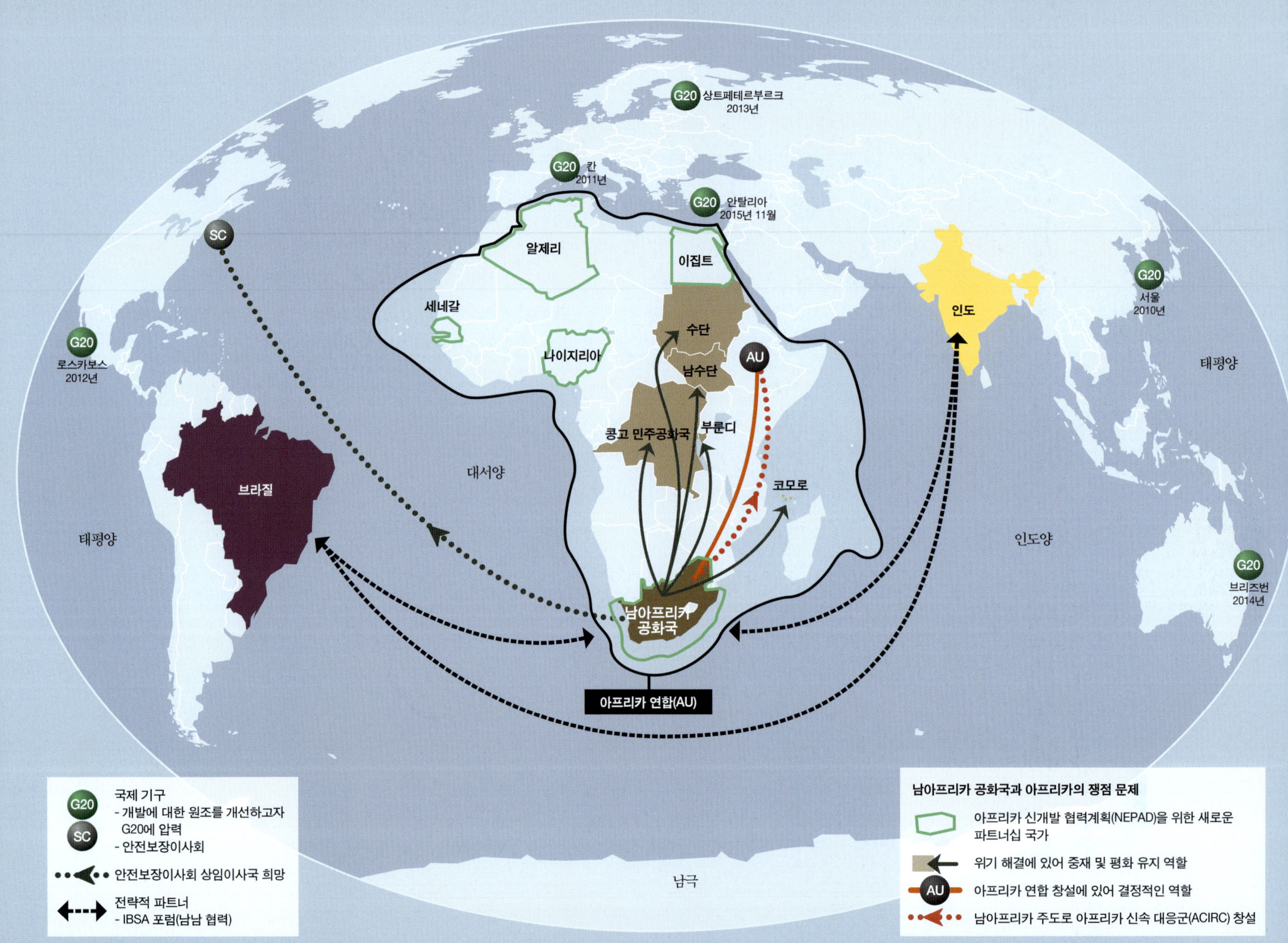
G20 상트페테르부르크
2013년
G20 칸
2011년
G20 안탈리아
2015년 11월
G20 서울
2010년
G20 로스카보스
2012년
G20 브리즈번
2014년
SC
알제리
이집트
세네갈
수단
남수단
나이지리아
콩고 민주공화국
부룬디
코모로
인도
AU
남아프리카 공화국
브라질
대서양
태평양
태평양
인도양
남극
아프리카 연합(AU)
국제 기구
- 개발에 대한 원조를 개선하고자
  G20에 압력
- 안전보장이사회
안전보장이사회 상임이사국 희망
전략적 파트너
- IBSA 포럼(남남 협력)
남아프리카 공화국과 아프리카의 쟁점 문제
아프리카 신개발 협력계획(NEPAD)을 위한 새로운
파트너십 국가
위기 해결에 있어 중재 및 평화 유지 역할
아프리카 연합 창설에 있어 결정적인 역할
남아프리카 주도로 아프리카 신속 대응군(ACIRC) 창설

남아프리카 공화국

민주주의 체제의 부유한 남아프리카 공화국은
남아프리카의 지역 강국이자 본보기가 되기를 원한다.

1948년부터 1991년까지 남아프리카 공화국은 아파르트헤이트, '분리에 의한 발전'을 지향했다. 이 정책은 대다수의 흑인들이 어떠한 권리도 누리지 못한 채 소수의 백인에게 지배당해야 하는 극단적인 인종 차별 정책이었다. 흑인과 백인 간의 교류는 금지되었다. 1960년대에 아프리카 국가들이 독립하고 미국의 인종 분리 정책이 폐지되면서 남아프리카 공화국은 역사적으로 승인할 수 없는 비정상적인 국가가 되어 고립되고 배척받았다. 1961년에 코먼웰스에서 배제되었으며, 1963년에 스포츠 대회 출전 정지, 1977년부터는 유엔으로부터 무기 수출 금지, 경제 협력 금지 등의 제재를 받았다. 또한 미국에 의한 제재 강화, 특히 미국 흑인들을 포함한 여론의 압력, 냉전의 종식 등은 남아프리카 공화국으로 하여금 아파르트헤이트를 지속할 경우에 미래를 전망할 수 없게 만들었다.

그러한 사실을 잘 의식한 프레데릭 데 클레르크를 비롯한 소수의 백인은 당시 수감되어 있던 넬슨 만델라가 이끌던 아프리카 국민회의당ANC과 손을 잡았다. 이렇게 해서 1991년 6월에 아파르트헤이트가 철폐되었다. 협상을 통한 평화로운 인종 차별 정책의 철폐, 복수보다는 화해를 추구하는 넬슨 만델라의 1994년 대통령 당선은 남아프리카 공화국에 세계적인 차원의 도덕적 영향력을 끼쳤다. 그러나 아파르트헤이트가 철폐되었다고 하더라도, 남아프리카 공화국에 사회적 불평등은 여전히 강하게 남아 있다.

남아프리카 공화국의 경제 규모는 사하라 사막 이남 아프리카 지역 국내총생산의 50%를 차지하며, 이 지역 인터넷 사용자의 90%가 남아프리카 공화국 사람들이다.

나이지리아와 마찬가지로 안전보장이사회 상임이사국 후보인 남아프리가 공화국은 스스로 아프리카 지역의 리더를 자처하며, 세계적인 신흥 강대국이라고 생각한다. 남아프리가 공화국은 외부 강대국이 개입하는 것을 보고 싶지 않은 아프리카 나라들의 평화 유지와 중재를 위해서 다양한 조치를 취하고 있다. 아프리카 대륙의 안정을 위해 극도로 필요할 경우에 외부 강대국의 존재를 인정해야 한다고 하더라도 말이다.

남아프리카 공화국은 아프리카 대륙에 민주주의의 본보기를 보여 주고 있으며, 경제의 견인차 역할을 하고 있다고 주장한다. 또한 다자간 공동 정책, 민족의 자기 결정 권리, 남반구 국가들의 경제적, 전략적 주장에 찬성하면서 남반구 주요 강대국이 되기를 원하고 있다. 하지만 과대평가된 제이콥 주마 대통령의 남아프리카 공화국은 아파르트헤이트 철폐 이후의 역할에 대해서 새롭게 정비하고, 부정부패를 척결하고 경제를 다시 활성화시켜야만 한다.

지도 설명

▪ 과거에 대한 큰 기준

최초의 인간이 지구에 거주하다

인류의 계통학   10

다지역 기원설과 노아의 방주설   12

유럽의 전성기

1914년의 유럽과 세력권   14

제국 붕괴의 간접적 영향

1918년부터 1992년 사이에 제국의 종식으로 새롭게 탄생한 국가   16

1918년 이후 중심 제국의 붕괴와 새로운 국가   18

냉전

양극 체제   20

분열된 유럽   22

제3세계의 분열

분열된 제3세계   24

▪ 세계에 대한 다양한 해석

국제 공동체 이론

세계무역기구(WTO)와 2014년 인터넷 사용자   28

인터넷 사용자와 관광객의 흐름   30

문명의 충돌 이론

모두와 대립하는 서구 문명?   32

단극 세계 이론

초강대국 미국   34

다극 세계 이론

G20과 주요 국제 뉴스 텔레비전 채널   36

UN과 주요 지역 통합 단체   38

혼돈의 세계 이론

범죄 조직과 여행 만류 지역   40

▪ 세계에 대한 포괄적인 자료

인구

2013년과 2050년 사이의 인구 변화 추이   44

세계 속의 언어

전 세계에서 사용되는 주요 언어 분포도   46

종교

세계 주요 종교 분포도와 최근 20년간 종교 문제로 충돌한 지역들   48

국제 이주

1830~1914년 사이의 국제 이주와 오늘날 국제 이주의 주요 흐름   50

무역의 흐름

세계 무역 중심지의 이동   52

관광

국제 관광객의 흐름과 관광 수익   54

북과 남 사이의 불평등

국가별 1인당 GDP와 성인 문맹률 … 56

범죄

인신매매와 마약 밀매 … 58

핵보유국

핵무기에 대한 국가들의 다양한 입장 … 60

합의되지 않은 석유, 가스, 탄화수소

석유와 가스 생산국과 매장량의 사용 가능 연수 … 62

생태계 문제

생물 다양성이 높은 지역과 멸종위기종 … 64

산림 면적의 변화 … 66

지역별 지후 변화와 강수량 및 북극에 미치는 영향 … 67

이산화탄소 배출량이 많은 국가와 국가별 재생 가능한 에너지 비중 … 68

물

1인당 연간 담수 가용성(㎥)과 물 부족으로 국가 간 긴장이 발생한 지역 … 70

공중 보건

국가별 기대 수명 … 72

신흥 국가

세계총생산과 국제 무역에서의 BRICS 비중 … 74

테러리즘

주요 테러 조직 … 76

▪ 각국 관점에서 본 세상

미국

세계 지도 … 80

군사 강대국 … 82

캐나다

세계 지도 … 84

유럽

세계 지도 … 86

제2차 세계대전 이후 유럽 … 88

유럽연합의 형성 과정, 1957~2015년 … 89

프랑스

세계 지도 … 90

1930년대 프랑스 제국 … 92

프랑스의 탈식민지화 단계(1954~1977)와 2010년 프랑스어 사용 국가 … 93

독일

세계 지도 … 94

프로이센과 독일 연방, 1815년 … 96

독일 통일, 1866~1871년 … 96

1942년 추축국 … 96

제2차 세계대전 이후의 독일 … 97

영국

세계 지도 … 98

1900년대 대영제국 … 100

2015년 영국 연방 … 101

스페인

세계 지도 … 102

벨기에

세계 지도   104

폴란드

세계 지도   106

스위스

세계 지도   108

터키

세계 지도   110

러시아

세계 지도   112

러시아와 소련의 영토 형성   114

소련의 붕괴(1991. 4~12)   115

인도

세계 지도   116

중국

세계 지도   118

19세기 말 중국   120

1934~1944년 대장정과 전쟁   120

1946~1949년 내전   120

오늘날의 중국   121

일본

세계 지도   122

대한민국

세계 지도   124

인도네시아

세계 지도   126

오스트레일리아

세계 지도   128

멕시코

세계 지도   130

브라질

세계 지도   132

이스라엘

세계 지도   134

지중해 국가들

세계 지도   136

아랍 세계

세계 지도   138

마그레브

세계 지도   140

이란

세계 지도   142

이슬람주의자

세계 지도   144

아프리카

세계 지도   146

아프리카의 주요 왕국   148

1884년 피지배 영토   148

흑인 노예 무역(1450~1910)   148

1922~1938년 아프리카   149

2014년의 불법 이민 경로   149

1945~1993년 아프리카의 식민지 해방과 독립   149

세네갈

세계 지도   150

남아프리카 공화국

세계 지도   152

용어 설명_가나다순

6일 전쟁 제3차 중동 전쟁. 6일간 이어져 6일 전쟁이라고도 불리며, 오늘날 이스라엘-팔레스타인 지역에서 벌어지고 있는 끝없는 분쟁의 씨앗을 뿌린 사건이다. 건국 후 채 20년이 되지 않았던 신생 국가 이스라엘은 1967년 6월 5일 자국의 존립을 위협하던 이집트, 시리아, 요르단 등 아랍 연합국을 선제공격하는 것으로 전쟁을 시작했다. 기습공격으로 제공권을 장악한 뒤 지상전에 돌입한 이스라엘은 이집트 땅이던 시나이 반도와 가자 지구, 요르단 땅이던 동예루살렘을 포함한 요르단 강 서안 지역, 시리아의 골란 고원을 차지했다.

국가 테러주의 일부 정권들이 자신들의 국내, 국제 정책의 일부로서 사용하는 테러의 한 형태이다. 예를 들어, 구소련, 중국, 과거 남아프리카 공화국과 같은 나라에서 나타나는 국가 테러는 공개 처형, 변칙적인 체포, 감금, 대량학살, 고문, 야당 집단의 처형 등의 형태를 취한다.

다에시(DAESH) 이슬람 국가(IS)의 아랍식 명칭. 일부 아랍권 국가나 서방 주요 정치가, 언론이 IS를 거부하는 명칭으로 사용한다.

도하 라운드(Doha Development Agenda) 2001년 11월에 세계무역기구가 채택해 추진 중인 새로운 다자간 무역협상. 농업과 비농산물, 서비스, 지적 재산권 등의 다양한 분야를 포함한 무역 자유화와 함께 개발도상국의 경제개발 지원에도 초점을 맞추고 있다.

로마 조약(Treaty of Rome) 유럽 경제공동체(EEC)를 설립하기 위한 조약. 1957년 3월 25일 로마에서 조인되었으며, 1958년 1월 1일 발효되었다.

로잔 조약(Treaty of Lausanne) 1923년 7월 24일, 터키 공화국이 수립된 후 스위스 로잔에서 터키와 연합국이 세브르 조약에 대한 제약을 없애려고 다시 체결한 조약이다. 터키는 이로써 1894년 당시 소유했던 영토인 스미르나, 콘스탄티노플, 동부 트라키아 등을 회복하였다.

리스본 조약(Treaty of Lisbon) 2005년, 경제공동체를 넘어 EU의 정치적 통합까지 목표로 한 일종의 '미니 헌법'. 정식 명칭은 유럽연합 개정조약(EU reform treaty)이다.

먼로 독트린(Monroe Doctrine) 1823년 12월, 미국 제5대 대통령 제임스 먼로가 주창한 고립주의 외교 방침. 외부 세력(특히 유럽)이 미주 대륙에 간섭하거나 식민지를 건설하는 것을 거부한다는 내용을 담고 있다.

바르샤바 협약 정식 명칭은 국제항공운송에 있어서 일부 규칙의 통일에 관한 협약. 1929년 10월 12일에 작성되어 1933년 2월 13일 발효되었다.

바스크 분리 독립운동(Basque independence movement, ETA) 스페인 정부에 대한 무차별적 테러 공격을 통해 마르크스주의 바스크 국가를 건설한다는 목표에 따라 1959년에 조직되었다.

밸푸어 선언(Balfour Declaration) 1917년 11월 2일, 영국 외무장관 밸푸어가 발표한 선언. 유대인이 팔레스타인 지역에 유대 민족국가를 건설하는 것을 지지한다는 내용을 담고 있다. 이로써 런던은 유대 민족에 대한 인정 및 국가 수립을 목적으로 하는 시오니즘 운동의 중심이 되었다. 한편 이 선언은 아랍에게 했던 오스만 제국으로부터의 독립을 보장하겠다는 약속과 모순되는 것으로, 많은 아랍인의 반발에 부딪혔다.

베르사유 조약(Treaty of Versailles) 1919년 6월 28일, 제1차 세계대전 후 전쟁에서 승리한 연합국과 패전국 독일의 강화조약이다. 이 조약으로 독일은 해외 식민지를 잃고, 알자스-로렌을 프랑스에 반환하였으며, 유럽 영토를 삭감당했다. 또한 전쟁 도발의 책임을 물어 연합국 손해에 대한 배상 지불이 부과되었다. 군비에 대해서도 육군 병력은 10만 이내, 해군 군함 보유량은 10만 톤 이내로 제한되었으며, 참모 본부 및 의무병역 제도 폐지, 공군 및 잠수함의 보유 금지, 육해군의 무장에 대한 엄한 제한과 감시를 담고 있다. 또한 라인 강 좌안은 비무장지대로 15년간 연합국 점령에 두고, 자르 지방은 15년간 국제연맹 관리에 두며, 15년 후에 주민투표에 의해 그 귀속을 결정하기로 하였다.

빈 회의 나폴레옹 전쟁 후 유럽의 신질서(빈 체제)를 확립하고자 오스트리아 수

도 빈에서 1814년 9월~1815년 6월에 열린 유럽 여러 나라의 국제회의. 1815년 6월 9일에 서명된 〈빈 최종의정서〉는 오스트리아 및 프로이센의 영토 확대, 네덜란드에 의한 벨기에 합병, 스위스 영세 중립, 독일 연방 결성, 프랑스 왕정 복고 등을 규정했다. 즉 유럽 열강의 균형과 프랑스 혁명 전 상태의 회복을 목표로 한 것이었다.

사이크스 피코 협정(Sykes–Picot Agreement) 1916년 5월, 제1차 세계대전 중 영국, 프랑스, 러시아 3국이 맺은 비밀 협정. 이 협정으로 영국과 프랑스는 시리아의 처리를 조정하였다.

생제르맹 조약(Saint Germain Treaty) 제1차 세계대전 후인 1919년 연합군이 오스트리아와 맺은 강화조약. 민족 자결에 의해 오스트리아-헝가리 제국의 해체를 결정했다.

세브르 조약(Treaty of Sèvres) 제1차 세계대전 종전 직후인 1920년 8월 10일, 프랑스 파리 근교의 세브르에서 연합국과 오스만 제국 사이에 조인된 강화조약. 이로써 오스만 제국은 연합국의 위임통치와 아랍 국가의 독립으로 식민지 대부분을 상실하였다. 또한 튀르크 족이 거주하는 본토 대부분을 연합국에 할양하게 된다.

아랍의 봄 2010년 12월 튀니지에서 시작되어 아랍, 중동 국가, 북아프리카 등으로 확산된 반정부 민주화 시위.

앤저스 조약(ANZUS treaty) 앤저스는 그 체약국인 오스트레일리아(A), 뉴질랜드(NZ), 미국(US)의 머리글자를 딴 약칭으로, 1951년 9월 1일 서명, 1952년 4월

29일 발효된 태평양 지역 안전보장조약 중 하나이다.

얄타 회담 1945년 2월 4일부터 2월 11일까지 흑해 연안 크림 반도의 얄타에서 미국, 프랑스, 영국, 소련 등 연합국 정상들이 모여 독일 관리 문제를 결정한 회담. 논의 결과 나치 독일의 분할 점령과 독일 군수산업 몰수, 전범자들의 뉘른베르크 국제재판 회부, 배상금 문제를 위한 위원회 구성 등이 결정되었다.

와하브 운동(Wahhab 運動) 18세기 중엽 사우디 가의 압둘 와하브가 중심이 되어 시작된 이슬람교의 부흥운동. 꾸란의 가르침대로 생활하고 술과 담배를 금지하는 등 이슬람 복고주의적 성격을 가진 사회운동이며, 후에 사우디아라비아 건국의 밑바탕이 되었다.

제네바 협약(Geneva Convetions) 전쟁 희생자를 보호하고자 1864~1949년 제네바에서 체결된 일련의 국제조약. 적십자조약이라고도 한다.

천 년 제국 히틀러는 신성로마제국을 제1제국, 1871년 통일의 결과 수립된 독일 제국을 제2제국, 자신이 수립한 나치 독일 체제를 독일 국민의 세 번째 제국, 즉 제3제국으로 칭하면서 천 년을 갈 것이라고 주장했다. 그러나 제3제국은 12년 4개월밖에 유지되지 못했다.

칼리파(khalifa) '뒤따르는 자'라는 뜻의 아랍어로 이슬람 공동체, 이슬람 국가의 지도자이자 종교의 최고 권위자를 가리킨다.

테헤란 회담 1943년 11월 28일부터 12월 1일까지 이란 테헤란에서 열린 미국, 영국, 소련 3개국의 수뇌회담. 유럽 문제와 제2차 세계대전 당시 독일에 대한 연합군의 상륙작전 수행 등을 논의하였다. 회담 결과 소련 스탈린이 주장한

북프랑스 상륙작전과 3국의 전쟁 수행 협력 등이 결정되었다.

트리아농 조약(Treaty of Trianon) 1920년 6월 4일, 베르사유 트리아농 궁전에서 헝가리와 연합국 사이에 맺어진 헝가리의 국경을 확정한 조약. 이 조약으로 오스트리아-헝가리 제국은 해체되었고, 헝가리는 제1차 세계대전 영토 중 72%, 인구 64%를 상실하였다.

포츠담 협정 1945년, 미국, 영국, 소련 등 3개국 수뇌 사이에 열린 유럽과 독일 전후 처리에 관한 협정.

핵확산금지조약(Nuclear nonproliferation treaty, NPT) 미국과 러시아가 주도하여 성립된 핵무기 불확산에 관한 조약. 1968년 7월 국제연합에서 채택되었고, 1970년 3월 5일 정식 발효되었다. 핵보유국은 핵무기 양여를 금지하며, 비핵보유국은 핵무기 보유를 금지한다는 내용이 골자이다.

....

국제기구 약어

APEC(Asia-Pacific Economic Cooperation) 아시아 태평양 경제협력체

ASEAN(Association of Southeast Asian Nations) 동남아시아 국가연합

AU(Africa Unity) 아프리카 연합

ECSC(European Coal and Steel Community) 유럽 석탄철강공동체

EFTA(European Free Trade Association) 유럽 자유무역연합

FAO(United Nations Food and Agriculture Organization) 유엔 식량농업기구

GATT(General Agreement on Tariffs and Trade) 관세와 무역에 관한 일반 협정

ILO(International Labour Organization) 국제노동기구

IMF(International Monetary Fund) 국제통화기금

IPCC(Intergovernmental Panel on Climate Change) 기부 변화에 관한 정부 간 협의체

Mercosur(Southern Common Market) 남미공동시장

NAFTA(North American Free Trade Agreement) 북미자유무역협정

NATO(North Atlantic Treaty Organization) 북대서양 조약기구

OAU(Organization of African Unity) 아프리카 통일기구

OECD(Organization for Economic Cooperation and Development) 경제협력개발기구

OEEC(Organization for European Economic Cooperation) 유럽 경제협력기구

OIC(Organization for the Islamic Conference) 이슬람 회의기구

OPEC(Organization of the Petroleum Exporting Countries) 석유수출국기구

SCO(Shanghai Cooperation Organization) 상하이 협력기구

UN(United Nations) 국제연합, 유엔

UNAIDS(United Nations Programme on HIV/AIDS) 유엔 에이즈계획

UNCTAD(United Nations Conference on Trade and Development) 유엔 무역개발협의회

UNDP(United Nations Development Programme) 유엔 개발계획

UNHCR(United Nations High Commissioner for Refugees) 유엔 난민기구

UNICEF(United Nations Children's Fund) 유엔 아동기금

UNWTO(World Tourism Organization) 세계관광기구

WFP(World Food Programme) 유엔 세계식량계획

WHO(World Health Organization) 세계보건기구

WTO(World Trade Organization) 세계무역기구